中国海关理论与实务精品著作系列

ZHONGGUO HAIGUAN LILUN YU SHIWU JINGPIN ZHUZUO XILIE

海关估价理论研究与实务解析

Customs Valuation:

Theoretical Research and Practical Analysis

李骏 著

厦门大学出版社

XIAMEN UNIVERSITY PRESS

国家一级出版社

全国百佳图书出版单位

图书在版编目(CIP)数据

海关估价理论研究与实务解析/李骏著. —厦门:厦门大学出版社,2017.10
(中国海关理论与实务精品著作系列)
ISBN 978-7-5615-6691-6

Ⅰ. ①海… Ⅱ. ①李… Ⅲ. ①海关估值-中国 Ⅳ.①F752.5

中国版本图书馆 CIP 数据核字(2017)第 233001 号

出 版 人	蒋东明
责任编辑	邓 臻
封面设计	李嘉彬
技术编辑	许克华

出版发行 厦门大学出版社

社 址	厦门市软件园二期望海路 39 号
邮政编码	361008
总 编 办	0592-2182177　0592-2181406(传真)
营销中心	0592-2184458　0592-2181365
网 址	http://www.xmupress.com
邮 箱	xmup@xmupress.com
印 刷	厦门市明亮彩印有限公司

开本	787mm×1092mm　1/16
印张	18.5
插页	2
字数	250 千字
版次	2017 年 10 月第 1 版
印次	2017 年 10 月第 1 次印刷
定价	88.00 元

本书如有印装质量问题请直接寄承印厂调换

厦门大学出版社
微信二维码

厦门大学出版社
微博二维码

目　录 CONTENTS

引 言 >>>

海关估价是指一国海关根据本国关税法律规定的估价准则,确定进出口货物或物品的海关完税价格的作业程序。其是以一般商业估价为基础,并在此基础上发展起来的,主体是海关,客体是进出口应税商品,包括一些非交易的物品。[①] 本书中所述的海关估价,主要是指依据《中华人民共和国海关审定进出口货物完税价格办法》(以下简称《审价办法》)以及相关估价法规,审查确定进出口货物的完税价格。从价税是以课税对象的价值量为课税标准计征的关税;税率一般表现为应税税额占货物价格或价值的百分比;计税时以课税对象的价格或价值乘以税率即得出其应纳税额。[②] 从价税的征收必然涉及应税进出口货物完税价格的确定。第二次世界大战后,随着工业品贸易比重的增长,及从价税所具有的税负公平、符合税收中性化原则、有利于关税水平比较等优点,主要贸易国家普遍采用从价税的征收方法计征关税,海关估价也随之成为现代关税制度的一项重要内容。

采用某些海关估价手段(如设置海关最低限价等方法),可以起到与提高关税税率相当的作用,并且具有一定的隐蔽性,此外通过

[①] 《中国海关百科全书》编委会. 中国海关百科全书[M]. 北京:中国大百科全书出版社,2004:169.

[②] 《中国海关百科全书》编委会. 中国海关百科全书[M]. 北京:中国大百科全书出版社,2004:59.

实施烦琐复杂的估价作业程序,也会增加贸易成本。因此,许多国家曾将海关估价作为一种重要的贸易壁垒。而建立一个公平统一、普遍适用、透明度和可预见性高、能够便利和促进贸易的国际性估价准则是国际经济和贸易发展的客观要求。1947 年,23 个缔约方在日内瓦签订了一个包括海关估价内容在内的多边国际协定,即《关税和贸易总协定》(*General Agreement on Tariffs and Trade*)。该协定中的第 7 条第 2 项规定:"(a)对进口商品的海关估价应根据实施估价的进口商品或同类商品的实际价格,不应根据本国产品的价格或任意虚构的价格。(b)'实际价格'应为在进口国立法确定的时间和地点,在正常贸易过程中和充分竞争条件下,此类或同类商品销售或标价出售的价格。此类或同类商品的价格在一特定交易中取决于数量的情况下,所考虑的价格应一律与下列内容有关:(ⅰ)可比数量,或(ⅱ)与在进口国和出口国的贸易中所销售的较大数量的商品相比,不使进口商处于不利地位的数量。(c)如依照本款(b)项不能确定实际价格,则海关估价应依据可确定的最接近该价格的类似价值。"[①]这是国际上首次对海关估价的一般原则进行统一规定,为国际海关估价制度的发展奠定了基础。由于《关税和贸

---

① 该条款英文原文为:2. (a) The value for customs purposes of imported merchandise should be based on the actual value of the imported merchandise on which duty is assessed, or of like merchandise, and should not be based on the value of merchandise of national origin or on arbitrary or fictitious values. (b) "Actual value" should be the price at which, at a time and place determined by the legislation of the country of importation, such or like merchandise is sold or offered for sale in the ordinary course of trade under fully competitive conditions. To the extent to which the price of such or like merchandise is governed by the quantity in a particular transaction, the price to be considered should uniformly be related to either (ⅰ) comparable quantities, or (ⅱ) quantities not less favourable to importers than those in which the greater volume of the merchandise is sold in the trade between the countries of exportation and importation. (c) When the actual value is not ascertainable in accordance with subparagraph (b) of this paragraph, the value for customs purposes should be based on the nearest ascertainable equivalent of such value.

易总协定》第 7 条规定的内容较为宽泛,给各缔约方在立法和执行上留下了许多自主解释和选择的空间。

1950 年,欧洲关税同盟研究小组依据《关税和贸易总协定》估价原则制定了《海关商品估价公约》(*Convention on the Valuation of Goods for Customs Purpose*)。该公约认为,海关完税价格应该是进口货物的正常价格。所谓正常价格,是指在应缴纳关税时在公开市场上相互独立的买卖双方之间进行的交易中可以取得的货物销售价格。该公约于 1950 年 12 月 15 日在布鲁塞尔签订,因此通常也称为布鲁塞尔估价公约。此后,海关合作理事会颁布了大量的文件,旨在完善布鲁塞尔估价公约并促进其解释和适用的统一。由于布鲁塞尔估价公约有利于简化和统一海关估价管理,因此成为 20 世纪60—70 年代国际上最通用的估价制度,先后有 100 多个国家通过缔约而采纳实施该制度,或者作为制定国内法的参考。但实际施行过程中,布鲁塞尔估价公约的正常价格标准时常会被滥用,从而导致估价存在武断和虚构的情况。美国和加拿大等国并未采纳布鲁塞尔估价公约,国际商会也认为布鲁塞尔估价公约相关规定并不符合商业实际。为了建立符合国际贸易发展要求的海关估价制度,并进一步统一各国海关估价程序,各缔约方在关贸总协定东京回合谈判中达成协议并制定了《关于实施关税及贸易总协定第七条协定书》(*Agreement On Implementation Of Article VII Of The General Agreement On Tariffs And Trade*),即通常所称的《关贸总协定海关估价守则》。《关贸总协定海关估价守则》规定了完税价格应为进口货物的"成交价格",只有在成交价格不能确定时,才可以依次采用其他方法确定进口货物的完税价格。该守则比较好地解决了《关税和贸易总协定》第 7 条估价规定过于原则的问题。在此后的关贸总协定乌拉圭回合谈判中,各国在《关贸总协定海关估价守则》的基础上达成了《关于实施 1994 年关税与贸易总协定第 7 条的协定》（Agreement On Implementation Of Article VII Of The General Agreement On Tariffs And Trade 1994，世界贸易组织于1995 年成立后，该协定也被称为《WTO 估价协定》，以下简称为《估价协定》）。该协定与《关贸总协定海关估价守则》相比，实体条款基本没有变化，只是程序性条款有较大变动。《估价协定》是为促进《关税和贸易总协定》目标的实现而制定的，要求海关对货物估价的依据应在最大限度内是被估价货物的成交价格，完税价格应根据商业惯例的简单和公正的标准，且估价程序应不区分供货来源而普遍适用，并提出公平、统一、中性的海关估价指导原则。其中，“中性”原则是《估价协定》的核心，也是统一的国际海关估价制度的核心。该原则的目的在于防止使海关估价成为一种非关税壁垒。① 《估价协定》共包括四个部分和三个附件。第一部分规定了六种海关估价方法、汇率的适用，以及各相关方的权利义务；第二部分规定设立海关估价委员会和海关估价技术委员会，以及海关估价的磋商和争端解决机制；第三部分规定对发展中国家的特殊待遇，主要涉及推迟适用《估价协定》或其某些条款以及发达国家向发展中国家提供技术援助的义务；第四部分规定不得对条款保留以及立法转化、审议执行情况等内容；附件一是与相应条款一起实施的解释性说明，为理解和实施《估价协定》法律条文提供相关注释，解释性说明与《估价协定》具有同等法律效力；附件二规定海关估价技术委员会的组成及议事规则；附件三规定了发展中国家的保留待遇和价格调查的海关合作，以及实付或应付价格的定义等内容。

　　1995 年 1 月 1 日，正式成立的世界贸易组织（World Trade Organization，即 WTO）取代了原先的关税及贸易总协定。《估价协定》作为乌拉圭回合的一揽子协议的组成为 WTO 所有成员方接

---

　　① 林弘.关于海关估价进一步实施“中性”原则的探讨[J].上海海关高等专科学校学报，2005，4：11.

受,奠定了统一的国际海关估价制度的基础,并成为缔约国海关估价国内立法的依据。许多国际双边贸易条约所制定的海关估价规则亦根据该协定。《估价协定》是当今海关估价领域最为重要的法律文件。2001 年 12 月 11 日,我国正式加入 WTO。我国承诺自加入 WTO 之日起将全面实施《估价协定》,不对协定的任何条款作保留。为履行承诺,我国先后修订了《中华人民共和国海关法》(以下简称《海关法》)、《中华人民共和国进出口关税条例》(以下简称《关税条例》);加入 WTO 后,海关总署颁布实施了新的《审价办法》,将《估价协定》的基本原则和主要内容较为完整、准确地体现在国内的法规中。之后,《审价办法》又于 2006 年和 2013 年进行了两次修订。《海关法》第 55 条、《关税条例》第三章以及《审价办法》共同构成了我国海关估价的法律框架。

《估价协定》是各缔约国谈判与妥协的产物,而且其制定时还需要考虑到与各国国内法规相衔接的问题。例如:对于"销售"这一关键概念,《估价协定》中并没有给出定义,世界海关组织(World Customs Organization,即 WCO)估价技术委员会咨询性意见 1.1 中也只是采取排除法的形式,列举了不属于销售的七种情况。相较于国际贸易的复杂多样性,《估价协定》的相关规定不可能涵盖与解决估价实践中出现的所有问题。随着经济全球化的发展和商业模式的变迁,国际贸易的复杂程度也不断增加,例如:国际分工和服务贸易的快速发展促进了贸易模式的衍化升级,与传统贸易模式下货物与货款简单一一对应的交易模式不同,货物贸易时常还伴随与之相关的研发、服务等要素的让渡。因此,估价领域的许多新情况、新问题也随之不断出现。为解决估价实践中出现的,而法规尚未有明确规定的新问题,我国一方面应依据估价法规的立法原意并结合贸易实质和国家经济贸易政策的导向,作出符合估价指导原则和法律精神的行政决定;另一方面还可以借鉴 WCO 估价技术委员会的指导性文件以及其他国家海关研究成果和实践经验。就本书研究主题和内容而言,本书主要结合现代国际贸易发展特点,就进口货物的成交价格、特许权使用费、转让定价、协助、公式定价,以及运输及相关成本等几个海关估价中的重要专题展开论述和探讨。

由于《估价协定》中关于成交价格定义、调整因素,以及各估价方法等核心内容的规定,结构严谨、逻辑性强并具有较强的可操作性,我国在实施国内立法转化的过程中,对《估价协定》的核心规则作了移植性的立法。《审价办法》与《估价协定》相关内容,具有较高的衔接性和吻合度,只是为符合汉语的表述,以及国内法的结构,在文字和各条款的顺序和位置结构上作了相应的调整和安排。但由于立法方面的原因,《估价协定》的一些相关内容(如:一般介绍性说明、解释性说明中的一些内容)并未以具体条文形式体现于《审价办法》中。本书以《审价办法》与《估价协定》为主要的法律依据,对海关估价相关问题展开阐述。WCO 估价技术委员会主要职责是从技术角度保证《估价协定》适用与解释的统一,具体工作包括研究可能出现的估价技术问题,提出解决问题的建议,研究估价的法律、程序及实际做法,也为 WTO 成员或专家组提出的技术问题提供建议。WCO 估价技术委员会对某一估价问题形成统一的观点,会以咨询性意见、评论、案例等形式下发指导性文件。技术委员会的指导性文件为执行《估价协定》所做的法条解释和程序建议,是各国海关(尤其是发达国家)在现代市场经济和国际贸易发展进程中对海关估价理论和实践的经验总结。其内容虽然不能作为我国海关估价可直接援引的法律依据,但其针对疑难问题所做的法律解释对于提高海关估价技术的理论研究和立法及执法实践应用,有着重要的指导和借鉴作用。本书在对有关估价问题进行探讨时,也参考了WCO 估价技术委员会的相关指导性文件。美国、欧盟和加拿大等发达国家是世界主要的贸易国,也是 WTO 的缔约方,其海关估价制度也是建立在《估价协定》基础上的,借鉴这些发达国家的估价理念,对于解决我国海关估价实践中遇到的疑难问题很有帮助,因此在本书中还引用这些国家的海关估价法律材料。

　　本书结合笔者的工作实践,力图做到理论与实践、实务与案例的结合,强化本书的实用性。一方面,从法规的立法原意和体系入手,解释相关条文含义、补充法律依据以解决新问题,使读者对海关估价法规有更加深入的理解;另一方面,以较大篇幅注重于实务分析并在论述过程中结合相关估价案例,通过对大量案例的剖析,使读者能更深层次理解海关估价的要领与方法。笔者希望通过本书的介绍,对海关估价人员提高解决估价问题的思路和技巧,对企业关务人员了解海关对于当前重要估价问题的观点和立场,以避免价格申报中的法律风险,均能有所帮助。

第一章 >>>

现代国际贸易发展对海关估价的挑战

　　海关税收征管的对象是进出关境的货物和物品。对于征收从价税的货物,计算税款时以课税对象的完税价格乘以税率得出应缴纳税额。《估价协定》第 1 条明确规定:"进口货物的完税价格应为成交价格。"在《估价协定》的一般介绍性说明中还强调指出:完税价格应依据商业惯例的简单和公正的标准。《审价办法》第 5 条也相应规定:"进口货物的完税价格,由海关以该货物的成交价格为基础审查确定。"即,进口货物的海关完税价格应最大限度地尊重贸易实际,依据该货物的成交价格。成交价格并不要求对进口货物有所谓统一的、正常的价格标准,而应是国际贸易中货物向进口国境内销售而产生的、符合一定条件并按相关规定调整后的价格。在海关估价中,实付、应付价格以及佣金、协助、特许权使用费等调整项目的审查确定,都有赖于对交易安排、货物和资金流动的审核,以及对相关企业在国际贸易中所起作用、所扮角色的判定。正是由于海关估价与国际贸易紧密相关,国际贸易的发展、演进也必然会对海关估价产生重要影响。

一、国际贸易发展趋势

　　近几十年来,各国普遍采用相对自由的贸易政策,加之现代运输业、信息技术的飞速发展,使得国际货物贸易成本大幅降低。这些因素都成为推动经济贸易全球化的重要动力。现代国际贸易也呈现出与传统国际贸易许多不同特点。对于海关估价而言,货物及相应资金跨境流动的情况、交易参与方的商业贸易关系、销售过程中货物所涵盖的价值以及货物交易和定价惯例均是影响完税价格的重要因素。因此,现代贸易中产业分工的高度专业化并随之形成的跨国供应链,科学技术进步引起的工业产品的高技术化和差异化,以及与国际贸易发展相适应的定价模式、交易模式多样化趋势,对海关估价均产生重要影响。

(一)产业分工的高度专业化

国际产业分工逐步从产业间分工发展到产业内分工,而且技术的进步使得许多产品的生产步骤在空间上可以分离,产品内的国际分工也就具备了现实的可能。即,产品生产过程所包含的不同工序和区段,可以被拆散并布局到不同国家,形成以工序或环节等为对象的分工体系。在这一分工体系中,产品生产过程中的研发、采购、制造、销售等环节都出现了国际化的趋势,逐渐形成国际化的供应链。具体而言,供应链是围绕核心企业,通过对信息流、物流、资金流的控制,从采购原材料开始,制成中间产品,以及最终产品,最后由销售网络把产品送到消费者手中的,将供应商、制造商、分销商、零售商,直到最终用户连成的一个整体的功能网链结构模式。[①] 商品供应链通常由研发商、供应商、生产商、分销商、零售商、信息服务商、物流服务商等主体构成,每一主体可能还涉及多家企业。研发商是商品的设计者;供应商为商品生产提供能源、生产工具、原材料和中间产品;生产商运用供应商所提供的生产要素,按研发商的设计进行产品的生产;分销商、零售商是沟通生产商与消费者的桥梁;信息服务商与物流服务商则贯穿于商品供应链的各个环节,通过促

---

① 马士华,林勇,陈志祥.供应链管理[M].北京:机械工业出版社,2000:142.

进信息沟通,方便物资流动,以提高供应链的整合运作效率与效益。位于商品供应链不同环节的主体,对所投入生产要素需求存在差异,而不同国家或地区有不同要素禀赋和比较优势,就相应形成了商品供应链跨国分布。信息技术的发展进一步促进了供应链的全球化运营。现代的全球供应链是以现代的信息技术为支撑,在供应链上的所有企业以至最终消费者之间,实现物流、资金流和信息流的有效协调和畅通。从供应链管理的角度,为提高绩效,企业通常会专注于自己具竞争力的核心业务,把非核心业务外包给合作伙伴。因此,多家企业在设计研发、采购以及组装销售等环节,介入一个产品的生产过程,而这些企业分别位于不同的国家或地区的情形是普遍存在的。

(二)工业产品的高技术化和差异化

科学技术进步对经济发展日益重要。许多国家都努力为技术创新和技术贸易的发展提供良好的经济、法律环境,技术发明与应用的周期也大为缩短。技术创新不仅大大提高劳动生产率,而且促进产业结构向更高层次发展。工业制品中技术产品(特别是高新技术产品)在国际贸易中的比重也不断增长,而且近年来增长速度有加快趋势。产品差异化则是指某产业内有竞争关系的企业所生产的同类产品,由于商品的物理性能、销售服务、信息提供、消费者偏好等方面,存在的差异而产生的产品之间的不完全替代。[①] 迈克尔·波特通过对产业内企业竞争地位的研究指出:企业可依靠成本领先、差异化和目标集中三大基本竞争战略获得持久的竞争优势[②]。差异化战略的目标,就是争取创造和保持产品或服务的独特性,以

---

① 蒋传海,夏大慰.产品差异、转移成本和市场竞争[J].财经研究,2006,4:5-12.

② PORTER M E. What Is Strategy? [J]. Harvard Business Review,1996,Nov. Dec.:58-78;迈克尔·波特.竞争战略[M].陈小悦,译.北京:华夏出版社,2005:33.

满足客户的个性化需求。客户通常会愿意接受为满足自身的个性化需求,而支付高于购买普通商品价格的价格,在差异化商品的价格溢价大于研发和生产差异化商品而附加额外成本的情况下,企业同样可获得高于产业平均利润水平的经营业绩。差异化战略依靠产品创新、品牌建设、营销渠道拓展、售后服务优化等方式实现①。因此,工业制成品的高科技化和差异化意味着专利和专有技术使用费、商标使用费以及营销服务费等,在其中所占的价值比例也相应提高。

(三)定价模式和交易模式的多样化

随着国际贸易的发展,贸易商为提高交易利润、降低交易成本和减少交易风险,根据交易货物的特点,发展出多种不同的定价模式。例如,在国际贸易中许多大宗原材料商品,常常采取公式定价的方法确定货物的交易价格,根据不同商品的自然属性及交易特点,其定价公式又有差别;再如,出于营销方面的策略及考虑,卖方会根据交易实际情况,或考虑其他相关交易记录向买方提供名目不同的优惠价格、折扣价格。传统贸易的方式是供需双方进行商业谈判,并就交易条件达成一致,随之供需双方按所约定的时间、地点和方式履行买卖合同,一方付款,另一方交货的相对简单商品交易模式。随着国际贸易的发展,有形货物贸易与技术贸易、服务贸易的融合度进一步提升,打破了原有传统的单纯货物交易模式,商品与技术、服务相结合的贸易形式所占比重明显上升。企业也更多从供应链整体的角度确定交易策略,货物的交易价格可能不仅取决于货物本身因素。例如:企业在货物交易时采取低价销售策略,但通过要求国内买方替代其承担保修、市场推广等职能的方式来弥补货物

---

① PORTER M E, MILLAR V E. How Information Gives You Competitive Advantage [J]. Harvard Business Review, 1985, Jul. Aug.:1-13.

价款损失，或对商品实施低价销售，之后通过后续服务收费平衡收益。

二、国际贸易发展产生的若干重要海关估价问题

国际贸易演进导致了货物交易，及定价模式均呈多样化、复杂化发展模式。处于不同国家的多个企业分工合作，形成由研发设计、装配制造以及销售的全球化、网络化的供应链架构，原材料、零部件、中间产品以及制成品在这一供应链中流动，并可能形成多次跨境贸易，而且产生了研发与制造、生产与销售分离的情形。全球化的供应链中，企业在进行有形货物交易的同时，还时常伴随与之相关的技术、品牌以及服务等多类无形资产的交易，而工业制成品高技术化和差异化的倾向更加剧了这一趋势。与有形货物相关的技术、商标等费用的支付对象、时点时常与有形货物的交易，及流动相分离，难以明确其与有形货物之间的关系。跨国公司是推动国际贸易发展的主要力量，促进生产要素在全球范围内流动，其内部关联交易在国际贸易中也占相当比重。因此，成交价格的确定、特许权使用费、转让定价、协助以及公式定价等问题，成为当前海关估价实践中面临的热点和难点。

（一）关于成交价格确定的问题

《估价协定》在一般介绍性说明中指出，海关对货物估价的依据在最大限度内是被估价货物的成交价格。只有进口货物的成交价格不符合有关规定，或成交价格不能确定的，才依次使用其他估价方法审查确定完税价格。成交价格方法是WTO各成员方使用频率最高的一种估价方法，也是我国海关最普遍采用的估价方法。卖方向买方销售进口货物，则是适用成交价格法的基础和核心。根据《审价办法》，存在海关估价意义上成交价格的前提，是进口货物交易双方必

须存在销售行为,同时还必须符合买方处置,或者使用进口货物不受限制、进口货物价格不受到无法确定的条件或者因素的影响、卖方不得获得进口货物转售收益、买卖双方特殊关系未对成交价格产生影响等四项条件。随着国际贸易中商业模式、经营模式发展,货物交易模式及定价模式呈多样化的态势。判断不同交易、定价模式下是否存在销售、是否存在符合海关估价要求的成交价格,成为估价中的重要问题。进口货物的成交价格是销售该货物时买方实付、应付的,并按法定项目调整后的价款总额。因此,实付、应付价格是确定进口货物完税价格的基础。随着企业的经营方式、贸易安排日益复杂,进口货物存在与之相关的单列于购货款之外的买方支付,成为贸易中常见的情形。确定这些支付是否构成实付、应付价格的一部分,对于确定成交价格是非常重要的。此外,国际贸易作业环节繁多、流程复杂,而且涉及部门众多,专业贸易商在其中起到重要的沟通和服务作用,发挥着重要的功能。专业贸易商在货物进口销售中既可能是买方或卖方的代理,也可能是独立的买方或卖方,对其承担角色的认定将对完税价格的确定产生直接影响。

(二)关于特许权使用费的问题

随着国际分工的发展,商品、服务、技术与信息的跨国界流动范围和规模不断扩大,我国也日益融入全球的制造和营销体系,涉及特许权使用费的进口货物也呈增多趋势。技术、品牌、渠道以及管理等是企业取得竞争优势的核心要素,大型跨国公司也是围绕技术、品牌和管理等核心竞争力,整合供应链以获得国际竞争优势。以工艺、技术研究开发为核心竞争力的跨国公司,倾向于控制供应链的研发设计、关键配件、系统集成等关键环节,而把非核心制造环节或工序外包给其他企业,以其控制力对上游的原材料和零部件供应商、下游的分销和零售商施加影响。而以商标、品牌为核心竞争力的跨国公司则倾向于利用国际分包开展国际生产,依靠合约连接而成的网络型供应链,其主要通过对品牌等无形资产的垄断和控制,来组织生产和销售并取得竞争优势。因此,有形货物沿着供应链流动过程中伴随着各种技术、商标等无形资产的转移和交易。关税的课税对象必须是有形的物。无形商品,如发明专利、商标品牌等,虽然具有价值,也是国际贸易的对象,但海关不能对无形的商品征收关税。只有无形商品的价值体现在某种有形的物上进出关境时,才有可能随有形货物一并成为关税的课税对象。[①] 即,当技术贸易或服务贸易随附于有形货物贸易时,它们才有可能成为海关征税的对象,其价值才计入进口有形货物的完税价格。全球供应链的形成,使得在国际货物贸易中,更多涉及各种各样的特许权利,这些权利可能存在于货物的制造、销售及使用的诸多环节中。根据企业在全球范围内组织生产,进行销售所形成的供应链模式的不同,特许权又与有形货物构成形式多样的关系。在传统的生产及交易模式中,卖方与权利所有人双方的角色,通常是合二为一的,在此条件下判断特许权使用费相对简单。在全球化的供应链中,权利所有人与货物生产者、销售者常常是分离的,有形货物与各种类型的特许权利形成了错综复杂的关系,也更增加了海关估价中判定特许权使用费是否应税的难度。

(三)关于转让定价的问题

跨国公司凭借在资金、技术以及管理方面的优势,进行全球范围内的最佳资源配置和生产要素组合,从而成为推进经济全球化进程最活跃的因素,并在国际贸易中扮演越来越重要的角色。跨国公司出于资源优化配置的考虑,利用不同国家和地区的比较优势,组织实行专业化生产分工,在全球范围内进行相关产品的供应链环节布点。即,根据原材料成本、人力成本、物流费用,以及税收等因素

---

① 高融昆.海关税收征管[M].北京:中国海关出版社,2010:8.

进行综合规划和统筹安排,将整个商品的生产过程分解为不同的阶段,并布局于全球各地,通过这种专业化的分工、实行资源的全球配置以取得竞争优势。跨国公司在将供应链各环节布局于不同的国家和地区时,利用内部贸易和转让定价作为连接点,而转让定价则直接服务于跨国公司总体经营发展战略。跨国公司根据自身以及所处的环境,确定税收、利润、资金、市场,以及经营等不同目标,并据此制定采取转让定价的策略,实现各关联公司的利益调节、保证公司整体利益的最大化。虽然至2010年我国加入世贸降税承诺履行完毕后关税总水平降至9.8%,但许多商品仍有较高的关税税率,而且货物进口时还由海关代征17%或11%的增值税。此外,对一些货物还要征收消费税。因此,操纵转让定价扭曲进出口货物完税价格以逃避海关税收,也不可避免成为在我国投资的跨国企业制定转让定价政策的一个重要考虑因素。而且无论跨国公司转让定价的主要动机为何,只要跨国公司关联交易中的转让定价,背离独立交易价格,就会直接影响到所交易货物的价格,并进而影响到海关税收。跨国公司选择内部贸易或外部贸易,产品的专用程度以及是否存在公开的外部市场是重要的考虑因素。当产品的专用性程度很高时,跨国公司倾向采取内部贸易,而当产品的资产专用程度降低时,跨国公司则倾向于外部采购,产品的专用性程度越高,存在公开外部市场的可能性越小。因此,跨国公司内部贸易所涉及的大多是知识和技术密集型、差异性大的产品,这类商品通常没有相同或类似货物的外部市场交易数据可供参考,所以其通过转让定价避税,具有很强的隐蔽性。

(四)其他重要的海关估价问题

经济的发展使产业分工逐步细化,而且随着生产分工的范围和规模不断扩大,当前全球分工体系已经从产业间分工经由产业内分工发展到产品内分工。[①] 首先是产业间的分工,企业活动逐步趋向特定的不同类型产业;其次是产业内的分工,许多企业剥离自身的部分职能并外包给专业性厂商,企业只保留具有竞争优势的职能;最后是产业的分工进一步细化,深入到工艺流程分工、零部件生产分工等,企业专注于某一分工环节。也就是国际专业化分工逐渐由原来的产品为界限,转变为以生产环节或生产工序为界限的分工,各个生产阶段或生产环节可能位于不同的国家或地区,逐步形成一个全球化的产品供应链。在这一全球化的供应链中,外包成为企业节点之间的重要连接方式。所谓外包,指的是一家企业(发包商)将自己所需的中间投入品或服务,通过合同或契约的方式,委托给另外一家拥有独立产权的企业(分包商)负责生产和提供,从而将原本由自己组织生产的部分生产环节或服务职能转移给分包商的行为。[②] 外包活动的对象,通常是中间产品,如果外包活动跨越国境,则体现为外包产品的国际贸易。随着分工的专业化以及外包模式的普及,协助不可避免地成为海关估价中常见的问题。例如,某些企业可能将产品的技术开发工作外包给国外专业研发企业,并将研发企业开发完成的技术免费提供给国外代工厂并由代工厂负责产品的生产再进口到国内。在这一生产模式中,代工厂销售给委托方的价格通常只包含材料费和加工费,产品本身包含的技术费用是不会体现在货物交易价格之中的,但根据相关法规技术费用将构成完税价格的一部分。

随着国际贸易的发展,企业出于取得竞争优势、规避风险的需要,针对所交易货物的特点,采取灵活、多样化的定价模式。对于传

---

① ARNDT S W, Globalization and the Open Economy[J]. North American Journal of Economics and Finance, 1997, 8(1):71-79. 卢峰. 产品内分工[J]. 经济学季刊, 2004, 4:55.

② 杨立强. 全球制造网络动态演进中的中国制造业:角色转换与价值链跃迁[M]. 北京:对外经济贸易大学出版社, 2011:3.

统的大宗产品交易而言,其定价方式也在不断发展变化。由于大宗商品具有的一些特点(如:大宗商品的投资收益率和股票的投资收益率持平,而且大宗商品投资收益率的标准方差低于股票的投资收益率。根据现代投资组合理论,在相同收益率的条件下,投资者应该投资在收益率方差更小的大宗商品;大宗商品的收益率与股票债券收益率相关性较小;大宗商品收益率与通货膨胀率存在正向相关性,大宗商品作为新的投资资产可以对抗通货膨胀[①]),其金融化的趋势十分明显。由于大宗商品的金融属性,也直接或间接影响到大宗商品的定价方式。目前大宗商品公式定价主要有两种模式:一种是对于存在成熟期货市场的大宗商品而言,主要根据期货交易所的相关指数为基准进行定价;另一种是对于尚未有成熟期货市场的大宗商品,则由买卖双方通过谈判达成一段时间内的基准价格,并以基准价格为基础确定最终结算价格。随着我国经济的发展,以及工业化与城市化进程的加快,对大宗能矿类产品和农产品的需求增长迅速,但受资源与环境的约束,国内供应已无法满足需求,许多大宗商品的进口规模不断扩大,并成为海关关税税基的重要组成部分。如何审查确定采取公式定价方式进口的大宗商品的完税价格,已成为海关估价的重要课题。

此外,根据《审价办法》的规定,进口货物的完税价格包括货物的运输及其相关费用和保险费。运输及其相关费用的构成复杂、名目繁多,确定哪些与运输相关的费用应计入完税价格,也是海关估价中常见的问题。

---

①　GORTON G B,ROUWENHORST K G. Facts and fantasies about commodity future[J]. Financial Analysts Journal,2006,62:47-68.

第二章 >>>

成交价格——海关对进口货物估价的基础依据

　　《估价协定》在一般介绍性说明中开宗明义指出：本协定项下完税价格的首要依据是第一条所定义的"成交价格"，并强调，海关对货物估价的依据在最大限度内是被估价货物的成交价格。《审价办法》第 5 条也规定："进口货物的完税价格，由海关以该货物的成交价格为基础审查确定，并且应当包括货物运抵中华人民共和国境内输入地点起卸前的运输及其相关费用、保险费。"只有进口货物没有成交价格或其交易价格不符合成交价格定义及条件的，才依此使用其他估价方法确定完税价格。成交价格方法是 WTO 各员方使用频率最高的一种估价方法。根据 WTO 针对我国入世过渡期第一次审议的报告，我国采用成交价格方法估价的比例已经高达95%。[①] 成交价格方法是我国海关最普遍采用的估价方法。

第一节　销售——成交价格之基石

　　《审价办法》第 7 条规定："进口货物的成交价格，是指卖方向中华人民共和国境内销售该货物时买方为进口该货物向卖方实付、应付的，并且按照本章第三节的规定调整后的价款总额，包括直接支

---

　　① 海关总署关税征管司.审价办法及释义[J].北京:中国海关出版社,2006:48.

付的价款和间接支付的价款。"因此,进口货物买卖双方存在销售行为是运用成交价格法确定完税价格的前提和基础,许多估价技术方面的问题也与销售紧密相关。随着经济全球化的迅速发展,国际贸易中的商业模式、经营模式不断发展创新,参与国际贸易的相关方之间也由此形成更为多样复杂的交易模式。判定并选择符合海关估价要求的销售是估价实践中的重要问题。

一、销售相关的法津规定

《估价协定》中对"销售"并没有给出明确的定义。WCO 估价技术委员会咨询性意见 1.1 认为:"应最广义地理解'销售'一词,以尽可能使用进口货物的成交价格法进行海关估价,取得解释和实施方面的一致性。"但咨询性意见 1.1 也没有给出具体的定义,只是以排除法的形式,列举了进口货物不属销售标的物的七种情况:免费交付的货物、寄售的进口货物、由不购买货物而在进口后销售货物的中间商所进口的货物、由不是独立法人实体的分支机构进口的货物、按租借或租赁合同进口的货物、以出借方式提供的货物、为在进口国销毁而进口并由发货人向进口商支付劳务费用的货物(废料或碎料)等。在这七种情况下,分别由于存在买方未支付价款、所有权未发生转移,以及交易不是发生在两个独立法人之间等情形,而导致进口货物不存在销售行为。《审价办法》第 51 条中将"向中华人民共和国境内销售"定义为:指将进口货物实际运入中华人民共和国境内,货物的所有权和风险由卖方转移给买方,买方为此向卖方支付价款的行为。《中华人民共和国合同法》第 130 条规定:"买卖合同是出卖人转移标的物的所有权于买受人,买受人支付价款的合同。"因此一项交易属于"销售"应同时具备两个条件:(1)所有权发生转移;(2)买方支付价款。此外,根据对国际贸易发展的总结,一项公平的销售行为的发生还应带来货物风险的转移。① 虽然各国对于销售的界定存在一些差异,但正如肖·L.舍曼和辛里奇·哥拉肖夫所言:"一般来说涉及海关估价的销售合同所具有的主要特征在所有国家基本都是一样的。……《守则》的主要衡量标准为交易的最终结果,使得货物的所有权发生转移,因而这一结果将导致买方成为比其他任何人,在更大的程度上对货物所有权实行占有的一方。一般说来,货主既需要承担损失的风险,又会因获得利润而受益,并且有权对货物的使用或处置作出自己的决定。"②

就销售条件而言,各国海关要求基本一致。美国海关在估价实践中还进一步引入了"善意销售"(Bona Fide Sale)的概念。善意销售可以理解为"真正的"销售(Bona Fide,拉丁文意思为真诚的、善意的。该词在英文中常用于合同法,意指在真诚、善意的,而不是在受欺诈、胁迫的情况下订立合约,与恶意"Mala Fide"相对),善意销售的内涵也就是真实的、实质上的销售。买卖双方签订有销售合同,两者之间存在法律意义上的销售关系,但如果这种销售不是海关估价意义上的善意销售,它们之间的交易价格仍然不能作为确定出口至美国商品的成交价格。美国海关考虑的首要因素是,卖方与自称是"买方"的进口商之间是否有货物产权和风险的转移过程;其次是看"买方"是否实际支付货款,"付款"是否与进口交易相对应,从总体上看双方在交易过程中是否真正充当了买方和卖方的角色等等。在进出口双方存在特殊关系时,美国海关更会重点关注两者之间是否存在"善意的"销售。在美国海关估价裁定中也相应强调,所有权、风险和价款三要素,实质上的转移是判定销售的主要依据。例

---

① 海关总署关税征管司.审价办法及释义[J].北京:中国海关出版社,2006:57.

② 肖·L.舍曼,辛里奇·哥拉肖夫.海关估价:《关税及贸易总协定海关估价守则》评注[M].白树强,李文阳,译,北京:中国社会科学出版社,1993:85.

如：美国海关的 543633 号裁定[①]中就认为："根据已知的全部信息，加拿大卖方和美国买方形成了一次善意销售。进口商递交的证据表明美国的买方承担了货物灭失的风险，即当货物离开加拿大仓库时，物权就转移给了美国买方。美国买方向加拿大卖方支付了货币对价。加拿大卖方和美国买方之间的发票价格表明了货物的实付或应付价格。"

二、海关估价中对销售主体及发生时点的要求

估价实践中，判断被估价的进口货物是否存在符合海关估价要求的销售，除了审查进口货物交易合同中相关条款对标的交付、价款支付以及风险承担等要素的规定，还应关注销售中买卖双方主体资格以及销售发生时间点的要求。

（一）关于销售中买卖双方主体资格

主体适格是销售成立的要件之一。WCO 估价技术委员会咨询性意见 1.1 明确指出，一项销售必须是两个独立主体之间的交易。因此根据有关法律，当交易某一方不能视为独立主体时，则不存在销售。通常认为国际贸易中进出口货物买卖双方应处于不同国家，《联合国国际货物销售合同公约》中国际货物销售合同就是指营业地在不同国家的当事人之间所订立的货物销售合同。但海关估价意义上的销售对买卖双方所处的地域并没有明确的限定。对于卖

[①] 美国海关的行政裁定 543633 号英文原文："Based upon all of the information available and viewed in its entirety, the transactions between the Canadian seller and the U. S. buyer constitute bona fide sales. The importer has submitted evidence substantiating that the U. S. company assumes the risk of loss and that title is passed once the goods leave the Canadian warehouse. The U. S. company pays the Canadian company in exchange for ownership of the goods. The price actually paid or payable is represented by the invoice price between the Canadian company the U. S. company."

方而言，WCO估价技术委员会咨询性意见14.1指出："将货物呈请海关估价这一事实本身便证明了货物的进口行为或其出口行为。之后，余下的唯一要求就是确认成交的性质。从这方面考虑，销售无须发生在某个特定的出口国。如果进口商可以证明所发生的销售是以向进口国出口为目的，那么就可以适用第一条。"在所提供的范例中，即使买方和卖方同样位于进口国，海关估价意义上的销售仍然可以成立。《估价协定》对买方属地并没有作出限定。美欧等国家都把出口销售的关注点放在销售本身是否导致货物出口至进口国，只要出口销售至进口国成立，对买方属地不作限制。加拿大海关在备忘录D14-1-3（Procedures for Making a Request for a Re-Determination or an Appeal of Goods Under the Special Import Measures Act）中也指出："货物进口时可能不存在加拿大国内的买方，而是住址在国外的买方在定购货物时，为自己利益确定将货物出口至加拿大，并自己承担风险和支付价款，该交易仍然符合出口销售至加拿大的要求。但进口买方需提供材料证明货物确定无误地出口至加拿大，没有变化的可能。"[①]《审价办法》第51条中对买方及卖方分别定义为："'买方'，指通过履行付款义务，购入货物，并为此承担风险，享有收益的自然人、法人或者其他组织。其中进口货物的买方是指向中华人民共和国境内购入进口货物的买方。'卖方'，指销售货物的自然人、法人或者其他组织。其中进口货物的卖方是指向中华人民共和国境内销售进口货物的卖方。"因此，买卖双方可以是自然人、法人或者其他组织，而且对买卖双方也没有属地上的限制。只要与进口货物相对应的销售合同已经生效，根据合同安排货物物理空间上跨越关境并申报进口，则海关估价意义上的销售通常就成立。

---

① Canada Border Services Agency. Memorandum D14-1-3［EB/OL］.（2008-10-1）［2013-5-6］. http://www.cbsa-asfc.gc.ca/publications/dm-md/d14/d14-1-3-eng.html.

(二)关于销售发生的时间点

WCO 估价技术委员会解释性说明 1.1 中指出："在第一条或其相应的解释性说明中,均未提及实际交易外部的时间标准,即在决定实付或应付价格是否为计算完税价格有效基础时需要考虑的时间标准。根据本《估价协定》第一条的估价方法,确定完税价格的基础是在引起进口的销售中制订的实际价格,交易发生的时间问题是无关紧要的。在这方面,第一条第一款中的'当出售……时'一语并不是说,在决定某一价格对第一条是否有效时要考虑时间因素。它仅仅表明有关交易的类型——货物出口销售至进口国的类型。"各国海关基于估价管理稳定性、简易性的考虑,通常要求销售在货物进口前或者向海关进口申报前就已确定发生,进口货物已转移或必然将要转移给买方,而买方已支付或确定将要支付相应的货款。若超过这一时点销售才确定要发生的,海关一般不予认可。例如:在寄售的情形下,境外卖方把货物运交给国内的代理人,委托代理人代销,货物在国内销售后,代理人扣除应得的佣金,把剩下的货款交给委托人,寄售进口的货物在进口时并不存在销售,因此在进口环节不能用成交价格法进行估价。如果海关对进口以后的交易进行跟踪确认,无疑将增加海关估价的行政成本,同时也会增加估价的复杂性和不确定性。WCO 估价技术委员会咨询性意见 1.1 中也提出:"由不购买货物而在进口后销售货物的中间商所进口的货物不适用成交价格法。"因此,货物在进口前(或者在向海关进口申报前)必须确认买卖双方之间进口货物所有权和风险的转移以及货款的支付是必然的、确定的。但海关并不要求货物所有权和风险的转移以及货款的支付一定需要在进口前完成。在国际货物买卖中,主要贯彻意思自治原则,当事人之间签订的国际货物买卖合同是确定当事人权利和义务的主要依据。[1] 因此,只要买卖双方在进口前已签订买卖合同,能够证明所有权和风险必然转移、买方必须支付相应货款,而且由此导致合同所涉及的货物发生物理上跨越关境的行为就符合海关估价对销售的要求。这也正如《估价协定》一般介绍性说明所言:"完税价格应依据商业惯例的简单和公正的标准。"应注意的是,如果进口前交易因故取消,即使货物仍然报关进口,则通常认为被取消的交易不构成海关估价意义上的销售,因为此时引起货物进口所对应的销售已不存在了。美国海关认为:"买方拒绝接受或为进口货物付款时,不能根据进口货物的初始发票确定成交价格。在这种情况下,不存在向美国的出口销售,因为货物的所有权没有转移给买方。"[2] 加拿大海关也认为:"货物进口前,因买方破产,无法接受货物,交易不构成估价意义上的销售。"[3] 根据 WCO 估价技术委员会咨询性意见 1.1 中所列举的范例四[4],只要销售协议在进口前达成,就可以适用成交价格法。大多数国家海关也认为只要货物进口前销售协议已签订,就可以根据协议适用成交价格法确定完税价格。美国海关却有不同的要求,为了确定进口货物的成交价

---

① 陈安. 国际经济法学[M]. 北京:北京大学出版社,2011:163.

② 美国海关的行政裁定 542895 号英文原文:"Transaction value may not be derived from the original contract price for imported merchandise where, subsequent to its importation, the alleged buyer refused to accept or pay for the goods. In such an instance, no sale for exportation to the United States exists, because there was no transfer of ownership to the buyer."

③ Canada Border Services Agency. Memorandum D13-4-2. (2013-11-21)[2017-3-6]. http://www.cbsa-asfc.gc.ca/publications/dm-md/d13/d13-4-2-eng.html.

④ 范例四为:"X 国的卖方 S 售货给 I 国的买方 A,并负责货运。当货物在公海上运输时,买方 A 通知卖方 S 称其无法付款或收取货物。卖方可以在 I 国另觅买方 B,为其安排销售与交货。因此,B 将货物进口到 I 国。在上例中,卖方 S 或买方 B 之间的销售导致了货物的进口,反过来看,又使其成了出口销售。交易构成货物的跨国转移,因此可以采用第 1 条进行估价。"

格,向美国的出口销售必须发生在货物向美国实际出口前的某一个时间。我国的《审价办法》对于销售时间没有特别的规定,只要销售协议在货物进口前达成,通常就符合适用成交价格法的要求。

三、关于"系列销售"情况中销售的选择

系列销售(A Series of Sales,也称为多层次销售)是指货物出口销售过程中存在两个或者更多的货物销售合同。在系列销售进行过程中,进口货物对应两个或者更多的货物销售合同。如果每一次销售都符合估价意义上的销售条件,则海关估价面临的问题就是应当适用哪次销售,以确定成交价格。随着国际贸易的发展,特别是信息技术的迅猛发展及广泛应用,为货物从出口国输入到进口国,并在向海关申报进口之前的这一时间段中,进行多次销售创造了便利条件。相应地,估价实践中遇到的"系列销售"情况也日益增多,因此选择哪次销售的成交价格作为完税价格的基础就逐渐成为一个重要的估价问题。

在国际海关估价领域对于销售标准存在两类定义:(1)以实际向海关申报的时间为标准,即以货物从物理空间上跨越一国关境,并向海关提起申报的时间为尺度,此时对应的交易行为就是海关估价的标的物;(2)以确定向进口国的第一次销售为标准,在这一标准体系下,海关估价针对的销售与在物理上跨越关境的销售可以不一致。这种销售的定义,在国际海关估价领域称为"第一次销售"[①],"第一次销售"通常也称为"首次销售"(First Sale)。而实际向海关申报时间所对应的销售,由于通常是系列销售中货物输入进口国之前发生的最近一次销售,也就是货物出口到进口国前的交易链中最

---

① 海关总署关税征管司. 审价办法及释义[J]. 北京:中国海关出版社,2006:53.

后一次销售,因此在估价实践中通常称为"最后销售"(Last Sale)。

(一)关于首次销售

如果以首次销售为标准,只要有证据表明"系列销售"的某次销售将导致该货物必将出口至进口国,则海关应以此次销售作为估价的标的物,这也称为首次销售规则。美国的海关估价制度就是以首次销售为标准。该规则产生于法院的一系列相关判例中。早先美国海关采用的是最直接导致货物向美国出口的销售确定成交价格。即,构成"向美国出口销售的交易"的定义是,如果存在两个或多个可以构成成交价格的销售,则应使用那个导致货物最直接向美国出口的交易。[①] 1988 年的麦格菲公司诉美国案(E. C. McAfee Co. , et al v. United States)是采取首次销售规则的第一个重要案件。该案基本情况如下:美国顾客向香港服装店订制衣服,服装店把顾客的尺寸交给香港制衣商裁制,制衣商裁制后将衣服直接寄给美国顾客。美国海关和一审法院都认定出口销售发生在美国顾客和香港服装店之间。但是,美国联邦巡回上诉法院推翻了一审判决,认为香港制衣商和香港服装店之间交易构成出口销售,因为这批衣服从最初合同到最后出口就是专门为美国顾客专门订制的。不过美国海关随即发布通告指出,这一判例仅适用于进口订制成衣的情况。但 1992 年终审判决的日商岩井(美国)公司(以下简称岩井)诉美国案(Nissho Iwai American Corporation v. United States)则最终完全确立首次销售规则。该案基本情况如下:纽约市政府大都会运输局(以下简称运输局)向岩井签约购买一批地铁车厢,岩井将合同转让给母公司日商岩井株式会社,母公司转而委托另一家日本公司川

---

① 美国海关的行政裁定 542928 号指出:"The transaction to which the phrase when sold for exportation to the United States refers, when there are two or more transactions that might give rise to a transaction value, is the transaction which most directly causes the merchandise to be exported to the United States. "

崎重工制造这批车厢。这批车厢根据运输局与岩井之间合同规定的规格制造，只能在纽约市的地铁系统使用。海关与岩井争议的焦点在于以哪个交易作为估价基础。美国国际贸易法院一审判决认为运输局和岩井之间的交易构成出口销售，但美国联邦巡回上诉法院在二审中推翻了一审法院的判决，强调本案中的地铁车厢明确无误地以美国为出口目的地，所以海关应以川崎重工对岩井的售价作为确定成交价格的基础。美国联邦巡回上诉法院在该案中确立了首次销售规则，即：在涉及外国供应商、中间商和美国买方的三层次进口销售中，当待估价商品明确无误地要出口到美国，且外国供应商与中间商之间存在公平独立交易，外国供应商的售价构成依照估价法律可接受的成交价格。但如果"系列销售"要适用首次销售规则，还会受到一些条件限制。美国联邦巡回上诉法院指出，只有在两个依法均可接受的成交价格中需要作出合理选择时，才适用首次销售规则，三层次销售中外国供应商的价格被人为降低时该规则并不适用。[①] 美国海关随后通过颁布《财政部96-87号决定》以及多个海关裁定，对适用首次销售规则的"系列销售"进口货物在程序及实体方面提出相应的标准和要求。通常情况下，美国海关仍将推定进口商付出的金额构成进口商品的成交价格。要推翻这一推定而适用首次销售规则，进口商负有举证责任。即，进口商须向海关至少进行两个方面的举证：第一，中间商与外国供应商之间存在公平交易；第二，在中间商购买或签约购买待估价商品时，该商品明确无误地要出口到美国。

《欧共体关税法实施条例》第147条对系列销售提出了"最后销售"和"早先销售"的判定规则。所谓最后销售（Last Sale）是指货物进入欧盟关境前，导致货物进入欧盟的商务链中的最后一环。所谓

---

　　① 李新宇.海关估价制度：美国的法律和实务[M].北京：对外经济贸易大学出版社，2003：45.

早先销售(Early Sale)是指货物进入欧盟关境前,导致货物进入欧盟的商务链中除了最后销售的其他销售环节。《欧共体关税法实施条例》第 147 规定:"进口商可以提供以下证据要素,以便证明,早先销售可作为完税价格的适当基础:货物是依照欧共体的规格制造的,或可认定(根据其具有的商标等)其没有其他用途或目的;所涉及的货物是特别为欧共体境内的客户订制或订产的;具体的货物是由中间商从制造商那里订购,并且从制造商那里直接运往欧共体。"在"系列销售"中,欧盟海关先默认符合最后销售条件的销售作为估价基础,但是如果进口商能证明存在一个特殊和相应的交易导致货物必将出口销售至欧盟关境内,则可以请求海关将这一早先销售作为估价基础。这与美国的首次销售规则基本相同。

正如前文所言,海关估价意义上的销售对买卖双方所处的地域没有限制,在"系列销售"中如果早先的某次销售将导致之后货物必将物理跨越关境而进入进口国,则将该次销售的成交价格作为完税价格的基础是有一定合理性的。

(二)关于最后销售

WCO 估价技术委员会则认为应以"系列销售"中的最后销售为标准。WCO 估价技术委员会在评论 22.1 中综合考虑《估价协定》的相关条款指出,成交价格方法需要考虑到在货物进口前的整个商业进口交易的实质,包括因此而产生的经济投入和相关的交易。如一般性介绍说明所规定的,对在系列销售中适用成交价格很重要的一个方面就是要考虑到整个商业进口交易的实质,以及允许合理地运用第 8 条(一般性介绍说明中第 1 条规定:"本协定项下完税价格的首要依据是第一条所定义的'成交价格'。第一条应与第八条一起理解,第八条特别规定,如被视为构成完税价格组成部分的某些特定要素由买方负担,但未包括在进口货物的实付或应付价格中,则应对实付或应付价格作出调整。第八条还规定,在成交价格中应包括以特定货物或服务的形式而非以货币的形式,由买方转给卖方的某些因素")。因此,以首次销售为基础的成交价格,可能无法全面反映一般性介绍说明以及第1条、第8条所设想的因整个商业链而产生的投入或其组成部分的实质。相反,一个以最后销售为基础的成交价格将更能反映所设想的整个交易的实质(在估价实践中,海关估价的特许权使用费、协助以及销售后收益等调整项目下,应计入完税价格的费用,很多情况下是要以最后销售为基础的)。此外,综合考虑最后销售(和首次销售相比)与销售有关的信息通常比较容易在进口国获取,建立统一估价体系的要求,以及实际估价操作等方面的因素,WCO估价技术委员会评论22.1时在结论部分指出:"在系列销售中,进口货物在出口销售到进口国时的实付或应付价格,应为货物进入进口国前发生的最后销售时所支付的价格,而不是首次销售(或较早时销售)的价格。这是与协定的目的和全文相符的。"WCO估价技术委员会评论22.1时侧重从理论上阐述,应以最后销售为基础的成交价格确定完税价格。其中,考虑到整个商业进口交易的实质以及允许合理地运用第8条,是在系列销售中适用最后销售时所支付价格的重要着眼点。就估价实际而言,以最后销售为基础的成交价格确定完税价格,更具有可操作性以及合理性。向海关履行进口申报手续的往往是最后销售环节的买方,由于货物的成交价格通常是重要的商业机密之一,正常情形下最后销售环节的买方是无法获得之前交易环节的成交价格情况的。除非最后销售环节的买方与卖方以及之前环节的交易相关方存在特殊关系,才有可能获得之前销售环节的成交价格信息。而特殊关系的企业之间则有可能通过利用多次销售手法达到低报价格以少缴纳税款的目的。

我国的《审价办法》规定"向中华人民共和国境内销售",指将进口货物实际运入中华人民共和国境内,货物的所有权和风险由卖方转移给买方,买方为此向卖方支付价款的行为。我国海关在估价中以进口货物物理上实际跨越关境(即进口货物实际运入中华人民共和国境内)所对应的销售作为判定"出口销售"的标准,实际上采用的是最后销售标准。

第二节　成交价格的四项条件——对销售的界定和约束

　　成交价格的前提是进口货物交易双方必须存在销售行为,但是买卖双方之间因销售行为而产生的交易价格并不一定是符合海关估价要求的成交价格。《估价协定》第 1 条中规定:进口货物的完税价格应为成交价格,但成交价格必须符合以下条件:(a)不对买方处置或使用该货物设置限制[但下列限制除外:(i)进口国法律或政府主管部门强制执行或要求的限制;(ii)对该货物转售地域的限制;(iii)对货物价格无实质影响的限制]。(b)销售或价格不受某些使被估价货物的价值无法确定的条件或因素所影响。(c)卖方不得直接或间接得到买方随后对该货物转售、处置或使用后的任何收入,除非能够依照第 8 条的规定进行适当调整。(d)买方和卖方无特殊关系,或在买方和卖方有特殊关系的情况下,根据第 2 款的规定为完税目的的成交价格是可接受的。

　　《审价办法》的第 8 条也相应规定:"进口货物的成交价格应当符合下列条件:(一)对买方处置或者使用进口货物不予限制,但是法律、行政法规规定实施的限制、对货物销售地域的限制和对货物价格无实质性影响的限制除外;(二)进口货物的价格不得受到使该货物成交价格无法确定的条件或者因素的影响;(三)卖方不得直接或者间接获得因买方销售、处置或者使用进口货物而产生的任何收益,或者虽然有收益但是能够按照本办法第十一条第一款第四项的规定作出调整;(四)买卖双方之间没有特殊关系,或者虽然有特殊关系但是按照本办法第十七条、第十八条的规定未对成交价格产生影响。"即使买卖双方存在销售,但如果不符合上述四项条件,则销售中买卖双方之间的交易价格不能认为是海关估价意义上成交价格。因此,《审价办法》第8条所规定的四项条件,对于判定进口货物能否使用成交价格方法确定完税价格至关重要。

一、对成交价格四项条件的认识

成交价格的四项条件,实质上是对海关估价意义上的买卖双方之间销售行为以及成交价格的进一步界定。《审价办法》中将"向中华人民共和国境内销售"定义为:将进口货物实际运入中华人民共和国境内,货物的所有权和风险由卖方转移给买方,买方为此向卖方支付价款的行为。即,销售应为进口货物所有权和风险的转移,以及由此产生的价款支付。成交价格的四项条件则明确了进口货物的销售中所有权的转移应是完整所有权转移,支付的价款应是公平独立交易条件下所支付的价款。

(一)关于完整所有权转移的交易

在货物销售过程中,卖方目的是通过让度货物的所有权来取得货物的价值,即价款;而买方则是通过支付价款来获得货物的所有权。货物所有权是卖方处分货物和主张价款的基础,也是买方支付价款、参与买卖的目的。货物的买卖本质就是货物所有权的买卖,在国际贸易中涉及的货物买卖也同样如此。《中华人民共和国民法通则》第71条规定:"财产所有权是指所有人依法对自己的财产享有占有、使用、收益和处分的权利。"《中华人民共和国物权法》第39条也规定:"所有权人对自己的不动产或者动产,依法享有占有、使用、收益和处分的权利。"因此,所有权是财产所有人依法对自己的财产所享有的占有、使用、收益、处分的权利。在买卖过程中,所有权的转移也就是卖方将对货物的占有、使用、收益、处分的权利全部移交给买方。在所有权转移的过程中,如果买方只是占有货物,或者仅有权使用、利用货物来获得收益,或者只是拥有货物处分权,都不能认为其拥有了货物完整的所有权。就严格意义而言,如果交易中货物所有权没有完整转移,则不属于销售,而是租赁、借用或是其他性质的行为。在国际贸易中,只有买方将货物所有权完整转移给卖方,卖方为获得完整所有权而支付价款,这样形成的交易价格才能作为海关估价意义上的成交价格。

如果买方对进口货物的处置或使用受到限制,则买方没有获得完整的货物处置权和使用权,交易价格所指向的只是货物的部分所有权;如果卖方直接或间接获得因买方销售、处置或使用进口货物而产生的部分收益,则进口货物的收益权仍部分掌握在卖方手中,交易价格针对的也只是货物的部分所有权。正如《审价办法》第 8 条第 1 项和第 3 项的规定,如果买方在交易中所购买货物的处置、使用或收益权部分缺失,买方没有获得进口货物完整的所有权,则该交易价格不能作为成交价格。除非买方缺失的这部分所有权的价值能以客观量化的数据体现出来,并加入到交易价格中去,这样经过调整后的价格才能作为完税价格的基础。《估价协定》第 8 条规定:"在根据第一条的规定确定完税价格时,应在进口货物的实付或应付价格中加入:……(d)进口货物任何随后进行的转售、处置或使用而使卖方直接或间接获得的收入的任何部分的价值。"(《审价办法》第 11 条也相应规定,卖方直接或者间接从买方对该货物进口后销售、处置或者使用所得中获得的收益,其价值应当计入完税价格)

(二)公平独立交易条件下支付的价款

公平独立交易条件,既是指买卖双方应是独立的经济实体,不存在影响交易价格的特殊关系,或买卖双方虽然存在特殊关系,但特殊关系未影响到交易价格;又是指关于进口货物的交易是独立的,不受其他交易或因素的影响。公平独立交易条件下支付的价款,就是要求买卖双方在公开市场条件下,根据公平、自愿、平等原则参与交易,在销售过程中买方支付的价款目的,仅是为获得所交易的进口货物,在交易过程中不得因其他因素影响到买方所支付价款的金额。即,买卖双方不受其他因素干扰,仅以货币数额衡量进口货物价值并据此进行交易。否则,在使用成交价格法时,则需要使用客观量化的数据将交易价格恢复到没有受到其他因素影响情况下对应的价格;或者依次使用其他估价方法进行估价。在货物销售过程中,有可能对交易价格产生影响的因素主要来自两个方面:一是交易双方之间存在的特殊关系;二是货物成交价格受到其他条件或因素影响。

特殊关系企业由于存在其他共同利益,它们之间商业交易则有可能不受外部公开市场力量左右。特殊关系企业之间会倾向于按照自身生产、经营特点以及所处的外部环境,平衡双方税收、利润、资金,以及经营等不同目标,并据此确定交易价格而达到总体利益的最大化。这种情况下达成的交易价格,与独立企业之间在公开市场上从各自的利益出发,在公平等价原则下进行交易而形成的价格是不同的。因此,交易双方如果存在特殊关系,就有可能因为这种特殊关系导致交易价格发生扭曲,偏离公平的市场价格。但是交易双方存在特殊关系,并不必然会对成交价格产生影响。《估价协定》第1条第2款提供了两种方法来衡量特殊关系是否影响成交价格:第一种是相对广义的测试标准——通过审查与该项销售相关的情况来判断特殊关系是否影响成交价格,《估价协定》的解释性说明进一步明确:"如审查表明,虽然根据第十五条的规定买卖双方有特殊关系,但双方之间的相互买卖如同无特殊关系一样,则这一点可证明价格并未受到此种关系的影响。"第二种是狭义的测试标准——在有特殊关系的人之间的销售中,只要进口商证明成交价格非常接近于相同或类似货物售予无特殊关系方的成交价格。《审价办法》第17条和第18条也做了相应的规定。同样,如果进口货物的价格受到使该货物成交价格无法确定的条件或者因素的影响,例如:进口货物相关交易安排受到其他交易影响,或交易中买方除了支付价款外还需要额外承担其他义务。在这些情况下,买方在交易中支付价款的数额将不仅取决于进口货物本身,同时还会受到其他交易或买方所承担其他义务的影响,销售中买方支付的价款与卖方转让的进口货物所有权之间不再是唯一对应关系。因此,如果在进口货物的销售过程中,由于受到使该货物成交价格无法确定的条件或因素的影响,也将会导致进口货物的交易价格发生扭曲,偏离公平的市场价格。

综上所述,成交价格的四项条件实质是通过对进口货物销售进一步考察,要求在销售中所有权应完整地从卖方转移到买方,买方支付的价款仅对应于进口货物的所有权,而不受其他因素的影响。成交价格的四项条件不是各自独立的,它们共同构成对进口货物相关销售行为的检验,从而确认买卖双方之间是否存在海关估价意义上的销售,并进而确定销售中形成的交易价格是否能够作为完税基础的成交价格。

二、关于成交价格四项条件的审查

在《审价办法》第8条所规定的成交价格应当符合的四项条件中,第四项关于买卖双方之间存在特殊关系对成交价格影响由于涉及问题最为复杂,将在第四章中详细探讨;第三项关于卖方直接或者间接获得因买方销售、处置或者使用进口货物而产生的收益的情况,通过审查进口货物的交易合同,可以比较容易作出判定。在货物进口后卖方仍可直接或者间接享有从买方销售、处置或者使用进口货物所得中获得的收益情况下,如果货物在进口申报时该收益的价值有客观量化数据,该收益的价值应计入完税价格,否则应对进口货物使用成交价格方法以外的其他估价方法确定完税价格。

以下主要对第一项关于对买方处置或者使用进口货物予以限制,和第二项关于进口货物的价格,受到使该货物成交价格无法确定的条件或者因素的影响的相关情况进行探讨。

(一)关于对买方处置或者使用进口货物予以限制的探讨

在货物进口销售过程中,货物所有权的转移就是卖方应将货物的占有、使用、收益、处分的权利全部让渡给买方。如果买卖双方相关的协议对买方处置或者使用进口货物进行了限制,也就意味着买方在销售过程中并未获得货物的完整所有权,货物的交易价格可能也会相应受到影响。通常情况下,为获得进口货物的部分所有权而支付的货款,会低于获得完整所有权而支付的货款。但对货物的处置或使用限制本身,不能作为直接否定成交价格的理由,关键还是要确定这种限制的规定是否对成交价格产生影响。应从进口合同中有关限制的条款出发,判断其在买卖双方交易中所起的作用,以及对于交易价格影响的程度。如果限制条款影响到了进口货物的交易价格,那么该交易价格就不是海关估价意义上的成交价格。以下是一个关于对进口货物处置进行限制,而影响成交价格的案例。

案例 2-1：

一、交易相关方

买方:国内 B 材料有限公司(铜导线生产商,简称"B 公司")

卖方:E 国 S 公司(铜导线的原材料——铜锭的供应商)

相关企业:国内 A 有限公司(B 公司生产的铜导线买方,简称"A 公司",与 S 公司存在特殊关系)

二、相关的交易安排

B公司向S公司先后购买多批铜锭,进口申报单价均低于同期其他企业进口铜锭单价,低幅达20%以上。海关经核查,发现A公司、S公司、B公司三方达成协议:B公司向S公司采购铜锭,交易价格以S公司确定的价格为准,B公司以此铜锭价格为基础加上加工费确定对A公司销售铜导线产品的价格。

三、限制影响成交价格的判定

根据交易相关方的贸易安排,可以确定B公司在处置或使用进口货物受到了S公司的限制,这种限制主要体现在两个方面:一方面,限制了销售对象。根据相关协议内容,B公司用从S公司进口的铜锭所生产的铜导线只能销售给A公司,B公司无权自由选择铜导线的销售对象。另一方面,限制了销售价格。B公司对A公司销售铜导线的价格制定基础,是以S公司事前确定的铜锭价格为准,即B公司对A公司销售铜导线的价格,等于S公司销售给B公司铜锭价格加上B公司的加工费用,而不能随铜导线市场行情的波动自主调整销售价格。这种限制对成交价格产生实质性影响:其进口申报单价明显低于同期其他企业进口铜锭单价。因此,B公司对进口铜锭的处置和销售受到了S公司的限制,符合《审价办法》第9条关于限制情况的认定。

因此,结合A公司、S公司、B公司三方达成的协议内容及贸易实际,相关协议中的限制性规定,对成交价格产生了实质性影响。海关考虑影响铜锭价格的相关因素,采用合理方法对进口铜锭实施估价。

在实际贸易过程中,卖方或多或少会对进口货物施加一些限制性的规定,但这些限制并不一定会导致成交价格不被接受。根据《估价协定》第1条的规定,进口货物的完税价格应当是成交价格,买方对货物处置或使用不受任何限制,但下列限制除外:(1)进口国法律或政府主管机关强制执行或要求的限制;(2)对货物转售地域的限制;(3)对货物价格无实质性影响的限制(相应地,《审价办法》第 8 条规定,卖方对买方处置或者使用进口货物不予限制,但是法律、行政法规规定实施的限制、对货物销售地域的限制和对货物价格无实质性影响的限制除外)。即,交易中即使有以上三项限制存在,其成交价格仍可以被接受。因此,限制的性质及其对交易价格产生实际影响程度,将是决定成交价格是否可以被接受的关键因素。以下对这三项限制分别进行探讨:

1.关于法律或政府规定的限制以及对货物转售地域的限制。进口国法律或政府主管部门强制执行或要求的限制,是具有普遍性的限制,实施限制的主体是立法机关或行政部门。这种限制规定通常对相同或同类进口货物均有同等效力,对相同或同类进口货物产生的影响是一致的。对进口货物转售地域的限制,是卖方根据不同地域的消费水平、消费偏好等因素而制定的不同销售价格。卖方通常也要求买方不得跨地区进行转售,否则将会对卖方的总体销售策略产生不利影响,这是销售方面常见的商业惯例;同时这种限制意味着卖方对某个区域内所有买方销售某种商品的价格都是一样的,因此对于交易价格也不会产生影响。

2.关于对货物价格无实质性影响的限制。《估价协定》第 1 条中对前两项限制规定比较明确,在判断过程中一般不会有疑问。但第三项限制则只是笼统规定了对货物价格无实质性影响的限制。何种限制是属于对价格无实质性影响,《估价协定》和《审价办法》中均未给出明确的界定。《估价协定》在解释性说明中列举了一个关于对成交价格无实质性影响的例子:卖方要求汽车的购买者在代表新产品年度开始的某一固定日期前,不出售或展览这些汽车;卖方的这种限制性要求是汽车行业中销售方面常见的商业惯例。WCO估价技术委员会评论 12.1,列举了另一个对成交价格无实质性影响的例子:一家化妆品公司在合同中要求其所有进口商只能通过销售代表经直销方式销售产品,原因在于它的销售体系及宣传方式采用了直销这种销售方式。评论 12.1 的案例中买方对卖方的限制规定实际上也属于商业惯例的范围。商业惯例一般是指在某些商品交易领域,由于长期交易活动而成为习惯,并逐渐形成的为所有参与交易者公认并普遍得到遵行的习惯做法。在《估价协定》的一般介绍性说明中认为"完税价格应依据商业惯例的简单和公正的标准"。海关估价应"符合商业惯例",说明海关估价应最大限度地尊重贸易实践。WCO 估价技术委员会解释性说明 1.1 中也提及:"'同时或大约同时'应被认为包含了一段时间……在此期间影响价格的商业惯例和市场行情保持不变。"因此,可以认为在商业惯例影响或作用下形成的交易价格是符合海关估价要求的成交价格。WCO 估价技术委员会专门就《估价协定》中与第 1 条有关的限制和条件发布了案例研究 3.1,该案例研究主要从交易双方签订协议的相关条款,来判定被估价货物的处置或使用是否受到限制、被估价货物是否受到成交价格无法确定的条件或因素的影响,其中一个很重要的判断标准就是相关的贸易安排是否属于商业惯例。如果协议条款符合一般的商业惯例,例如要求维持足够的存货以参与销售和维修,或与进口货物市场营销有关的一些要求或条件等,WCO 估价技术委员会认为不会影响到货物交易价格,并认定为符合海关估价要求的成交价格。因此,如果进口货物销售合同中的一项"限制"属于行业上或国际贸易中的普遍做法,符合商业惯例,海关则应尽可能接受该成交价格。

还应注意的是,在一些实际贸易中,即使交易中有限制条款的存在,但并未对成交价格产生影响,则也应接受其成交价格。应根据限制的具体规定和要求,并结合进口货物的性质、其所处行业的交易特点来考察有关限制的规定是否对交易价格产生影响。只有当限制规定对交易价格的达成产生实质性的影响，海关才会使用其他方法进行估价。还可以采用比较直观的方法进行判断，即将限制条件下进口货物的交易价格，与同时或者大约同时相同或类似进口货物的成交价格进行比较，如果它们之间的价格相近，就可以认为限制条款未对成交价格产生影响。

(二)关于进口货物的价格受到使该货物成交价格无法确定的条件或者因素的影响

《估价协定》解释性说明中对使货物成交价格无法确定的条件或因素进行了说明："如销售或价格受某些条件或因素的约束，从而使被估价货物的完税价格无法确定，则该成交价格不得为完税目的而被接受。"因此，在"使货物的成交价格无法确定的条件或者因素"中的"条件或者因素"通常是指，在进口货物销售过程中，由于对货物的交易附加某一条件，或者交易受某一特定因素影响(此条件或因素与交易的货物是无关的)，而让货物交易价格偏离了在正常的商业环境中货物买卖应形成的交易价格，即，该条件或因素影响了货物的交易价格(使得交易价格不仅决定于货物本身的买卖，还受到与货物买卖无关的因素或条件的影响)。在正常销售过程中，买卖双方是以进口货物为标的展开交易的，交易价格取决于货物自身的价值以及当时当地市场的供求关系等因素，买方获得货物的所有权是以付出的价款为代价。在受到使该货物成交价格无法确定的条件或者因素影响情形下，买方为获得货物的所有权除了支付一定的价款外，可能还需要根据相关合同中附加的条件而承担其他义务(如：根据卖方要求购买指定的货物，或根据卖方要求向卖方销售特定的货物)。买方为获得进口货物的所有权，所支付的对价由两部分构成：支付的价款和按照合同附加的条件承担特定的义务。由于这些特定义务的存在，使得交易中买方所支付的价款与进口货物所有权转移之间的权利义务关系，实际是不对等的。合同附加的条件

（如合同要求的买方必须承担的特定义务）就是使该货物成交价格无法确定的条件或者因素。如果合同附加的条件可以用客观量化的货币数据进行衡量，则这部分的货币数值，加上买方支付的价款，就可以作为该笔交易的海关估价意义上的成交价格。正如 WCO 估价技术委员会咨询性意见 16.1 中所言："第一条第一款（b）项[①]应解释为，如果能够确定影响被估货物的价值的条件或因素的价值，则在符合第一条其他规定和条件的前提下，进口货物的完税价格，应当是按该条款确定的成交价格。第一条的注释和附件三明确指出，实付或应付价格应当是买方向卖方或为卖方利益支付的全部金额，支付可以是直接的，也可以是间接的。该价格包括买方向卖方或第三方实际已付或应付的支付总额。因此，若清楚与进口货物有关条件的价值，应将其计入实付或应付价格当中。"间接支付是指买方根据卖方的要求，将货款全部或者部分支付给第三方，或者冲抵买卖双方之间的其他资金往来的付款方式。在某种意义上，如果"使货物的价值无法确定的条件或因素"对成交价格的影响程度可以用客观量化的标准表示为货币单位的形式，则可将该影响程度视为"间接支付"而调整计入成交价格。

在国际贸易中，常见的属于"使货物的价值无法确定的条件或者因素"的情况有两类，即附有其他条件交易和折扣。以下分别进行讨论：

1. 关于附有其他条件交易的探讨

《审价办法》第 10 条列举了应当视为进口货物的价格受到了使该货物成交价格无法确定的条件或者因素的影响的两个例子："进口货物的价格是以买方向卖方购买一定数量的其他货物为条件而确定的；进口货物的价格是以买方向卖方销售其他货物为条件而确

---

① 《WTO 估价协定》第 1 条第 1 款（b）项原文即为："销售或价格不受某些使被估价货物的价值无法确定的条件或因素的影响。"

定的。"其共同之处就在于买卖双方达成关于进口货物的交易协议中,除了以进口货物为标的外,还附有其他条件(即:以买方向卖方购买其他货物,或以买方向卖方销售其他货物为条件),而且这些条件对进口货物的成交价格产生影响,因此可以将这种情形下的交易称为附有其他条件交易。

　　进口货物的价格是以买方向卖方购买一定数量的其他货物为条件而确定的,与通常所说的搭售行为相类似。搭售是卖方对买方的一种控制行为,卖方利用其经济优势,在销售一种商品(或提供一种服务,通常称为结卖品)时,要求买方以购买另一种商品(或接受另一种服务,通常称为搭卖品)为条件。搭售本质上属于卖方的一种营销手段,卖方在不同的市场环境下,基于不同的经济理由实施搭售,具有专利或品牌的产品最容易被用来搭售。《中华人民共和国反不正当竞争法》第 12 条规定:"经营者销售商品,不得违背购买者的意愿,搭售商品或者附加其他不合理的条件。"卖方凭借经济优势地位强行搭配商品,或附其他不合理条件的行为,明显违背了商品交易应遵守的基本准则。应注意的是,搭售或附加不合理条件的行为,在违背购买者的意愿的情况下才是被禁止的,如果购买者自愿接受经营者的附加条件,那么这些附加条件就是合法的,属于当事人之间协议的组成部分。在通常情况下,卖方为尽可能销售搭卖品,买方在结卖品和搭卖品都购买的情况下,结卖品应支付的价格,与单独购买结卖品所应支付的价格是不同的,而且一般比单独购买结卖品更低。WCO 估价技术委员会评论 11.1 中将捆绑销售(tie-in sales,也有翻译为"搭售",但在评论 11.1 中 tie-in sales 的含义显然不限于上文所说的搭售)分为两类:在第一类中,条件或因素与货物的销售价格相关,而在另一类中,条件或因素与货物的销售有关。评论 11.1 中将条件或因素既与价格又与销售存在联系的情况,视作第一类中的捆绑销售。并认为《估价协定》解释性说明中所举的三个例子(以买方同时购买规定数量的其他货物为条件,卖方确定进口货物的价格;进口货物的价格取决于进口货物的买方把其他货物售给进口货物卖方的价格;以及该价格是在对进口货物的支付形式的基础之上确定的,比如:进口货物是由卖方基于它将收到一定数量的成品这个条件上所提供的半成品)均属于第一类的捆绑销售。在此类交易中,交易价格受到买卖双方之间的其他交易条件的影响,价格不是确定被估货物的价值唯一因素,因此其交易价格不能作为海关估价中的成交价格。第二类的捆绑销售也被称为对销贸易,对销贸易形式多样(评论11.1中列举了易货、对购、记账贸易等八种方式),对交易价格的影响也比较复杂,应在审查交易相关事实的基础上,判断该种捆绑销售是否符合成交价格的条件。

进口货物的价格,是以买方向卖方销售其他货物为条件而确定的情形,可以认为类似于对销贸易中的互购。互购具有的平衡国际收支、融通资金等功能,因此在国际贸易中也较常出现。在互购交易中,卖方为获得买方提供的货物,其销售给买方的货物有可能予以一定的价格优惠。买卖双方之间由于互相销售货物,定价具有相当的灵活性,出于资金、避税等方面的考虑,也有可能在需要相互支付货款上进行一定数额的抵扣。《估价协定》解释性说明中列举的对销售或价格产生影响的条件或因素的一个例子是:"进口货物是以卖方将收到一定数量的制成品为条件而提供的半制成品。"这也是一种附有其他条件的交易:卖方向买方销售半制成品,是以买方向卖方交付一定数量的制成品为条件的。以下是关于附有其他条件交易的一个估价案例。

案例 2-2:

一、交易基本情况

2005 年,A 公司向海关申报进口铜箔,其申报价格明显低于同期其他企业进口相同货物的价格。A 公司所进口的铜箔是向 E 国

S公司购买的。

二、海关估价过程

A公司称:铜箔的价格由铜原料价格与加工费之和决定;2004年A公司就与S公司签订了2005年的铜箔交易的大合同,并约定铜原料封顶价(即铜原料最高不得超过的价格)和加工费用。A公司进口的铜箔价格偏低,是因为合约所确定的铜原料封顶价格较大幅度低于2005年国际市场铜原料的价格。海关认为,自2005年初以来国际市场铜价攀升,即使以铜原料封顶价为基础确定铜箔价格进行交易,也必然造成S公司的大额亏损,S公司继续履行原合约的可能性很小,交易中很可能存在其他附加条件。经核查,海关发现2005年A公司与S公司签订的补充协议。其中约定:A公司在E国的子公司每月须出售一定数量某级别废铜给S公司,价格以前两个月公开市场该级别废铜平均价格的95%确定,但最高价不得超过铜原料封顶价格的80%。从协议内容看,S公司从废铜交易中得到一定的利益,A公司也承认此协议是行情上涨超出预期,由S公司提出并最终协商签订的。

综合上述情况,海关认为:由于A公司购买铜箔的价格是以A公司的子公司出售一定数量低价废铜给S公司为条件,买卖双方成交价格受到使该货物成交价格无法确定的条件和因素影响。海关最终采用类似货物成交价格法对A公司进口的铜箔进行估价。

2.关于折扣的探讨

在国际贸易中,卖方在交易过程中时常会由于某些原因而给予买方一定的价格减让,通常把这种价格减让称为折扣(《辞海》中将折扣解释为:商品按原订价格扣除百分之几出售)。对海关估价产生影响的折扣,主要有三种常见形式:现金折扣、数量折扣和实物折扣。现金折扣是指当买方在某一规定期限内按时付款后,卖方将给予买方一定数量的折扣;数量折扣是指当买方购买达到一定数量,卖方给予买方以价格优惠;实物折扣是指当卖方对货物进行促销时,除了以正常价格销售外,同时为了达到促销的目的,卖方免费向进口商另外赠送了一定数量的相同货物或其他货物。在卖方提供实物折扣的情况下,买方相当于免费获得的卖方提供的货物,由于这部分货物没有成交价格,海关将采用其他估价方法进行估价。

在现金折扣和数量折扣只是依据本次交易状况进行确定的情况下,对于现金折扣,WCO 估价技术委员会在咨询意见 5.1 中指出:进口货物估价之前,如果买方获得了卖方给予的现金折扣,那么鉴于估价协定第 1 条中的成交价格是进口货物的实付价格,在确定成交价格时,该项现金折扣应予以承认。WCO 估价技术委员会在咨询意见 5.2 中还进一步明确:如果可以获得卖方提供的现金折扣,但在估价时,货款尚未支付,《估价协定》第 1 条第 1 款第(b)项的要求,并不妨碍使用销售价格作为成交价格的基础(有些情况下,货物进口时买方获得折扣的金额还未能确定,则需要买方先行提供税款担保以提取货物;或出于通关便捷的考虑,由买方按折扣前的价格进行申报);对于数量折扣,从 WCO 估价技术委员会咨询意见 15.1【WCO 估价技术委员会咨询意见 15.1:数量折扣是卖方根据顾客在一给定的期间内的购买数量给予货物价格上的扣减。《WTO 估价协定》对在决定进口货物的实付或应付价格是否可以按第一条确定完税价格的有效基础时,并没有给出一个可供参考的标准数量。然而为海关估价目的,恰是数量确定了被估货物出口销售至进口国的单位价格。因此,只有在卖方参照一张以货物销售的数量为基础的固定的表设定价格时,才可能出现数量折扣。此类数量折扣可以分为两大类:

(1)在货物的进口前设定的数量折扣;

(2)在货物的进口后设定的数量折扣。

举例说明上述情况。

一般情况

有证据证明卖方对在一给定的期间内(例如一个会计年度)购买的货物给

予以下数量折扣：

1～9件：无折扣；

10～49件：5%的折扣；

50件及以上：8%的折扣。

另外，除上述折扣外，根据在给定的期间内购买总数再计算并在期末追加3%的折扣。

范例1

第一种情形：在X国的进口人B购买并一次进口了27件货物。发票价格反映了5%的折扣。

第二种情形：在X国的进口人C一次性购买了27件货物，价格反映了5%的折扣。但所购货物分3批进口，每批9件。

估价处理

在上述两种情形下，应以进口货物的实付或应付价格为基础确定完税价格，也就是考虑并扣除了5%的折扣后的价格。

范例2

进口人B和C在分别购买和进口了27件货物后，又在同一会计年度分别购进了42件货物（每人总共购进69件）。第二次购42件货时，B和C得到的价格均反映了8%的折扣。

第一种情形：进口人B第一批购买的27件货物与第二批购买的42件货物是两份单独的合同标的，但在所达成的一份最初的协议内容中规定，买卖双方之间交易的数量享受累计折扣。

第二种情形：除进口人C的购货不属于一份最初的协议的标的，其他情况均与第一种情况相同。卖方所提供的累计折扣是其销售策略的一贯做法。

估价处理

在两种情形下，购买42件货物8%的折扣是卖方价格的一贯做法；这8%的折扣对货物出口销售给进口国的单价产生了影响。因此，在确定完税价格时应考虑这项因素。

卖方提供的数量折扣是基于买方前次购买数量的事实，并不意味第1条第1款(b)项可以适用。

范例 3

在此例中,除折扣属于可追计类型外,其他情况与例 2 均相同。每笔交易均为进口人先购买进口 27 件,然后在同一会计年度又购进 42 件。

进口人 B 的第一批 27 件货物的价格反映了 5% 的折扣。第二批 42 件货物的价格在反映了 8% 折扣的同时,再扣除对第一批 27 件货物追计的 3% 折扣。

估价处理

在确定进口货物的完税价格时,应将 42 件货物的 8% 的折扣考虑进去。然而,另外追计的 3% 的折扣不应予以考虑,原因在于它对进口的 42 件被估货物的单价未产生任何影响,而是与前次进口的 27 件货物有关。至于海关对第一批 27 件货物的估价处理,可以参考咨询意见 8.1 对与以前交易有关的信用的处理和评论 4.1 价格复议条款。

范例 4

所有进口在一定期间内完成后,就会在会计账目上有所反映。根据在此期间内的进口总量,进口商就获得了 3% 额外的折扣。

估价处理

上述追计的 3% 的折扣,不能作为确定海关估价时的考虑因素,理由见第 16 段。但应指出,委员会在咨询意见 8.1 对与以前交易有关的信用的处理和评论 4.1 价格复议条款对此提供了参考】中的范例一可以看出,折扣后的价格可以作为完税价格的基础,如果折扣受到其他批次货物交易情况影响,例如 WCO 估价技术委员会咨询意见 15.1 中范例二的情形,买方折扣后的实付、应付价格也还可以作为完税价格的基础,而不认为成交价格受到使货物的价值无法确定的条件或者因素的影响。WCO 估价技术委员会评论 11.1 中还认为:"如果卖方按单独一张订单的购买数量或货值计算给予数量折扣,那么买方一次订货购买了许多不同项目的货物,因而有资格得到这一折扣,而如果购买任何一件上述项目货物都没有资格获得这一折扣,这种情况就不属于可以第一条第一款(b)项适用的情形。"即,由于买方购买达到规定数量及项目货物,而获得折扣的情形,与根据买方同时购买规定数量的其他货物的条件下,卖方确定的进口货物的价格的情形应是不同的,前一种情形获得的折扣不认为是受到使该货物成交价格无法确定的条件或者因素的影响。从海关征管的角度,买卖双方达成的折扣协议,以及买方获得折扣的前提条件在进口货物向海关申报前就应确定。因此,如果买卖双方在货物进口之后才达成的折扣协议,则其减让的价格不能从完税价格中扣除。

此外,类似于回溯性定价(即根据进口货物的情况对前一批货物的价格进行调整)的情况而产生的价格折扣,海关不会将其从完税价格中扣除。回溯性折扣是卖方基于过往的销售情况给予买方一定的奖励或补偿。回溯性折扣有许多种形式,如年终折扣、满足额度后利润返还等。还有一些生产商,每年在制定销售策略时,对销售代理商提供销售奖励计划,根据整年的销售业绩,在年终时给予不同比例的利润返还,这也可以认为是另一种形式的回溯性折扣。出于支付便利方面的考虑,卖方常常将应给予买方的回溯性折扣在某次交易的货款中进行抵扣。回溯性折扣不是针对本次交易货物,与当次进口货物的销售行为无关,因此不应从完税价格中扣除。当次货物的实际成交价格应为买卖双方最初确定的交易价格。以下是一个相关案例。

案例 2-3:

2006 年 2 月,海关在审核中发现,A 公司申报进口一批检测仪,单价比该公司此前所进口的相同产品单价低 30% 以上,遂对企业提出价格质疑。A 公司称,根据其与卖方签订的协议,其获得 2005 年度总购货折扣。由于该折扣金额从本次购货总额中扣除,造成此次进口单价偏低。企业提供的购货合同中规定:若买方 2005 年从卖方的购货总额达到协议的约定值,则卖方将以 2005 年度的购货总额的 3% 作为折扣让利给买方,并在 2006 年的第一批购货总额中扣除。海关认为,2005 年度的购货总额 3% 的折扣属于买方 2005 年从卖方获得的折扣,与此次进口的货物无关,因此,该折扣不能从该批货物的货物价格中扣除,而应以该批货物未折让前的实际销售价格审查确定完税价格。也可以认为 3% 折扣作为 2005 年度的折让,冲抵 2006 年第一批购货价款的行为已构成了间接支付,故不应从该批进口货物的销售价格中扣除。

3. 某些外在因素对价格的影响

在某些情况下外在因素可能对买卖双方的交易价格产生影响。例如:出口补贴和补助。出口补贴和补助是实施贸易政策的工具,是由政府向自然人、法人或行政管理机构,直接或间接地给予的经济协助,旨在促进产品的生产、制造和出口。WCO 估价技术委员会在评论 2.1 中指出:"由于本协定(即《估价协定》)的基本要领涉及买卖双方的交易,涉及直接或间接在买卖双方之间所发生的事情。在这方面的条件或因素必须看作是买卖双方之间的义务。因而,不能仅以销售交易受到补贴为由,而使第一条第一款(b)项不能适用。"

第三节　实付、应付价格——成交价格的主要组成部分

根据《审价办法》的规定,进口货物的成交价格是销售该货物时买方实付、应付的,并按法定项目调整后的价款总额,而进口货物的完税价格,由海关以该货物的成交价格为基础审查确定。因此,实付、应付价格是确定进口货物完税价格的基础。随着企业的经营方式、贸易安排日益复杂,进口货物存在与之相关的单列于购货价款或购货发票之外的买方支付(以下简称单列支付项目)成为贸易中较常见的情形。确定单列支付项目的价款是否属于实付、应付价格

的一部分,对于确定成交价格的金额将是至关重要的。

一、关于实付、应付价格的相关法津规定

《估价协定》第 1 条规定,成交价格为该货物出口销售至进口国时,依照第 8 条的规定进行调整后的实付或应付的价格。《估价协定》的解释性说明将"实付或应付价格"（the price actually paid or payable）定义为:买方为进口货物向卖方或为卖方利益而已付或应付的支付总额。《审价办法》第 7 条规定:"进口货物的成交价格,是指卖方向中华人民共和国境内销售该货物时买方为进口该货物向卖方实付、应付的,并且按照本章第三节的规定调整后的价款总额,包括直接支付的价款和间接支付的价款。"并相应地将"实付、应付价格"定义为:买方为购买进口货物而直接或者间接支付的价款总额,即作为卖方销售进口货物的条件,由买方向卖方或者为履行卖方义务向第三方已经支付或者将要支付的全部款项。实付、应付价格既包括为购买进口货物由买方向卖方进行的直接支付,也包括间接支付。其中直接支付是指买方直接向卖方支付的款项,而间接支付是指买方根据卖方的要求,将货款全部或者部分支付给第三方,或者冲抵买卖双方之间的其他资金往来的付款方式。就支付角度而言,实付、应付价格就是买方为获得货物的所有权,而向卖方或根据卖方要求向第三方应支付的总价款。只要买方根据合同要求为获得进口货物而承担了相应付款的义务,无论买方采用何种支付方式（现金、信用证或其他支付方式）,无论买方支付的款项是采取直接支付形式还是采取间接支付形式,也无论货物进口时价款是否已经全部支付,或是部分支付,或是尚未支付,均不会对实付、应付价格金额的认定造成影响。

二、实付、应付价格与各调整项目项下支付的关系

在实际贸易中,出现与进口货物有关的调整项目项下(即《审价办法》第 11 条所规定的应当计入完税价格的费用或者价值)支付情况,主要有两方面原因:一是买卖双方对某些支付项目进行人为拆分。例如:通常情况下销售佣金由卖方直接支付给卖方代理人,佣金已包含在进口货物的成交价格中,但如果卖方人为对货价和卖方佣金进行拆分,要求进口商在向卖方支付货价的同时,还必须根据卖方的要求向卖方代理人支付佣金。此类情况下产生的调整项目费用可以认为本质上是属于实付、应付价格范围。二是由于交易的实际需要产生的与进口货物有关的单列支付项目。例如:卖方为了符合买方的特殊需求,使用买方无偿提供的原材料生产进口货物,原材料是由买方向另一家生产商购买的,由此产生的应税协助费用是由买方单独向第三方支付的。在海关估价意义上,这类调整支付项目与进口货物的生产和销售密切相关,也属于进口货物成交价格的一部分,但其不属于实付、应付价格范围。如果价格调整项目单独列明,且未包含在进口货物发票价格中,海关则需进行调整,以确定完税价格。

三、关于单列支付项目是否属于实付、应付价格的探讨

根据贸易的实际需要和买卖双方的交易安排,买方在支付货款之外,某些情况下还需要按照相关协议约定,向卖方或根据卖方指示向第三方支付一些特定名目的费用(如:配额费、检测费和研发费等等)。这些特定项目如果是以单列于购货款之外的方式进行支付的,并由相关方单独开具发票,则构成单列支付项目。《估价协定》第 8 条第 4 项规定:"除本条所规定的内容外,在确定完税价格时,

不得将其他内容加入实付或应付价格。"因此,单列支付项目如果不属于法定调整项目的范围,则确定这些费用是否属于实付、应付价格,将直接关系到其是否应计入完税价格。在实际贸易中,可能涉及的单列支付项目名目繁多,估价法规不可能穷尽规定这些项目费用是否属于实付、应付价格的范围。而判定买方单列支付项目的价款是否属于实付、应付价格是估价实践中时常遇到的问题,以下从《审价办法》、《估价协定》和 WCO 估价技术委员会的相关论述以及国外法院和海关的判例入手,对判断买方的单列支付项目是否属于实付、应付价格范围的条件进行探讨。

(一)《估价协定》及 WCO 估价技术委员会的相关论述

WCO 估价技术委员会案例研究 7.1,对判定单列支付项目是否属于实付、应付价格具有一定的指导意义。案例研究 7.1 中,进口商购买一台机器,由于该机器需要使用复杂的操作方法,因此卖方准备了培训课程指导买方操作该机器。培训课程在机器进口前,在出口国卖方的场所举行而且该课程的费用单列于该机器货款之外,即卖方单独出具该课程费用的发票。WCO 估价技术委员会认为应根据不同的交易条件,判定该培训费是否属于实付、应付价格:(1)如果销售合同规定,是否需要购买该课程由买方决定。由于不支付该课程费用也能购买该机器,那么该课程费用的支付就不构成机器销售条件。因此,该课程费用的支付不是完税价格的一部分。(2)如果该课程费用的支付在销售合同中有明确要求,即使买方不参加培训也必须支付培训费,或者销售合同要求买方必须参加课程和支付课程费。由于不支付该课程费用就不能购买该机器,该课程费用构成了销售条件。在这种情况下,该课程费用是为了购买进口货物而进行的支付,因此该课程的费用属于完税价格的一部分(《审价办法》第 15 条中规定境内外技术培训费用不计入进口货物的完税价格;因此对于进口我国的货物而言,无论是否作为进口销售的条件,单独列明的与进口货物相关的技术培训费用均不计入完税价格)。由于课程培训费用不属于《估价协定》中所列明的法定调整项目,其计入完税价格原因则为被认定为属于实付、应付价格的一部分。从 WCO 估价技术委员会案例研究 7.1 中可以看出,货款之外的单列支付项目是否作为进口货物销售条件,是判定其属于实付、应付价格的重要标准。即使单列支付项目购买的标的不是进口货物本身,但只要确实构成了进口货物销售的条件,则该项支付也将成为实付、应付价格的组成部分。从某种意义上,也可以认为作为卖方销售进口货物的条件所涵盖的支付范围,是大于买方为购买货物本身而进行支付的范围。

《估价协定》在解释性说明中指出:"买方自负责任所从事的活动,除第八条规定的进行调整的活动外,即使可能被视为对卖方有利,也不被视为对卖方的间接支付。因此,在确定完税价格时,此类活动的费用不得计入实付或应付价格。"买方自负责任所从事的活动,通常是指买方基于自身生产经营方面利益的考虑,而自行从事的与进口货物相关的经营活动,买方进行这些活动的原因并不是由于进口商的要求,比较常见的诸如,买方自行针对进口货物的营销、广告活动。买方自负责任所从事的活动所支付的费用,即使让卖方同时受益,也不应属于实付、应付价格,但是如果买方从事的活动是由买方在购买进口货物时,卖方向买方提出的要求,并构成了进口货物销售的条件,相关费用就很有可能构成实付、应付价格的一部分。WCO 估价技术委员会在解释性说明 5.1 中,关于保兑佣金是否应税的论述,也体现其对于确定单列支付项目是否属于实付、应付价格所持的立场。在国际贸易中,出口商通过采用提供保证支付确认的金融服务,以保护自己不必承担收取不到货款的风险。通常情况下是出口商要向中间人(一般是银行)支付一部分费用,由中间人替出口商承担风险,由类似服务所产生的支付经常被称为"保兑佣金"。从本质上讲,保兑佣金接近于为避免承担收取不到货款的风险而支付的一种保险费。WCO 估价技术委员会解释性说明5.1认为:发生保兑佣金的卖方,从买方手中收回这笔费用的成本是很正常的做法,卖方通常直接将这部分佣金成本计入到货物价格当中;在这种情况下,保兑佣金就包含在货物的实付或应付价格当中,而且《估价协定》的任何条款也没有规定将其从成交价格中扣除。解释性说明5.1进一步指出:如果说对保兑进口货物货款被视为保护卖方利益,因为它保证卖方避免承担买方银行拒付货款的风险,并且如果保兑手续费作为销售的一项条件,由买方支付给卖方或第三方,那么实付或应付价格就应包括保兑佣金,但如果是买方主动向卖方提供不撤销或保兑信用证,其主要目的是确保销售合同的签订,在销售合同中没有任何条件限制,且是买方获利而非卖方的情况下,支付的保兑佣金总额就不构成实付或应付价格的一部分。从 WCO 估价技术委员会解释性说明5.1的论述可以看出,支付项目为卖方利益进行,并作为销售的条件,才属于实付、应付价格,而且如果相关支付项目已合并入货款,而且该支付项目不属于法定扣减项目,则应构成实付、应付价格的一部分。

(二)国外法院和海关关于"实付、应付价格"判例的比较和启示

美国和欧盟均为《估价协定》的缔约方,其国内法规中关于实付、应付价格的规定与《估价协定》相关条文基本一致。例如:《美国法典》第1401a节中规定:实付、应付价格为进口货物直接或间接、已经或即将支付给卖方的总金额,或是为进口货物支付的直接或间接使卖方受益的总金额。美国、欧盟的海关以及法院对于实付、应付价格判定的立场和方法考虑了《估价协定》相关内容并兼顾实务的可操作性,探究它们在处理实付、应付价格案例时所持的立场和观点,对于我国海关估价具有借鉴意义。

Generera 运动服装公司诉美国案(Generra Sportswear

Company v. United States)是关于实付、应付价格的一个重要案件。在该案中,原告 Generra 运动服装公司(以下简称 Generra 公司)以 6 美元的单价从香港进口成衣。卖方帮助 Generra 公司取得纺织品出口配额,并要求 Generra 公司就每件成衣向其支付0.95美元的配额费。Generra 公司在向卖方支付货款之外,还通过其代理人向卖方支付配额费,卖方为此单独出具发票。美国海关在估价时将此配额费计入了进口成衣的完税价格。由于买方直接支付给予卖方无关联第三方的配额费,通常不会被美国海关计入完税价格,因此 Generra 公司对海关的做法提出了异议,并起诉到国际贸易法院。国际贸易法院同意 Generra 公司的观点,认为配额费不应被计入完税价格。美国海关将该案件上诉至联邦巡回上诉法院。联邦巡回上诉法院支持海关的观点,认为:配额费是买方为进口商品向卖方支付的,或使卖方受益的总金额的一部分。联邦巡回上诉法院还指出:只要配额费用是因对美国出口销售货物而向卖方支付的,该笔支付可以包括在成交价格中,即使所支付款项代表货物价值本身以外的某种东西。根据法院对 Generra 运动服装公司诉美国案的判决,美国海关在估价实践中,把进口商向卖方支付的所有金额均推定为进口商品实付或应付价格的一部分,除非有相反的证据推翻这一推定。[①] 这就是所谓的"Generra 假设"。美国海关以及法院均认为如果某项由进口商进行的支付,没有被法规明确地从成交价格中排除,那么"Generra 假设"将适用,除非费用的支付与进口货物完全无关。

在 1984 年的 Ospig 纺织公司案(Ospig Textilgesellschaft KG W. Ahlers V. Hauptzollamt Bremen-Ost,Case 7/83,Judgment of the Court (Third Chamber) of 9 February 1984)中,Ospig 纺织公

---

① 李新宇.海关估价制度:美国的法律和实务[M].北京:对外经济贸易大学出版社,2003:17.

司进口纺织品,向出口商支付货款和配额费,出口商分别出具了货款和配额费的发票。该案情况与 Generra 运动服装公司诉美国案基本相同。欧共体法院就配额费是否应税,作出了与美国联邦巡回上诉法院截然相反的判决,欧共体法院认为:配额费不必计入完税价格。欧共体法院的主要理由是:第一,进口配额主要是为了控制某些商品的进口数量,其目的与海关估价法规是不同的;第二,在由买方直接向第三方支付配额费的情况与买方通过卖方进行支付的情况之间制造差别是不恰当的,并且与建立一个公平、统一、中性的海关估价制度的基本原则相矛盾。在 1994 年的另一件涉及 Ospig 纺织公司的诉讼案件[Ospig Textil-Gesellschaft W. Ahlers GmbH & Co. v Hauptzollamt Bremen-Freihafen. ,Case C-29/93,Judgment of the Court (Third Chamber) of 19 May 1994]中,欧共体法院认为,即使在出口国进行配额证件交易不是合法的,进口商通过交易获得配额证而支付的费用也不必计入完税价格。其理由是:无论通过合法交易还是通过不合法交易,获得出口配额许可证,从经济角度上其结果是相同的。如果将通过不合法交易获得出口配额许可证而支付的费用计入完税价格,将影响进口商之间的公平竞争,也违背了统一、中性的海关估价原则。

从以上案例可以看出,美国海关和法院认为只有在进行了某项支付的情况下货物出口销售才能发生,那么即使该项支付与进口货物本身价值无关也可能成为实付、应付价格的一部分而计入完税价格。在 Moss 制造公司诉美国案(Moss Manufacturing Co. , Inc. v. United States)中,原告进口商 Moss 制造公司将货款和买方代理人佣金一起支付给进口货物的卖方,并由卖方将这笔佣金转付给买方代理人。法院首先裁决在这个案件中存在买方代理行为,买方(即 Moss 制造公司)支付给卖方的这部分佣金属于购货佣金。然而法院又认为:买方向卖方为进口货物进行了支付,并指示卖方将付款的一部分支付给买方的代理人，这样的支付行为属于为卖方利益所进行的支付，因此仍属于实付与应付价格的适当组成部分。① 由此可见，如果某项支付使卖方受益，则美国海关及法院就极有可能认为其构成实付或应付价格的一部分而计入完税价格。因此，对单列支付项目是否属于实付、应付价格，美国法院主要从该项支付是否使卖方受益、是否构成进口货物进口的条件进行判断。而欧共体法院则更注重探究该项支付的性质，及判定结果是否符合海关估价原则和目标，及其对市场经济秩序的影响。正如在以上两个关于Ospig 纺织公司案中欧共体法院所持的观点，进口配额只是一种商业数量管理政策与海关估价无关，而且如果只是由于费用支付方式不同而导致不同的海关估价结果，将与"公平、统一、中性"海关估价原则相违背。但欧共体法院在判决中也强调，进口商负有举证责任，有必要提供必须的信息和文件以便于海关确认相关单列支付的性质，以及支付所针对的标的。

四、单列支付项目属于实付、应付价格的判断

根据上述探讨，在估价实践中，判断单列支付项目是否属于实付、应付价格主要应从以下三个方面入手：

一是从审查与进口货物相关的协议和贸易安排入手，确认单列支付项目是否构成货物进口销售的条件。根据《估价协定》的规定和 WCO 估价技术委员会的相关文件，单列项目的支付是否属于进口货物实付、应付价格，主要取决于该项目的支付是否构成货物出口销售的条件。《审价办法》中也将"实付、应付价格"表述为买方为"作为卖方销售进口货物的条件"而进行支付的价款总额。因此，单

---

① 徐珊珊.多边贸易体制下海关确定成交价格的法律问题[M].北京:法律出版社，2009:132.

列支付项目是否属于实付、应付价格的范围,判断的关键在于确认该项与进口货物有关的支付,是买方自负责任所从事的,还是按卖方要求进行的,是否构成进口货物的销售条件。如果买方不对单列项目进行支付,则相关货物进口销售协议不能继续执行,通常就可以认为单列支付项目构成进口销售的条件,该项支付则属于实付、应付价格范围。买方出于贸易便捷方面的考虑,某些情况下会要求卖方帮助办理与货物进出口有关的一些业务,并向买方支付相应的费用。如果这些业务,买方既可以委托卖方办理,也可以委托第三方办理,并不构成货物出口销售的条件,那么在这种情况下,相应的费用将不会构成实付、应付价格的一部分。在相关协议中,有时不会出现关于单列支付项目构成货物出口销售的明确条文,因此必须对涉及进口货物,以及单列支付项目的相关协议条文进行审查,辅以必要的逻辑推导,以厘清单列支付项目与进口货物销售之间的关系。在估价实践中,与进口货物相关联的单列支付项目名目多样,海关不是贸易的相关参与方,一般不可能清晰地了解和掌握各单列支付项目与进口货物的关系。如果进口商要求将与进口货物有关的单列支付项目从实付、应付价格中排除,则其应负有举证责任,提供足够的资料举证说明该项支付不属于实付、应付价格。

二是对单列支付项目的性质以及支付所购买的标的进行考察,为判定其是否属于实付、应付价格提供必要的佐证。例如,在通常情况下,卖方都会将货物生产或销售成本计入进口货物的货价内。但出于实际贸易、经营需要或风险分担的考虑,卖方将部分生产成本进行人为拆分,要求买方在支付货价的同时,还必须根据卖方的要求向其单独支付一笔费用(如进口货物的研发费用或卖方佣金等)。在这种情况下,由于该费用已经构成进口货物生产或销售成本的一部分。很明显,如果买方不支付这笔费用,将不能获得进口货物。因此如果单列支付项目构成货物生产成本或销售的一部分,该支付构成了实付、应付价格一部分的可能性就相当大。由于国际贸易的复杂性,对于从不同角度考虑同一单列支付项目是否属于实付、应付价格,可能会得出不同的结论。欧共体法院所持的判定结论应与海关估价原则相一致,并应有利于维护公平的市场经济环境的出发点和立场值得借鉴。

三是从单列支付项目的费用会计处理方面入手进行判断。从企业的经营角度分析,实付或应付价格通常对应于企业的采购成本。如果相关项目支付已经包含在被估货物的发票价格中(如上述WCO估价技术委员会解释性说明5.1中,关于保兑佣金的处理方式),则应计入完税价格。如果以单列项目形式进行支付,未包括在被估货物发票价格中,则还可以从进口商对该费用的会计处理上,判断其是否属于实付、应付价格。在美国的克莱斯勒公司诉美国案(Chrysler Corporation v. United States)中,克莱斯勒公司向外方进口的发动机因进口量低于合同约定的最低购买额,向外方支付了一笔"订货不足补偿费",美国法院认为该补偿费不构成前期进口发动机的完税价格一部分,其原因之一是克莱斯勒公司在财务上将补偿费的支出与前期进口的发动机的货款做了不同的处理,即在会计处理上将补偿费用与进口货物的成本相区分。在WCO估价技术委员会的相关文件,以及美国海关一些行政裁定中,如果相关项目的支付包含在货物成本中,则关于这些项目的支付通常应计入完税价格。

五、关于常见单列支付项目的探讨

单列支付项目通常与货物的生产、销售等过程相关,以下对在国际贸易中常见的一些单列支付项目是否属于实付、应付价格进行探讨。

（一）与货物生产有关的单列支付项目

常见与货物生产有关的单列支付项目有：研发费用（研发进口货物所需要的费用）、工具设备费（供购买生产进口货物所需工具设备的费用）、检验或测试费用（对进口货物进行检验或测试，以确定是否符合一定标准或要求的费用）。通常与生产过程相关单列支付项目构成进口货物生产成本的一部分，因此该费用构成实付、应付价格的一部分。有可能例外的是检验或测试费用，检验或测试费用是否属于实付、应付价格，相当程度上取决于相关检验或测试的性质，如果相关的检验或测试已构成进口货物生产所必需的质量控制程序，则该检验或测试费用应属于实付、应付价格，但如果相关的检验或测试只是买方为自身需要额外进行的，与货物生产过程无关，买方还可以委托第三方进行此类的检验或测试，则该费用可能就不必计入实付、应付价格。

（二）与货物销售有关的单列支付项目

与货物销售有关的单列支付项目主要可分为两类：一类是与货物出口销售有关的费用，如与销售有关的套期保值费用（如：买方与卖方签订的进口货物销售合同中规定，买方可选择以美元或欧元付款；如果买方选择以欧元支付，则需要支付额外的套期保值费用），由于该类费用直接与货物出口销售有关，通常构成实付、应付价格的一部分；另一类是与货物进口后销售有关的费用，如广告费用或营销推广费用（买方支付的，对进口货物进行营销推广的费用），如果只是买方自行进行，即使对卖方有益，也不属于实付、应付价格，但如果卖方要求买方必须就进口货物投入一定数额的广告费用，则该费用应计入实付、应付价格。以下是一个关于广告费用的案例。

案例 2-4：

G 公司为 E 国 A 公司拥有的 A 品牌饮品在中国大陆地区的总

经销商,向 A 公司购买 A 品牌饮品并进口到国内。A 品牌在大陆市场投放的所有广告均由 A 公司统一规划和实施,A 公司决定广告投放范围、投放内容和投放时间。根据 A 公司和 G 公司签订的相关协议,在大陆地区投放广告所产生的广告费用由 G 公司支付。基于此,A 公司给予 G 公司特定优惠的饮品购买价格,以冲抵广告费用。就广告投放和广告费支付情况而言,A 品牌在中国大陆地区的广告全部由 A 公司控制,所有广告的投放和广告费的支付都必须经过 A 公司负责人的确认才可以实施。G 公司只是承担代为付款的角色。该笔广告费实质上是基于 A 公司与广告商之间的合同而进行的支付,但 A 公司为了方便支付,采取了先由 G 公司承担广告费,再从进口货物的价款中进行冲抵的方式进行。根据《审价办法》第 7 条规定:"进口货物的成交价格,是指卖方向中华人民共和国境内销售该货物时买方为进口该货物向卖方实付、应付的,并且按照本章第三节的规定调整后的价款总额,包括直接支付的价款和间接支付的价款。"G 公司代为 A 公司支付的该笔广告费用,在进口商品的交易价格中予以相应扣除,该情况属于间接支付,应作为实付、应付价格的一部分计入货物的完税价格。

在估价实践中,经常遇到与进口货物相关的单列支付项目还有以下几种:(1)奖金(根据合同规定,除基础价格外,进口货物如果相关指标达到某一标准或交货日期提前多少天,则可额外获得一笔奖金)。可以认为其与公式定价货物的情形相类似,此类奖金通常应属于实付、应付价格的范围。(2)根据出口国相关法规必须支付的费用。由于《审价办法》主要涉及关于直接或间接在买卖双方之间所发生的交易,而这些费用是根据出口国相关法规要求而支付的,与能否从卖方购买货物无直接关系,因此通常不属于实付、应付价格。(3)违约金。买方如果未按约定履行合同义务,根据合同的规定常常需要向卖方支付违约金或其他名目的补偿费用,原则上此类费用与进口货物是无关的,因此可不计入实付、应付价格。

第四节　间接代理的辨析——确定成交价格的一个重要问题

　　不同国家或地区在语言、文化、社会习俗以及法律体系、进出口贸易政策和措施等方面存在差异,由此产生的信息障碍以及信息不对称是阻碍国际贸易发展的重要因素。国际贸易还是一种牵涉面广、手续复杂的活动,除了贸易相关方外,还涉及运输、保险、海关、商检、银行等多个部门。作为客户的贸易代理,或直接作为客户的采购商或供应商的国际贸易服务型企业(以下简称贸易商),能从中起到重要的沟通和服务作用,在国际贸易领域发挥着多种重要功能并有效降低贸易成本。贸易商在货物进口销售中既可能是买方或卖方的代理,也可能是独立的买方或卖方。判别贸易商在交易中的角色,对于确定进口货物的完税价格具有重要的意义。

一、与代理相关的法律规定

　　在大陆法系中,按照代理人是以被代理人名义还是以代理人自己名义实施民事法律行为为区分标准,将代理分为直接代理与间接代理。直接代理是指某人在代理权限内以被代理人的名义所作出的意思表示,直接发生有利和不利于被代理人的效力。① 大陆法系中,间接代理是作为一个与直接代理相对应的概念,不同学者对间接代理所下的定义也有所差异。王泽鉴认为:"间接代理是指代理人以自己名义为本人之计算而为法律行为,其法律效果首先对间接

----

　　① 　陈卫佐.德国民法典[M].北京:法律出版社,2006:54.

代理人发生,然后再以内部关系移转于本人的代理。"①林诚二认为:"间接代理即代理人以自己名义,为本人之计算(即损益归属本人),而与第三人为法律行为,其法律效果先对代理之行为人发生,再由行为人依内部关系移转于本人,才对本人发生效力之代理。"②史尚宽认为:"间接代理系行为人基于其与本人之特别法律关系,为本人之计算,以自己名义与第三人为法律行为,负有将其法律效力移转于本人之债务。"③从以上这些定义可以看出,间接代理主要特征就是代理人以自己的名义对外实施法律行为,该法律行为的效果首先对代理人发生,然后再依其与被代理人的内部关系移转于被代理人。间接代理应包括两方面的含义:一方面在间接代理中,间接代理人是以自己的名义对外实施法律行为,另一方面间接代理的法律效果首先归属于间接代理人,然后再由间接代理人移转给本人。此两方面相互结合,始构成完整的间接代理制度。④ 英美法系中的代理则是一个相对广泛的概念,几乎包括所有为他人利益而行为的情况。英美法系中的代理分为公开本人姓名的代理(也称为显名代理)、不公开本人姓名的代理(也称为隐名代理)和不公开本人身份的代理三种情况。其中,前两种情况与大陆法系的直接代理基本相同,而第三种情况则大致相当于间接代理。在英美法系的被代理人身份不公开的代理中,被代理人享有介入权,第三人享有选择权。大陆法系民法上所称代理通常指直接代理,同时规定了行纪关系以解决代理人以自己的名义代理所产生的实际问题。行纪涉及两个合同:一是委托人和行纪人订立的委托合同(被代理人对代理人的内部授权行为);二是行纪人(代理人)与第三人订立的交易合同。

---

① 王泽鉴.民法总则[M].北京:中国政法大学出版社,2001:446.
② 林诚二.民法总则:下册[M].北京:法律出版社,2008:432.
③ 史尚宽.民法总论[M].北京:中国政法大学出版社,2000:517.
④ 张平华,刘耀东.间接代理制度研究:以《合同法》第402条与第403条为中心[J].北方法学,2009,4:29.

两个合同相结合才构成完整的行纪,由行纪人直接对第三人享有权利和承担义务,再依内部委托(代理)关系由委托人承受合同的权利义务。虽然行纪人与第三人所为行为的权利和义务可最终归属于委托人,但委托人不能穿越行纪人而直接与第三人创设权利义务关系。

我国民法的立法受大陆法系的影响比较大,我国 1986 年颁布的《中华人民共和国民法通则》第六十三条规定:"公民、法人可以通过代理人实施民事法律行为。代理人在代理权限内,以被代理人的名义实施民事法律行为。被代理人对代理人的代理行为,承担民事责任。"即在法律上确立了直接代理制度。1999 年颁布的《中华人民共和国合同法》(以下简称《合同法》)中规定了两种类型的代理法律合同形式:委托合同和行纪合同。其中,委托合同是委托人和受托人约定,由受托人处理委托人事务的合同;行纪合同是行纪人以自己的名义为委托人从事贸易活动,委托人支付报酬的合同。《合同法》以专门章节对行纪合同作出规定。同时,又根据代理制度的原理,适应经济贸易中有关代理的不同要求,兼顾被代理人、代理人以及第三人的合法权益,合同法借鉴国际货物销售代理公约等有关规定,对第四百零二条以及委托人的介入权、第三人的选择权作出规定[①]。其中,第四百零二条与英美法中的隐名代理类似,第四百零三条则与英美法中的被代理人身份不公开的代理规则类似。可以认为,英美法中隐名代理和被代理人身份不公开的代理是《合同法》第四百零二条和第四百零三条的渊源之一。因此,《合同法》在保持了大陆法系民法传统的基础上,又借鉴了英美法的经验,确立了间接代理制度,在代理人以自己的名义与第三人为民事行为的情形下,如果符合一定的条件,被代理人可穿越代理人而与第三人发生

---

① 全国人民代表大会常务委员会法制工作委员会.中华人民共和国合同法释义[M].北京:法律出版社,2013:623.

权利义务关系。虽然间接代理和行纪在某些方面存在不同,例如:间接代理对代理人的主体资格没有特别的限制,而行纪人只能是经过批准经营行纪业务的自然人、法人或其他组织;间接代理可以是有偿的,也可以是无偿的,而行纪是有偿的;行纪与间接代理中当事人之间关系并不完全相同。但间接代理与行纪在制度和功能上却有许多相同之处:首先,代理人或行纪人均是以自己的名义与第三人为法律行为;其次,二者均涉及委托人、代理人或行纪人与第三人的三方法律关系;第三,行纪关系中委托人与行纪人以委任合同为前提,间接代理中一般也存在委任合同;第四,本人身份不公开的代理中,当介入权和选择权均不被行使时,便会产生一般契约关系或违约责任关系。此时,委托人与第三人之间便不产生直接的权利义务关系,而是发生一般合同关系或违约责任关系,这与行纪相类似。而且受托人的披露也有可能使行纪关系转化为间接代理关系。根据《合同法》第四百一十四条的规定,行纪关系适用于贸易活动,基于国内传统以及国际惯例,我国许多学者倾向于《合同法》中的间接代理主要适用于外贸代理。许多大陆法系学者将间接代理归入行纪,认为行纪是典型的间接代理,例如德国学者拉伦茨认为,作为间接代理人的主要是行纪人[1]。我国台湾地区学者也大都持此见解,认为行纪既以自己之名义为之,仅其与相对人发生法律关系,委托人及相对人则不与焉,故学说称为"间接代理"[2]。本书中将《合同法》中第四百零二条和第四百零三条以及关于行纪合同的规定都认为属于间接代理的范围。《估价协定》在第八条中规定:由买方负担的除购货佣金以外的佣金和经纪费用应当加入进口货物的实付或应付价格中。相应地,《审价办法》第十一条中规定,除购货佣金以

---

[1]　卡尔·拉伦茨.德国民法通论(下册)[M].王晓晔,邵建东,程建英,等译.北京:法律出版社,2005:820.

[2]　林诚二.民法债编各论(中)[M].北京:中国人民大学出版社,2004:225.

外的佣金和经纪费应当计入完税价格。《审价办法》中将"购货佣金"定义为：是指买方为购买进口货物向自己的采购代理人支付的劳务费用。WCO估价技术委员会解释性说明2.1中就代理人做了比较详细的说明："销售代理人是为卖方代销货物的人。该代理人寻找顾客，征集订单，在某些情况下可以安排货物的储存和交运事项。……购买代理人是为买方购买货物的人，在寻求供应商，将买方的意愿告知销售人，收集货样，检查货物；某些情况下，在安排货物的保险、运输、储存和交付方面提供服务。"对于我国海关而言，《审价办法》以及《合同法》中委托合同和行纪合同的规定是规范海关估价中代理及佣金问题的法律基础。

二、海关估价中间接代理问题的重要性及复杂性

根据《审价办法》，进口货物的完税价格以该货物的成交价格为基础审查确定，成交价格则是以销售为前提条件的。销售则是指将进口货物实际运入中华人民共和国境内，货物的所有权和风险由卖方转移给买方，买方为此向卖方支付价款的行为，因此销售是发生在买卖双方之间。在代理关系中，一方是代理人，另一方则是委托人，代理人是代表委托人的意志和利益行事的。代理人通过提供服务而收取的费用称为佣金。在买方代理关系中，委托人是买方；在卖方代理关系中，委托人是卖方。购货佣金是买方代理在购买进口货物的交易中，向买方提供服务而收取的费用；销售佣金则是支付给卖方代理的，由卖方代理在销售进口货物的交易中向卖方提供服务而收取的费用。根据《审价办法》的相关规定，销售佣金应计入完税价格，而购货佣金则可以不计入完税价格。确认国际贸易相关参与方何为买方、何为卖方、何为代理，如果为代理则是买方代理还是卖方代理，是海关正确审查确定进口货物完税价格的基础。

代理人应在代理权限内开展活动，而且代理人代理行为的法律

效果由委托人承担。因此,判断代理人为买方代理还是卖方代理的关键因素是,代理人是为哪方的利益服务,为哪方承担相应义务,是买方还是卖方对代理人实施有效的控制。以买方代理为例,判断一方为买方代理的主要标准是:买方有控制代理人行为的权利,代理人则根据买方委托事项行事;买方通过代理人控制着购货的过程,买方代理应根据买方的指令行事。比如,买方代理可以根据买方的要求帮助买方寻找供货商,但是选择向哪家供货商购买货物、购买货物的具体要求,则通常应由买方决定。买方代理通常不控制购货过程和支付方式的其他主要方面。也就是说,尽管买方代理可能有处理相关事务的自由裁量权,但有关购买的重要决定应由买方而不是由买方代理作出。尽管买方代理可能也有一些处理权,但根本的购买决定应由买方作出而不是由买方代理作出。如果对交易的控制权越大,那么该交易人不是买方代理的可能性也就越大 ①。通常代理人与委托人之间,会以书面的买方代理协议规定各方的责任及相应的佣金金额。在估价实践中,如果贸易商充当代理人并与委托方形成直接代理关系,通过审查相关的代理协议,通常可以比较容易地对相关方在交易中所承担的角色(即,货物进口销售中的买方、卖方还是代理方;如果为代理方,则是买方代理还是卖方代理)作出判断。

在代理权限范围内,代理人无论是以委托人的名义还是以自己的名义与第三人订立合同,也不论订立合同时是否公开委托人,只要代理人的代理行为在代理权限范围内进行,其权利义务最终都应及于委托人。在间接代理情形下,代理人以自己的名义与第三人订立合同,使得第三人在与代理人订立合同时,视代理人为合同当事人。虽然法律后果的归属不像直接代理那样直接归于委托人,而是

① 苏铁,试论借鉴国际惯例改进"购货佣金"本国海关估价的对策[J].海关审价(内部刊物),2006,12:37

经由代理人移转给委托人,但最终还是由被代理人承担。间接代理的核心就是通过代理人的行为来构成委托人与第三人的合同关系。国际贸易中,委托人与代理人出于便捷交易、信息沟通、行业惯例以及国家政策等方面的考虑,也经常采用间接代理的形式开展贸易活动。例如:买方与国内代理企业可能会签订销售协议,国内代理企业再与卖方签订销售协议,代理企业通过履行这两份合同完成其代理职责。WCO 估价技术委员会解释性说明 2.1 中对代理人的论述:"代理人是指可能以自己名义但往往为委托人购买或销售货物的人。代理人或者代表卖方或者代表买方参与签订销售合同"。这明显也是指间接代理的情形。在本文中为了论述方便,以下采用"国内用户－中间商①—制造商"三方参与交易为基本模型,对间接代理情形进行分析,其中国内用户位于进口国,制造商位于出口国,中间商根据贸易情况可能位于进口国,也有可能位于出口国。在实际贸易过程中,国内用户与中间商之间的交易价格,通常是高于制造商与中间商之间的交易价格,在中间商为代理的情况下,其中差价通常就是中间商所获得的佣金,以及中间商在交易过程中为委托人代为支付的一些费用;在中间商与国内用户和制造商均构成买卖关系的情况下,其中差价则为中间商的利润和一般费用。在中间商位于进口国的情况下,如果认定中间商是进口销售的买方,则完税价格的应以中间商与制造商之间的成交价格为基础确定;如果认定中间商是代理,则销售是发生在国内用户和制造商之间,还需要进一步判断中间商为买方代理还是卖方代理,并在此基础上确定完税价格。在中间商位于出口国的情况下,如果认定中间商是进口销售

---

① 在 WTO 及 WCO 的一些相关文件中,agent(通常翻译为"代理人")与 intermediary(通常翻译为"中间商")含义相同,可以互换使用。在本文中,中间商则不同于代理人,通常是指处于国外出口商与国内用户之间的第三方。根据其在交易中的作用在海关估价意义中其角色可能是代理,也可能是买方或卖方。

的卖方,则完税价格应以中间商与国内用户之间的成交价格为基础确定;如果认定中间商是代理,则销售也是发生在国内用户和制造商之间。在间接代理情况下,代理人以自己的名义代理委托人,从事贸易活动并签订相关销售协议,形式上其具有销售主体的地位(即销售中的买方或卖方),因此很容易将其代理角色与销售中的买方或卖方角色相混淆。在估价实践中,有些企业采取间接代理的方式来规避海关税收,例如:位于进口国的中间商,采取间接代理方式履行卖方代理的职责,但以其与制造商所签订销售协议为依据,声称其为进口销售的买方,并要求以该协议中的交易价格为基础确定完税价格,则其所获得的销售佣金就可以不计入完税价格。此外,还有发现国内用户出于避税的考虑,将中间商的转售行为称为间接代理,例如:位于出口国的中间商从制造商购买货物后销售给国内用户,但国内用户声称中间商为买方代理,并将中间商在转售过程产生的收益称为购货佣金,而购货佣金是不计入完税价格的。间接代理自身具有的特点,加之国际贸易中各交易方职责划分复杂多样,更增加了海关对间接代理以及相关方认定的难度。

三、关于认定中间商为代理的探讨

通过审查与进口货物相关的销售协议以及实际贸易情况,透过协议的表象,研究国际贸易参与各方在进口货物销售中承担的实际职责,并结合关于代理的相关法律规定,以确定交易的实质和相关方所扮演的角色,对于确定完税价格是至关重要的。以下就两类间接代理情况进行分析探讨。

(一)中间商为卖方代理的认定

中间商如果被认定为卖方代理,其在交易中获得的收益相应就被认定为销售佣金而计入完税价格。因此,当中间商处于国内,并负责办理进口通关手续的情形下,中间商经常声称其为制造商的经销商,经销商通常是货物进口销售中的买方。在国际贸易中,经销一般是指制造商与国外经销商达成协议,由经销商在进口地推销商品的方式。虽然按商业惯例,制造商在协议中,除了对经销商提出经销商品的种类、期限、地区范围以及保护相关的无形资产等要求外,有时还会要求经销商的销售活动,应遵循制造商的产品策略和渠道策略,但经销商购买制造商的货物,获得货物的所有权,自行销售、自负盈亏、承担销售相关风险,与制造商之间是买卖关系,最终获取得的是利润。而代理商在代理权限内按委托方的意志行事,完成代理相应的职责,进口货物所有权不属于代理商,销售收入归委托人所有,代理商只收取约定的佣金。

　　海关可以从两方面判断中间商在交易中的角色:其一,应确定哪一方是交易的主要控制者。代理是为买方或卖方的利益工作,在贸易过程中处于被控制的地位,在买方或卖方的授权范围内才能自行作出决定。估价实践中,判断中间商是否为卖方代理的重要标准之一就是:制造商是否对中间商以及销售的主要方面实施有效的控制,中间商是否主要依据制造商的指令行事。在国际贸易中,关键性的交易决策权委托人通常不会授权给代理人,因为这往往直接关系到制造商在交易中所获得利润的多寡,以及所承担风险的大小。中间商如果为卖方代理,则在交易中不能有太大的自由裁量权,代理人主要的职责应是事务性的(如:寻找客户、安排运输和储存等),而非决策性的(如:决定销售价格、是否进行交易以及确定支付方式),如果中间商对交易的控制权越小,那么该中间商不是经销商的可能性就越大;其二,中间商如果为代理人,其在交易中不会像买方那样真正地获得货物的所有权,并为此支付价款和承担风险。因此,可以从相关协议及交易的实际安排入手,通过了解各方在销售中所承担的职责,以及进口货物所有权和对应资金的流向,着重从以下五个方面对相关方的权利和义务进行评估,从而推断中间商是买方还是卖方代理:(1)进口货物的所有权转移情况。销售的核心要素之一是所有权转移,如果货物的所有权,包括物权和货物灭失的风险,由制造商直接转移给国内用户,中间商在交易过程中没有获得或只是在某个时点象征性获得货物所有权,则中间商属于卖方代理的可能性很大。美国海关在估价实践中常常利用美国《统一商法典》中"起运地合同"和"目的地合同"的概念,通过研究制造商与中间商,中间商与国内用户的两份销售合同的相关条款,来判断进口货物的所有权转移情况,并认为如果相关合同条款表明,进口货物所有权和货物灭失的风险由制造商转移给中间商,并由中间商迅速转移给国内用户,中间人只是临时性地拥有货物的所有权,则中间商在该贸易过程中很可能被认为扮演了卖方代理的角色;(2)中间商后续处理进口货物的权限。处分权是所有权的核心要素。代理的身份决定了代理商一般不能自行决定货物的销售价格以及货物再销售的买方。如果中间商无法自行决定其再销售价格,或者在未获得制造商同意的前提下,中间商不能自行选择进口货物内销的国内用户,那么中间商就极有可能是卖方代理。美国海关在与销售相关的海关裁定中,也强调买方应拥有货物的处分权:买方可以自行选择客户、自主议定价格并根据库存选择发货等①。就另一个角

①　美国海关行政裁定 545506 号英文原文:"It appears as if the related party importer was free to sell the merchandise at any price it desired; able to select its own customers and negotiate with them without consulting the manufacturer; and able, if desired, to have the merchandise delivered for its inventory. These factors indicate that the importer was not subject to control by either the manufacturer or the ultimate U. S. purchaser, and the importer acted primarily for its own account, as is characteristic of an independent buyer/seller rather than an agent. It appears as if bona fide sales occurred both between the related party seller and the importer and between the importer and the ultimate United States purchaser. However, it has not been demonstrated that the relationship between the related party seller and importer/buyer did not influence the price actually paid or payable such that transaction value is an appropriate basis of appraisement."

度而言,如果买方处置或者使用进口货物受到限制,根据《审价办法》第八条买卖双方的交易价格,有可能不符合作为成交价格的条件;(3)相关方权利和义务的安排以及相应风险的责任分配。如果制造商有义务承担与货物有关的各类风险,或者制造商与国内用户中间有更多的权利和义务的对应关系。例如:国内用户就货物质量提出诉讼要求,制造商有义务承担所受到的诉讼请求;或者制造商承担了与货物质量有关的财务风险;再如:制造商承担国内用户拒绝支付货款的信用风险。在这些情况下,销售更可能发生在制造商和国内用户之间;(4)商业单证所体现的与交易相关货物和资金的流向。如果商业单证(如:制造商与中间商、中间商与国内用户的销售合同,制造商出具给中间人的商业发票,中间人的支付凭证,或者与当事方有关的其他单证)不能证明中间商从制造商购买了货物、不能体现货物的所有权从制造商转移给中间商、不能证明中间商为进口货物支付了货款,那么中间商很可能是作为卖方代理存在;(5)货款的支付情况。如果中间商从国内用户处接到订单,随后将订单发给制造商。制造商只是将货物交予中间商,中间商并未支付相应的货款,而是由国内用户向制造商支付货款,再由制造商向中间商支付其应得的收益。在这种情况下,销售更可能发生在制造商和国内用户之间,即他们之间的交易导致货物的进口销售,而中间商属于卖方代理。以下是一个关于判定中间商为卖方代理的案例。

案例 2-5:

B 公司为 E 国 A 公司的区域经销商。双方的经销协议中规定了经销产品的规格型号、经销区域的范围,每年销售要达到的最低销售量以及知识产权保护等义务,并要求经销商的销售活动要遵循 A 公司的产品策略和渠道策略。同时,协议还规定 A 公司有权在某些情况下,可以直接向销售区内的用户提供产品,此时销售价格由国外公司确定。

B公司曾向海关申报进口购买自A公司的监测仪3台,申报价格CIF3万美元/台。根据A公司申报时向海关提供的合同及其他资料显示,A公司将监测仪以3万美元/台的经销价卖给B公司,B公司又卖给国内用户C公司。但海关稽查时发现:A公司与C公司曾签署了一份《A公司与C公司销售协议书》,在该份协议中规定这3台设备最终用户为C公司,并明确由A公司按照合同规定向C公司履行交货、设备维护和安装等相关义务。根据合同,双方以DDP30万人民币元/台(约合4.8万美元)的价格成交。

经了解,该批货物实际交易过程为:A公司与国内最终客户进行协商,确定货物的进口价格;在商定价格、签订合同之后,A公司将该设备的进口、交货、安装等业务交于B公司进行操作。A公司与B公司签订"形式进口销售合同",合同价格为扣除A公司给B公司佣金和其他相关费用以后的价格。而B公司再与国内最终用户签订内贸销售合同,合同总价则为先前A公司与国内最终用户所确定的价格。B公司以其与A公司所签订的进口销售合同、发票向海关申报进口这3台监测仪。货物进口之后,由国内最终用户C公司向B公司支付90万元人民币,B公司向A公司对外付汇支付9万美元(约58万人民币)之后,其余的32万人民币扣除相关费用,所剩余货款就是A公司给B公司的销售佣金。在整个贸易过程中,B公司为A公司完成交易提供服务,并获得佣金,实际上起到的是销售代理商的角色。因此,B公司所获得的销售佣金应计入完税价格。

在案例2-5中,销售佣金是直接由国内最终客户替A公司支付给B公司。就贸易外在表现形式而言,进口监测仪的贸易关系是A公司以经销价方式,将设备卖给区域经销商B公司,B公司再通过内贸卖给国内用户以赚取差价,从而掩盖了B公司作为销售代理,并由国内买方向其支付销售佣金的贸易实际。

（二）中间商为买方代理的认定

如果中间商为买方代理,则其所获得的收益属于购货佣金。根据《审价办法》第十一条的相关规定,购货佣金可不计入完税价格。因此,在中间商处于境外的情况下,中间商出于避税的考虑更倾向于声称自己是买方代理。即使中间商与国内用户签订的是"采购代理合同",或被国内用户冠以"采购代理人"或"采购代表"的称呼,从海关估价角度分析,也有可能被认定为卖方或卖方代理。与判定卖方代理相类似,判定中间商是否为买方代理,取决于国内用户在交易中是否对中间商实施了有效的控制,并在交易中起主导作用。中间商如果为买方代理,则在交易中不能有太大的自主权,中间商主要的职责应是事务性的(如:寻找供应商、收集货样、检查货物以及安排运输和储存等),而非决策性的(如:决定是否接受卖方的报价、是否进行交易以及确定支付方式)。因此,国内用户对整个交易的了解、参与以及控制的程度,是判定中间商角色的重要依据。如果国内用户只是告知中间商需要采购何种商品,能接受什么样的价格,由中间商去寻找货源。国内用户在贸易过程中并不知道货物来源的渠道,以及中间商购买货物的价格,那么中间商更可能是交易中的卖方。如果中间商主要依据国内用户的指示,作出与制造商的交易决定,中间商并没有实质上获得货物的所有权并承担相应的风险,则中间商更可能是买方代理。此外,还可以从交易中,中间商获得的收益是否为固定数额;国内用户是否不经过中间商也可以向制造商购买同一种商品;中间商是否同时独立经营同一种商品;中间商在交易中是否曾支付货款并获得货物的所有权(WCO 估价技术委员会评论 17.1 就指出:代理商是自行支付进口货物的货款,这就有可能导致买方代理因拥有货物的所有权,而遭受损失或获得利润,而不是作为买方代理,收取一定的费用。)并承担货物残损的风险等多方面来判断中间商所承担的角色。

　　还应注意的是,由于在国际贸易实践中,各交易方职责划分复杂多样,不能仅仅以单一的标准来判断中间商的角色。以所有权的转移为例,出于物流成本的考虑,买方可能会要求卖方将商品直接交付给国内客户,该情况不应被视为不符合销售的条件。此外,中间商也可能通过修改合同交易条款的形式,规避作为代理的认定。判定贸易相关参与方之间形成的是销售关系还是代理关系,以及他们在货物进口销售中的角色,必须依托具体案件中的相关商业单据和贸易实际的全貌,围绕所有权转移、货物的处分权、交易的控制权、各方的权利义务关系、风险的承担以及货款的流转等多方面因素进行考察,从而判定中间商所承担的责任,和所提供的服务是否与代理的性质相匹配。例如,美国国际贸易法院在新潮流公司诉美国案(New Trend Inc. v. United States)的判决中就提出了详细具体的购货代理商的判别标准:(1)委托人(进口商)是否可以控制“代理人”的活动?(2)进口商是否知悉(“代理人”)支付给卖方的价格?或是进口商在交易中仅仅付给“代理人”一个固定不变的价格?(3)“代理人”是否具有独立的卖方身份?(4)进口商是否能不经“代理人”直接向卖方购买相关产品?(5)“代理人”的采购活动主要是为了美国进口商的利益还是为了它自身的利益?(6)“代理人”是否必须为进口商品的运输及相关手续完全负责?为赚取“佣金”,该“代理人”是否必须承担商品运输及其相关的费用?(7)商业发票上的措辞是否与采购代理关系一致?(8)“代理人”是否承担货物灭失残损的风险?(9)“代理人”在经济利益上是否独立与商品的卖方或制造商?(10)“代理人”的职责是纯粹事务性的还是决策性的;(11)双方是否签署了书面的采购代理协议。[①] 加拿大法院和海关也是从多角度(如:合同的决定权、货物所有权的流转、风险的承担以及货款

----

　　① 李新宇.海关估价制度——美国的法律和实务[M].北京:对外贸易大学出版社,2003:102.

的支付等方面)对中间商进行考察,从而判定中间商的职责,且对于买方代理的认定主要基于在对协助卖方议定价格、获取样品、规划生产计划、安排与供应商的见面和检验商品等五项功能的考察。此外,WCO 估价技术委员会的《海关估价控制手册》(《Customs Valuation Control Handbook》)中的"有助于确定佣金是否应税的调查问卷"部分也认为应综合多方面因素来推断代理商是否为买方代理,佣金是否应计入完税价格①。

①　《有助于确定佣金是否应税的调查问卷》

(a)代理商与卖方有特殊关系吗?

(b)买方撤销或修改货物订单时,代理人是否被迫必须取得货物所有权,或必须要承担转售货物责任?

(c)如果运费及处理费用超出或少于买方所同意支付的金额,代理商是否被迫承担超出部分,还是保留相关费用的差异?

(d)代理商是否在任何时候获得,或有义务获得货物所有权,或承担货物所有权的风险吗?

(e)代理商在任何时候是否都要承担货物残损或灭失的风险吗?

(f)代理商是否在其报酬外还获得卖方提供的折扣或回扣?

如果回答以上(a)至(f)的问题均为"是",该代理商可能并非真实的买方代理,因此未计入的买方所支付的费用应计入货物的实付、应付价格。如果上述回答均为"否",则继续回答下列(g)至(i)的问题。

(g)买方通过以下规定来控制代理行的商业活动吗?

是/否

(ⅰ) 购买货物的数量?　　……

(ⅱ) 卖方的名称?　　……

(ⅲ) 应付的价格?　　……

(ⅳ) 货物的规格和质量?　　……

(ⅴ) 运输方式及时限?　　……

(h)代理商是否在负责向卖方购买货物之前从买方获得所必要的资金?

(i)支付佣金是否按照货物发票价格的一定比例计算?

如果回答以上(g)至(i)的问题均为"是",虽然要考虑所有货物成交的环境,但是这已经足以表明该代理行是真实的买方代理。但是,事实上,有时回答为"否"的情况本身(即,如果代理商按照统一费用收取报酬)并不能成为该代理商不被视为买方代理的理由,也不能作为将佣金作为计入实际、应付价格的理由。

(三)中间商与相关方存在特殊关系条件下角色的判定

在中间商与相关方存在特殊关系的情况下,由于特殊关系方之间协议的规定,与贸易实际可能并不吻合,只有通过分析中间商在实际交易中所起的作用,才能正确判断其承担的角色。以下是一个关于判定特殊关系方为买方代理的简单案例。

案例 2-6:

位于香港的 B 公司是国内 A 公司设立的子公司。B 公司的采购进口计划(如:品种、规格、数量、时间、进口口岸等)均根据 A 公司指示进行,B 公司与供货方签订采购合同要事先获得 A 公司许可。A 公司和 B 公司还约定:B 公司采购的货物,原价转售给 A 公司,同时 A 公司需按每吨货物 5 美元的价格向 B 公司支付一笔劳务费。B 公司向国外 S 公司采购一批货物,价格为 CIFUSD500/吨,签发的海运提单显示:目的港为国内某港口,发货方为 S 公司、收货方为 A 公司;B 公司又与 A 公司签订买卖合同,将该批货物以 CIFUSD500/吨的价格卖与 A 公司,劳务费另行支付;货物运抵进口国后,A 公司以 CIFUSD500/吨的价格向海关申报进口。就整个贸易流程而言,B 公司是 A 公司设立的子公司,其进口计划均由 A 公司安排,因此可以从事实上认定 A 公司委托 B 公司进行进口采购,B 公司与 S 公司签约正是基于对 A 公司的代理(实质上属于间接代理,而劳务费则属于购买佣金),该申报价格可被海关接受。

在案例 2-6 中,由于 A 公司实质上控制了整个交易过程,B 公司依据 A 公司指令作出交易决定,而且在交易过程中 B 公司实际上并未获得货物的所有权并承担相应的风险。因此,B 公司在交易中起到买方代理的作用,海关应以 B 公司与国外 S 公司的交易价格为基础确定完税价格。

以下是一个关于判定特殊关系方为卖方代理的案例。

案例 2-7：

一、基本情况

A 机床公司为其位于 X 国的总公司——E 公司在中国设立的全资子公司，A 机床公司从 E 公司进口机床。根据《审价办法》第十六条规定，买卖双方存在特殊关系。

二、海关审查过程

海关通过审查买卖双方交易相关文件，确定买卖双方具体贸易流程为：国内最终用户向总公司订货，总公司直接派人或委派机床公司的员工与最终用户进行价格谈判，最终达成的谈判价格需要总公司确认。达成协议后，总公司将所有贸易单证出具给其子公司，其单证上机床价格，主要根据与最终用户达成的价格基础，按照固定算法扣除相关费用，及 A 机床公司的收益后确定。进口清关以后，子公司重新出具贸易单证给最终用户，贸易单证上的价格为 E 公司先前与最终用户达成的协议价格。如总公司和最终用户确认某型号机床交易价格为人民币 80 万元/台，而总公司开给子公司开具的进口发票显示为 CIF6 万美元/台（折合人民币约为 38 万元/台）。

根据该贸易流程，海关认为买卖双方之间并不存在销售关系。原因有二：（一）子公司未获得货物的实际所有权。货物进口时，虽然贸易单证显示子公司为买方，但子公司不能随意支配进口货物，而是必须根据总公司的指令将货物发往最终用户。子公司只是承担了根据指令发送货物之前临时的保管责任；其并未获得进口货物的所有权。（二）子公司也未承担货物的风险。子公司只是根据总公司的指令接收和发送货物，虽然在进口时收到了进口发票，在交付货物时提供了销售发票；但是子公司并没有在交易过程中承担风险。因此，可以认定在货物进入中华人民共和国境内时，子公司与总公司之间并不存在销售行为。而根据总公司和最终用户的交易安排，货物的所有权和风险是由总公司转移至最终用户的,最终用户承担了付款义务。综上,应以E公司和最终用户的达成协议所确定的交易价格为基础,扣除相关税费后确定完税价格。

对美国海关而言,当制造商与中间商存在特殊关系时,后者被美国海关认定为销售代理的可能性会大大增加。美国海关通常要求中间商应向海关提供充分的证据,这些证据必须足以证明交易符合两个条件:一是中间商与制造商之间的交易价格,必须符合公平交易原则,即他们之间的特殊关系未对成交价格产生影响;二是在中间商购买、订购货物时,进口货物应直接发往美国,即满足"向美国的出口销售"的条件。只有符合这两个条件,才可以认定成交价格应以中间商和制造商之间的价格为基础。这值得我国海关借鉴。

《估价协定》以及WCO估价技术委员会相关文件对于代理的规定偏于原则,这可能与各国民商法对于代理的规定不同有关。由于国际贸易的复杂性,更增加了海关对代理,特别是间接代理判断的难度和不确定性。因此,要系统地分析、总结估价实践中遇到代理的类型和难点问题,结合国内关于代理的相关法规,并借鉴各国在处理代理问题的观点和方法,才能更好解决此类问题。

第三章 >>>

特许权使用费——与进口货物相关的无形资产费用问题

伴随着知识经济的发展以及产业结构的升级,国际技术贸易和服务贸易发展迅速,而且部分技术贸易和服务贸易,与货物贸易是密切联系的。货物进口过程中时有涉及各种类型的特许权利,这些权利与货物的制造、销售或使用等活动相关。如果进口货物的买方除了支付货款以外,同时还支付了与进口货物相关的特许权使用费,则该特许权使用费就有可能构成进口货物完税价格的一部分。

第一节　现代国际贸易中特许权使用费应税问题的复杂性

当前在经济全球化的推动下,生产要素在全球范围内更自由流动。全球化生产和销售网络的建立和发展,特许权使用费与进口货物之间形成更为复杂的关系,也增加了特许权使用费应税认定的难度。

一、全球价值链视角下有形货物与特许权的复杂关系

经济全球化进程的加快和科学技术的发展,对国际贸易和国际经济合作产生了深刻的影响。贸易自由化和生产国际化突破了国

家与地域的限制,商品、服务、生产要素与信息的跨国界流动规模日趋扩大,国际分工日益深化,世界市场范围内配置资源的效率不断提高。随着经济全球化的发展和贸易壁垒逐渐降低,跨国企业出于资源优化配置的考虑,在全球范围内进行相关产品各供应链环节的生产布点。即,根据生产成本、物流费用以及关税水平等因素,进行综合规划和统筹安排,将整个商品的生产过程分解为不同的阶段,并布局于全球各地。经济的发展也使产业分工逐步细化,首先是产业间的分工,企业活动趋向集中于特定类型的产业;其次是产业内的分工,许多企业剥离自身的部分职能并外包给专业性厂商,企业只保留具有竞争优势的职能;最后是产业分工进一步细化,深入到工艺流程分工、零部件生产分工等,企业专注于某一分工环节。也就是国际专业化分工逐渐由原来的产品为界限,转变为以生产环节或生产工序为界限的分工,各个生产阶段或生产环节可能位于不同的国家或地区,逐步形成一个全球化的、网络化的产品供应链。供应链主要关注的是从原料到半成品,再到成品,直至送交消费者的供应过程,其核心在于有效整合供应链中的生产商或供应商,提高供应效能。从一定意义上说,供应链也是一条价值链。正如联合国工业发展组织所定义的:"全球价值链是指,为实现商品或服务价值而连接生产、销售、回收处理等过程的全球性跨企业网络组织,涉及从原料采购和运输,半成品和成品的生产和分销,直至最终消费和回收处理的整个过程。包括所有参与者和生产销售等活动的组织及其价值、利润分配,当前散布于全球的,处于价值链上的企业进行着从设计、产品开发、生产制造、营销、交货、消费、售后服务、最后循环利用等各种增值活动"[①]。Gary Gereffi 等人将价值链分析法与产业组织研究结合起来,提出全球商品链分析法,并区分了两类全球

---

① 王琴.跨国公司商业模式[M].上海:上海财经大学出版社,2010:79.

商品链:购买者驱动型和生产者驱动型①②。购买者驱动型商品链
主要由劳动密集型行业或商业、服务业的跨国企业所组织和控制
的,主要涉及服装、玩具和家具用品等行业。购买者驱动型的跨国
企业一般不通过直接的所有权关系,构建全球生产和销售网络,而
采用外包等方式控制生产和销售网络。购买者驱动型的跨国企业
本质是通过合约连接而成的网络企业,主要是通过对品牌这一无形
资产的垄断和控制来组织生产和销售并取得竞争优势。生产者驱
动型网络则主要由大型跨国制造企业来控制和协调的,通过控制关
键部件、研发设计、系统集成等关键环节,把非核心环节外包给其他
企业,并以其控制力对上游的原材料和零部件供应商、下游的分销
和零售商施加影响。生产者驱动型跨国企业是建立在自己的技术
知识积累与资本实力上,研究开发与生产经验是其核心能力,主要
生产技术和工艺复杂的产品,如:飞机、汽车和大型机械设备等。虽
然上述这种商品链类型划分比较简单,但也可看出由于技术和品牌
是企业取得竞争优势的核心要素,大型跨国公司往往也是围绕技术
和品牌为核心,组织自己的价值链。出于企业发展战略考虑,不少
跨国公司把国际市场划分成不同的区域,在其中委任不同等级的经
销商分销商品,建立完备的销售渠道也是企业取得竞争优势的重要
因素之一。在一些情况下,经销商除了支付货款外,还需支付各种
形式的分销权费或者销售权费。此外,著作权是知识产权的一个重
要组成部分,随着我国文化产业的迅速发展,含著作权的进口货物
也不断增长。

现代国际贸易的特点之一,就是有形货物、技术贸易和服务贸
易大量地交织在一起,有形货物沿着供应链流动过程中伴随着各种

---

① GEREFFI G,KORZENIEWICZ M. Commodity chains and global capitalism[M].
London:Praeger,1994.

② GEREFFI G. International trade and industrial upgrading in the apparel
commodity chain[J]. Journal of international Economics,1999,48:37-70.

各样技术、商标、分销权以及著作权的交易。关税的课税对象必须是有形的物。无形的东西,如科学技术、文艺美术、发明专利等,虽然具有价值,也是国际贸易的对象,但海关不能对无形的商品征收关税。只有无形商品的价值体现在某种有形的物上进出关境时,才有可能随有形货物一并成为关税的课税对象[①]。即,当技术贸易或服务贸易是随附于有形货物进出口贸易发生时,技术贸易或服务贸易才有可能成为海关征税的对象,并计入有形货物的完税价格。全球供应链的形成使得在国际货物贸易中更多涉及各种各样的特许权利,这些权利可能存在于货物的制造、销售及使用等诸多环节中。而且根据企业在全球范围内组织生产、进行销售所形成的不同模式,特许权又与有形货物构成形式多样的关系。特许权使用费估价问题一直以来都是中国海关乃至世界海关的难题。在经济全球化以及分工专业化的背景下,有形货物与各种类型的特许权利形成了更为错综复杂的关系,也更增加了判定特许权使用费是否应税的难度。

二、《估价协定》和《审价办法》中关于特许权使用费的规定及特点

《估价协定》第八条第二款的 c 项规定:"(在根据第一条的规定确定完税价格时,应在进口货物的实付或应付价格中加入:)作为被估价货物销售的条件,买方必须直接或间接支付与被估价货物有关的特许权费和许可费,只要此类特许权费和许可费未包括在实付或应付的价格中"。归纳而言,特许权使用费计入完税价格须同时符合两个要素:(1)与进口货物有关;(2)存在作为货物销售的条件。

---

① 高融昆.海关税收征管[M].北京:中国海关出版社,2010:8.

《估价协定》中对特许权费和许可费并没有进行界定,实际上只要对相关权利(如专利、商标、版权以及销售渠道费用等)作出支付,就可以认为属于特许权费和许可费范围。特许权费和许可费是否应税,更为关键的是看相关权利的支付是否符合与"进口货物有关"及"作为货物销售的条件"这两个条件。不同类型的特许权有各自不同的特点,以在国际贸易中最常见的两类特许权——商标与专利或专有技术为例:专利或专有技术一般与商品生产有关,商标则主要用于促进商品的销售。专利或专有技术通常是高风险和高成本研发活动的产物,能够让应用专利或专有技术的特定商品,取得某种垄断的地位,而注册一个商标花费相对要小得多,但要使商标有价值并保持或增加价值,则需要在广告或其他营销活动中投入大量的资源。专利或专有技术可以直接被运用于商品之中,而商标的价值主要体现于商品的营销之中,体现在其与用户之间的关系中。不同类型、不同特点的特许权利,通常是以不同方式与货物进行结合,从而发挥作用并体现自身价值的,因此判定符合两个条件的标准也不相同。

由于《估价协定》对特许权使用费应税条件的规定相对简单、原则性较强,WTO各成员国在本国立法中都引入,并细化了《估价协定》对于特许权使用费的原则性规定。《审价办法》也相应细化了《估价协定》关于特许权使用费的规定,更为详细地规定了特许权使用费计入完税价格的条件。《审价办法》的第十三条和第十四条具体规定了如何判定特许权使用费与进口货物有关,以及构成进口货物销售的条件。其中第十三条以列举法的形式规定了专利和专有技术、商标、著作权、分销权等四类特许权,与进口货物有关的判定标准,其实践性和可操作性相对较强。第十四条将特许权使用费支付构成销售条件归结为两种情形:(1)买方不支付特许权使用费则不能购得进口货物;(2)买方不支付特许权使用费则该货物不能以合同议定的条件成交的。只要符合情形之一,就可以判定特许权使用费是否构成货物销售的条件。该条规定原则性较强且抽象,对"构成销售条件"的表现形式、构成要件均未定义描述。这主要是由于实际贸易情况的复杂性,判定特许权使用费是否构成货物销售条件的条款,难以用列举法或排他法加以归纳。正是由于本条规定的原则性和概括性比较强,在估价实践中往往需要在相关各方的具体交易安排基础上,通过逻辑推导来判定特许权使用费是否构成销售条件。也正是由于这一原因,在估价实践中,特许权使用费的支付是否构成销售条件,也常常成为海关与纳税义务人争议的焦点。

综上所述,由于在实际贸易中特许权与进口货物之间形成复杂多样关系,同时不同类型的特许权由于自身的不同特点,而与有形货物以不同方式相结合,因此在判定不同类型的特许权使用费是否符合应税条件时的切入点和标准也有所不同。以下对特许权使用费应税问题进行分类探讨。

第二节 专利和专有技术使用费——技术、工艺与设计的价值

企业的市场竞争力相当程度上取决于其技术水平,制造型的企业更是如此。技术和货物往往构成一个不可分割的整体,在一定程度上可以认为技术是货物的灵魂,而货物则是技术的物化形式。企业投入研发资金所开发的技术,通常是以专利或专有技术形式保有的。随着技术的发展进步,涉及专利和专有技术交易的货物在国际贸易中的比重也逐步提高。

一、专利与专有技术的概念

专利权是国家根据发明创造人或设计人的申请,以向社会公开

发明创造或设计的内容,以及发明创造或设计对社会具有符合法律规定的利益为前提,根据法定程序在一定期限内授予发明创造人或设计人的一种排他性权利①。《中华人民共和国专利法》第二条规定:"本法所称的发明创造是指发明、实用新型和外观设计。"《中华人民共和国海关审定进出口货物完税价格办法》(以下简称《审价办法》)第五十一条中将"专有技术"定义为:以图纸、模型、技术资料和规范等形式,体现的尚未公开的工艺流程、配方、产品设计、质量控制、检测以及营销管理等方面的知识、经验、方法和诀窍等。专有技术通常对应于国际贸易中广泛应用的术语"Know-How"。许多国家(如:美国、德国以及墨西哥等)的法律都承认有商业 Know-How 和工业 Know-How,并在相关的法规中将其列为保护事项。

专利的申请是以向社会公开技术为条件,经相关部门审查后依法定程序授予专利权,并受专利相关法规保护。保密性则是专有技术的重要基本特征,也是其获得法律保护的前提。许多国家是把专有技术作为商业秘密加以保护的,法律上可以认为这两个概念基本等同。《中华人民共和国反不正当竞争法》中将"商业秘密"定义为:是指不为公众所知悉、能为权利人带来经济利益、具有实用性并经权利人采取保密措施的技术信息和经营信息。专利受《中华人民共和国专利法》保护,而专有技术的保护通常援引反不正当竞争法、侵权法以及合同法的相关条文。相比较而言,专有技术受法律保护的力度比专利要小。

二、专利或专有技术使用费与进口货物形成的关系

专利或专有技术使用费属于特许权使用费的一种。因此,根据《审价办法》第十一条的规定,其计入完税价格应满足两个条件:专

---

① 王迁.知识产权法教程[M].北京:中国人民大学出版社,2014:266.

利或专有技术使用费与进口货物有关;专利或专有技术使用费的支付,构成进口货物向中华人民共和国境内销售的条件。《审价办法》第十三条规定,进口货物含有专利或者专有技术,或进口货物用专利方法或者专有技术生产,或进口货物为实施专利或者专有技术而专门设计或者制造,可以认定专利或专有技术使用费与进口货物有关。因此,专利或专有技术与进口货物形成上述三种关系中的一种,就可以认为专利或专有技术与进口货物有关。以下就这三种关系分别进行探讨。

(一)进口货物含有专利或者专有技术,或者用专利方法或者专有技术生产

如果不支付专利或专有技术使用费,就无法获得相关的专利或专有技术,那么也就无法生产包含专利或专有技术的进口货物,或使用专利或专有技术制造相关进口货物。无论专利或专有技术是由制造商自身拥有或由第三方授权(买方向第三方支付的特许权费有些情况下也可以认为构成协助,例如:买方从国外的第三方购买专利或专有技术,并免费提供给制造商,从而使制造商能够生产进口货物),专利或专有技术参与了货物的生产制造,其具有的价值实际已经形成了进口货物制造成本的一部分。在商业交易中,卖方在核算成本以确定销售价格时,会将这部分成本一并考虑在内。可以想见,在其他交易条件相同的情况下,如果不支付专利或专有技术使用费就可以购得含有专利或专有技术的,或者是由专利或专有技术制造的进口货物,那么此时专利或专有技术实际上是没有经济意义的,也将不会有人为这样的专利或专有技术支付价款。正是由于专利或专有技术所具有的商业价值,而且参与了进口货物的生产制造,买方如果不支付特许权使用费则相当于少付了进口货物的一部分价款,很明显与进口货物买卖相关的合同将无法全面履行。美国海关行政裁定543155号就认为:"特许权费是为工程、设计的资料支付的,是为生产被估货物直接发生的成本。价格包括了所有的生产成本,支付的特许权费应作为直接加工成本的一部分"。① 因此专利或专有技术使用费也就构成货物进口销售的条件,应计入完税价格。

买方就与货物有关的专利或专有技术支付相关费用,某种意义上也可以认为其构成了实付、应付价格的一部分。正如 WCO 估价技术委员会的咨询性意见 4.1 中所言:如果根据专利制造的一台机器,按不包括专利费的价格输往进口国出口销售,而且卖方要求进口商向持有专利的第三者支付专利费,则该项专利费应该计入实付或应付价格中。在进口货物中已包含专利,或专有技术或进口货物使用专利或专有技术制造的情形下,意味着专利和专有技术的价值已凝结在进口货物之上,专利或专有技术使用费构成进口货物价值的一部分。在以上两种情形下,构成销售条件,实际上是与货物有关这一条件的自然延伸。美国海关的相关法规(《联邦法规汇编》第19 卷第 152 条 103 款)也认为:为进口货物制造过程中涉及的专有技术所支付的专利或许可费,通常情况下是应税的。

(二)进口货物为实施专利或者专有技术而专门设计或者制造

为实施专利或者专有技术的货物,主要是指为实施专利或专有技术而专门设计或制造的机器、设备。如果所进口的货物是为实施专利或者专有技术而专门设计或者制造的,此时专利或者专有技术的价值并非直接附加在进口货物上,而是在进口后通过使用进口货物才能实施相关的专利或专有技术。进口货物本身并没有包含专

---

① 美国海关行政裁定 543155 号的英文原文为:"A royalty fee paid in exchange for engineering and design information constitutes a cost that will be directly incurred in the production of the merchandise under consideration. Therefore, inasmuch as the price will encompass all production costs, including the royalty payment, the royalty payment is deemed to be part of the direct costs of processing operations."

利或专有技术,也不是由专利或专有技术生产的,专利或专有技术的价值通常也没有直接构成进口货物的一部分成本。因此,关键应从进口货物的性质、用途,及其与专利或专有技术所构成关系入手进行判断。《审价办法及释义》中认为:"如果有证据表明进口的成套机器、设备的各个部件虽为通用设备,但各部件的组合形式却涉及专利或者专有技术的,或者整套机器、设备是符合专利或者专有技术标准的,则可认定进口货物与特许权使用费有关。"①但在进口的货物是通用性质的机器、设备情形下,意味着买方通常不需要支付专利或专有技术使用费,就可以在公开市场上获得相关机器设备,专利或专有技术使用费的支付并非与进口机器设备的采购相关联的,则可认定专利或专有技术使用费,并非进口货物的销售条件,就如 WCO 估价技术委员会的咨询性意见 4.3② 中所列举的案例。

如果所进口机器设备是为实施专利或专有技术而特别设计制造的,并非通用的机器设备,机器设备的用途就是为了实施专利或专有技术。由于进口此类机器设备目的是为了实施专利或专有技术,通常专利或者专有技术将会构成货物进口销售的条件。否则如果只购买了机器设备而不支付专利或者专有技术使用费,对于买方而言,也就意味着所进口的机器设备无法发挥应有的作用(如果不支付专利或者专有技术使用费,则机器无法实施专利或专有技术),或者对于权利方而言,其无法获得买方使用专利或者专有技术的对价(如果不支付专利或者专有技术使用费则仍可使用机器实施专利

---

① 海关总署关税征管司.审价办法及释义[M].北京:中国海关出版社,2006:92.

② WCO 估价技术委员会的咨询性意见 4.3:"进口商 I 获取了专利工序的使用权来制造某些产品,并同意依据使用该工序而生产的产品数量向专利持有人 H 支付专利费。在另一项单独合同中,I 设计并向外国制造商 E 购买了一台机器,计划专门用于专利工序。由专利工序而支付的专利费是否构成该台机器实付或应付价格的组成部分? 海关估价技术委员会提出下述意见:虽然有关专利费的支付是为了该台机器所体现的工序——而且是单独使用该台机器的工序,但由于专利费支付不是该台机器输往进口国出口销售的一项条件,所以,该项专利费不能构成完税价格的组成部分"。

或专有技术）。正如 WCO 估价委员会的咨询意见 4.12 的相关案例①，进口设备被专门购买用于运行专利生产工序，进口商除支付设备费外，还为使用该专利工序支付了许可费，该费用应计入完税价格。

三、关于中间产品的专利或专有技术问题

在贸易全球化和科技进步的背景下，商品的全球生产网络也逐步形成，即原来集中于一国或一地的产品生产，现在分散到不同的国家或地区，每个国家或地区专业化负责产品的某一或某些工序。因此，零部件、半成品以至成品的制造、装配分布于不同的国家或地区，国际分工从产品层面逐渐深入到工序层面。这种基于产品工序的国际分工，也被称为垂直专业化分工。垂直专业化分工导致许多产品在生产过程中被拆分为多个加工增值环节，并按照特定需求将其分散到不同国家或地区进行。随着我国融入垂直专业化国际分工体系，我国进口中间产品（包括半成品、零部件等）的比重也不断增加。当前，在估价实践中常常遇到的贸易安排是：依据双方的协议，许可人授权进口国被许可人购买、制造、销售专利许可的相关产品，被许可人则应向许可人支付一笔专利或专有技术许可费，与专利或专有技术许可有关的成品则使用进口的中间产品在国内进一步加工制造而成。判断这种情形专利或专有技术使用费是否应税，

---

①   WCO 估价委员会的咨询意见 4.12："进口商 I 和卖方 S 签订合同，提供轧钢设备。该设备将并入进口国内业已存在的连续铜棒厂。合并轧钢机设备是一项涉及一个拟用于轧钢机运行的专利工序的技术。进口商除设备价款外，须为使用该专利工序支付 15,000,000 个货币单位的许可费。卖方 S 收到进口商支付的设备价款和许可费，然后将全部许可费转交给专利持有人。海关估价技术委员会提出下述意见：该许可费是用于支付合并轧钢机设备以运行专利工序的技术的。轧钢设备被专门购买用于运行专利生产工序。因此，鉴于该工序须支付 15,000,000 个货币单位的许可费，与被估货物有关，且为销售的一项条件，该费用应当计入进口轧钢机设备的实付或应付价格"。

则应分析并确定进口中间产品是否包含专利或专有技术,或者是使用专利或专有技术生产的,专利或专有技术使用费所支付的标的,是否已包含在进口货物中或在进口前已参与货物的制造,抑或专利或专有技术只是供在进口国内的加工、装配过程中使用。以下这一案例具有一定的典型性。

案例 3-1:

一、交易基本情况

(一)各方情况

1.E 国 B 公司:拥有某一特种药品生产技术;

2.E 国 A 公司:A 公司是 B 公司的子公司,生产特种药品中间体;

3.中国 I 公司:进口 A 公司生产的特种药品中间体,并在国内进一步加工为成品。

(二)特许权使用费交易安排

I 公司和 B 公司签订了《技术许可协议》(以下简称《协议》),《协议》规定:作为在生产和销售中使用 B 公司提供产品技术的对价,I 公司将向 B 公司支付相当于销售收入 2% 的技术使用费。其中,"产品技术"是指与药品制造、销售有关,在药品的生产、包装和保管过程中运用的商业秘密。

二、对特许权使用费是否符合计入完税价格的条件的审核

(一)关于特许权使用费与进口货物有关的审核

根据《协议》关于产品技术的相关规定,技术使用费所指向的对象覆盖特种药品成品生产的整个过程,进口的特种药品中间体就是使用 B 公司所授权的专有技术所生产的。因此,根据《审价办法》第十三条有关规定,有关的技术使用费与进口货物有关。

(二)关于特许权使用费是否构成进口货物销售条件的审核

I 公司与海关争议的焦点主要在于技术使用费的支付是否构成

进口货物销售的条件。

1. I公司的观点

虽然根据技术许可使用相关协议的安排,I公司必须就其自身被许可使用B公司所拥有的相关生产技术进行产品生产加工而支付技术使用费。但技术使用费的支付与I公司是否从A公司采购药品中间体不存在互相的因果限定关系。无论I公司选择哪个供应商,或者和供应商订立怎样的药品中间体交易价格,作为使用B公司所拥有的技术而支付的对价,I公司都必须相应地向B公司支付技术使用费。

其次,I公司还列举了B公司设于国内的子公司——L公司(生产另一类型药品),该公司虽然生产所需要的基础原材料均从无关联第三方购买,但是其仍需要就使用B公司生产技术而向B公司支付相应的技术使用费。因此,I公司认为该公司向B公司支付的技术使用费,并不构成A公司向I公司销售药品中间体的条件。

2. 海关的观点

首先,B公司提供给I公司的产品技术,包含了在产品的生产过程中运用的技术知识和专有信息或发明。这实际上也就是表明技术使用费所指向的对象,覆盖特种药品生产的整个过程。由于I公司仅在国内开展将药品中间体加工为成品的业务,I公司所进口的特种药品中间体在进口时已经包含了部分的生产技术,已经不再属于基础原材料的范畴,而是属于中间产品。而L公司从无关联第三方供应商采购的主要为生产药品的通用基础原材料,其中原材料本身并不包含B公司所提供产品技术,采用B公司的专有技术的加工过程发生在国内。因此,与I公司进口特种药品中间体的实际情况不具可比性。

其次,《协议》和I公司提供的材料显示:I公司必须就其自身被许可使用由B公司所拥有的相关生产技术,进行生产加工的产品而向 B 公司支付技术使用费；买方不支付这些费用，就不能获得使用 B 公司产品技术所生产的产品。就 I 公司进口的特种药品中间体而言，货物在进口时已经附有 B 公司相关的产品技术。因此，根据《审价办法》第十四条的规定，产品技术已构成相关货物进口销售的条件。

因此，根据《审价办法》相关规定，确认 I 公司根据《协议》的规定所对外支付的部分技术使用费与进口货物有关，且构成出口销售的条件，应计入完税价格。由于 B 公司向 I 公司转让的产品技术属于全流程授权，I 公司在国内开展对特种药品中间体进一步加工为成品的业务，对于国内使用的产品技术所支付的特许权使用费不应计入完税价格。因此根据客观量化的数据对 I 公司对外支付的特许权使用费进行分摊，从而计算出应税的特许权使用费金额。

对于中间产品而言，确定专利或专有技术许可费是否应税，关键在于判断买方为何要支付专利或专有技术许可费，并究竟能从其支付的费用中得到怎样的回报，支付的专利或专有技术使用费所指向对象。根据专利或专有技术使用费指向的不同对象和范围，专利或专有技术使用费可能与进口货物全部有关、部分有关或无关。在案例 3-1 中，由于 I 公司获得的是针对特种药品生产过程的全流程的技术授权，其技术使用费所指向的对象覆盖特种药品生产的整个过程。而 I 公司进口特种药品的中间体，并在国内进一步加工成为产品，技术协议中特许权使用费所指向的部分生产技术已包含在所进口的中间体中，另一部分生产技术是在国内使用的。因此，只有部分特许权使用费（即包含在进口货物中的专利或专有技术）才与进口货物有关，并构成销售条件而应计入完税价格。

不同行业涉及的专利或专有技术的类型也有所差别，因此应从行业特点、相关专利或专有技术的性质及其在生产中所起的作用入手，对专利或专有技术与进口货物之间的关系作出正确的判断。以下就具有代表性的机械制造和化工及医药行业所涉及的专利或专有技术问题分别进行探讨。

(一)关于机械制造行业的专利或专有技术

对于机械制造业而言,相关的专利或专有技术通常涉及设备设计、关键部件制造以及设备装配等技术。应通过对相关货物和技术协议的审查,判定专利或专有技术具体指向的对象,即专利或专有技术是为了生产进口的半成品或零部件,还是为了在进口国国内将进口的半成品及零部件加工、装配成为成品。以下是关于设备制造的一个案例。

案例 3-2:

一、交易基本情况

买方:国内 T 公司,申报进口钢材锻轧生产线的关键设备(即,钢材锻轧工序的主要设备,以下简称"关键设备")。

卖方:E 国 S 公司。

买卖双方签订了《钢材锻轧生产线商务合同》(以下简称《商务合同》),《商务合同》中规定了,卖方向买方提供整条生产线设计、图纸、数据和专有技术以及生产线的关键设备,买方相应支付进口生产线关键设备价金和关于整条生产线设计、图纸、数据和专有技术的技术设计费。上述生产线除了关键设备直接进口外,剩余设备根据设计要求在国内购买进行配套。

二、对技术资料费和技术诀窍费的认定及结论

《商务合同》中详细说明有关技术设计费,是用于支付整条钢材锻轧生产线的设计、图纸、数据和专有技术的费用。

(一)与进口货物有关的认定

进口的控制器、高强度液压式锻轧设备等属于锻轧生产线的关键设备,只能从 S 公司购买进口。技术使用协议和技术规格说明书

构成《商务合同》的附件。经审查附件,发现所进口的关键设备既有包含专利或者专有技术的,也有用专利方法或专有技术生产的。如,高强度液压式锻轧设备可以认定其是含有专利或者专有技术的;再如,进口的控制器,可以认定是用专利方法或者专有技术生产的。根据《审价办法》第十三条:"符合下列条件之一的特许权使用费,应当视为与进口货物有关:特许权使用费是用于支付专利权或者专有技术使用权,且进口货物属于下列情形之一的:1.含有专利或者专有技术的;2.用专利方法或者专有技术生产的;3.为实施专利或者专有技术而专门设计或者制造的……"的规定,特许权使用费与进口货物有关。

(二)构成进口货物向中华人民共和国境内销售的条件

根据《商务合同》相关条款,买方不支付技术设计费,则不能购得需要进口的关键设备,即买方不支付特许权费,则该货物不能以合同议定的条件成交,因此技术设计费的支付构成了进口货物向我国境内销售的条件。

综上所述,与进口锻轧关键设备有关的技术设计费应计入完税价格。同时,对照合同条款,由卖方提供的技术资料不仅应用于进口货物,也有部分属于国内配套设备的图纸、技术资料、工艺诀窍的费用,此部分技术设计费的支付对象是发生在进口国内,而与进口货物无关,因此可不计入完税价格。

从以上案例可以看出,在支付的专利或专有技术费用与进口的零部件或半成品生产制造有关(即专利或专有技术用于生产进口货物,或专利或专有技术包含于进口货物中)的情况下,相关权利费用才计入完税价格。如果专利或专有技术只是与国内相关产品的生产、装配有关,许可协议中没有专利费的支付与进口零部件或半成品的购买相关联的内容,则专利或专有技术使用费不应计入完税价格。肖·L.舍曼和辛里奇·哥拉肖夫也认为:"为在进口国获得制造(包括组装)权利……而对专利权使用费或特许费所作出的支付,不应成为税成交价格的一部分,即使专利权使用费或特许费的总额是以进口部件的数量及价值为基础核算的,也不能加入成交价格内。"[①]机械制造行业相关的专利或专有技术,通常都涉及各种专业性极强的生产工艺、工序流程以及质量测试等内容,因此在认定此类特许权使用费时,必须对相关专业知识有一定了解才能判断专利或专有技术使用权是否与进口货物有关。专业技术部门关于所涉及转让技术性质、作用和内容的说明,也具有重要的参考价值。此外,除了对进口货物所含技术的许可,转让的技术通常还会包括安装、调试、培训、维修(一揽子设备引进协议)或装配、检测(进口成套散件)等内容,如果是属于《审价办法》第十五条第一项的服务或劳务费用范围,则不应被计入完税价格。

(二)关于化工及医药行业的专利或专有技术

对于化工及药品行业而言,相关的专利或专有技术通常涉及如何制造生产具有特定用途的化合物或混合物。判断相关专利或专有技术是否应税,主要应着眼于确定进口货物是否为包含专利或者专有技术,或是运用专利或专有技术制造的化合物或混合物。即,关键是判定专利或专有技术是否已经应用于制造进口的货物,或进口货物中是否已经含有专利或专有技术所指向的化合物或混合物。以下是关于一个化工行业的案例。

案例 3-3:

一、基本情况

中国 A 公司向 E 国 B 公司购买并进口添加剂类化工产品,A 公司还与 B 公司之间签订有《技术许可协议》(以下简称《许可协议》)。

---

①   肖·L.舍曼,辛里奇·哥拉肖夫.海关估价——《关税及贸易总协定海关估价守则》评注[M].白树强,李文阳,译.北京:中国社会科学出版社,1993:172.

（一）《许可协议》的相关内容

《许可协议》的主要内容有：1.B公司授予A公司专有技术的使用权，允许A公司在许可区域内生产和销售许可产品；2.专有技术是指由B公司提供的，对于许可产品的生产、质量控制及检验、管理和销售所必需的技术、数据和方法；3.A公司将支付B公司特许权使用费，特许权使用费由入门费和技术转让费组成；入门费为一次性支付，技术转让费按照许可产品国内销售额的3%计提支付。

（二）产品进口情况

A公司与B公司签订《许可协议》后，从B公司购买并进口各类添加剂类化工产品，所进口产品分为成品类和核心原料类两大类。成品类的添加剂产品进口后直接在国内销售，而核心原料进口后经稀释、分装等程序，生产为成品添加剂在国内销售。

二、对特许权使用费是否符合计入完税价格的条件的审核

（一）技术转让费、入门费是否与进口货物有关

首先，由于A公司从B公司进口添加剂成品，进口后直接销售给国内的客户，在进口时已含有专有技术的产品；其次，从B公司进口的核心原料是成品的主要成分，核心原料进口后与国内采购的溶剂混合搅拌，分装成各种添加剂成品在国内销售，所进口核心原料中也已包含专有技术。因此，A公司进口的化工类成品和核心原料均属于在进口时已含有专有技术的货物，A公司支付的技术转让费与进口货物有关。《许可协议》条款及相关会计支付凭证显示，对于上述两类进口产品均根据国内销售额的3%计提技术转让费，并向B公司支付。此外，《许可协议》规定，入门费是《许可协议》生效后首先要支付的一笔费用，入门费的支付标志着技术许可开始生效，是许可方向被许可方提供技术资料的前提。入门费是整个《许可协议》的其中一部分，因此可以确定与进口货物有关。

（二）审核技术转让费、入门费是否构成进口销售的条件

根据《许可协议》的相关规定，A公司在得到相应许可并按季度支付技术转让费的前提下，才能从B公司进口成品和核心原料。A公司不支付特许权使用费，则不能以合同议定的条件成交。从支付的情况来判断，技术转让费的支付构成进口销售的条件。入门费是整体许可权利中应支付价款的一部分，不支付入门费则《许可协议》不能生效，A公司也不能根据《许可协议》购得进口货物，因此可以确定入门费的支付构成销售的条件。综上所述，A公司对外支付的技术转让费、入门费应计入完税价格。

在上述案例中，A公司进口的化工类成品，在进口时无疑是已成型的含有专有技术的产品。进口的核心原料是生产成品的重要原料，而且其中已含有专有技术，因此相关的技术转让费应计入完税价格。如果进口的仅是通用原料，而专利或专有技术所授权的生产制造过程发生在国内，则专利或专有技术使用费则不必计入完税价格。

对于化工和医药行业所涉及的专利或专有技术使用费，关键是判定关键性的制造技术，是否已经应用在进口的货物之上，进口货物中是否已经含有专利或专有技术所指向的化合物或混合物。化工和医药产品类货物进口主要包括以下几种形式：（1）成品，即产品的生产全部在境外完成，进口后可直接用于销售；（2）半成品，即部分产品的加工工序在境外完成，进口后经进一步加工后可用于销售；（3）原料，即企业从境外采购原材料，以在境内进一步加工成成品。原料通常分为专用原料和通用原料两种。专用原料（通常为关键原料），即境外公司（集团内公司或指定的公司）应用专有技术生产的，供境内进一步加工使用，从一定意义上也可视为半成品。通用原料，即原料适用于不同的产品而非专供该公司使用。通用原料一般具有以下特征：（1）只要品质达到一定要求即可使用，境内生产

厂可以向多家原料供应商采购;(2)原料供应商生产的同种产品可供应给除该公司以外的其他公司使用。通常情况下,如果成品方式进口,专利或专有技术使用费一般与进口货物有关,并应计入完税价格;如果进口通用原料,则专利或专有技术使用费多数与国内的生产有关而与进口货物无关,故不需计入完税价格。在 WCO 估价技术委员会咨询意见 4.9① 中,虽然案例同时涉及专利和商标使用费,但就专利使用费而言,WCO 估价技术委员会认为,专利费是为获得包含某种专利制剂制造权而做的支付,而进口产品是一种标准的非专利药剂,专利费的支付不是进口货物出口销售的条件,而是在进口国制造并销售专利制剂的条件,因此该项费用不计入完税价格。对于进口为半成品或专用原料,专利或专有技术使用费可能全部或部分与进口货物有关,相应地专利或专有技术使用费也就全部或部分计入完税价格。

综上所述,对于进口货物含有专利或者专有技术的,或者用专利方法或者专有技术生产而言,通常可以认为专利或者专有技术的

---

① WCO 估价委员会的咨询意见 4.9:"1.同一进口国的制造商和商标持有人就动物制剂达成一项协议。根据协议规定,制造商授予进口商在进口国内'专利制剂'的独家制造权、使用权和销售权。该专利制剂由制造商或代表制造商向进口商提供的大量可的松制成,包含适合动物使用的进口可的松。可的松是一种标准的非专利的非刺激性的药剂,可以从不同制造商处获得,是专利制剂最主要的原料之一。制造商也授予了进口商与生产有关的独家商标使用权,和在进口国内的专利制剂销售权。协议的支付条款规定进口商须支付任一年度专利制剂第一批 2,000,000 个货币单位的净销售额的 8% 以及同年专利制剂下一批 2,000,000 个货币单位的净销售额的 9% 的专利费。每年规定至少有100,000 个货币单位的专利费。根据协议概述的不同情况,双方都可将进口商的独家权变更为非独家权。在这种情况下,最低专利费将扣减 25% 甚至 50%。以销售为基础的专利费也根据一定情况减少。最后,以专利制剂销售为基础的专利费应在每年的每季度末之后的 60 天内支付。2.海关估价技术委员会提出下述意见:专利费是为获得包含某种进口产品的专利制剂制造权并最终使用专利制剂商标而做的支付。该进口产品是一种标准的非专利的非刺激性的药剂。因此,商标的使用与被估货物无关。专利费的支付不是进口货物出口销售的条件,而是在进口国制造并销售专利制剂的条件。所以,将该支付款额加入实付或应付价格是不适当的。"

价值已经凝结在进口货物上,构成货物生产制造成本的一部分,专利或者专有技术使用费一般应计入进口货物的完税价格;而对于进口货物是为进口后实施专利或专有技术的,则应关注货物的用途,即货物为通用设备还是为实施专利或专有技术而专门设计制造的,买方是否不支付专利或专有技术使用费也可以在市场上购买到此种货物,在此基础上判定专利或者专有技术使用费是否应计入完税价格。而判定中间产品所涉及的专利或专有技术使用费是否应税,关键在于货物进口前的生产环节或工序中,是否已经包含相关技术协议所许可的专利或专有技术,或已经利用所许可的专利或专有技术生产进口货物或对货物进行加工。在实际交易过程中,专利或专有技术与进口货物的关系可能要复杂得多,需要结合个案具体情况进行分析。美国海关发布的 Hasbro II 裁定[General Notice on the Dutiability of Royalty Payments,Vol. 27,No. 12,Cust. B. & Dec. at 1(February 10,1993)],指出:在判断其是否与进口货物有关,及是否作为销售的一项要件,应考虑以下三个方面因素:(1)进口货物是否以专利制造;(2)专利是否涉及进口货物的生产或销售;(3)进口商是否可以只买进口货物而不用支付专利费用。如果对(1)(2)的回答是否定的,且第(3)的回答是肯定的,则该项专利费不应税①。该裁定强调还应通过确定专利使用费的具体支付对象来进一步判定其是否应税,买方支付相关费用如果与卖方无关,将不构成销售条件。这对我们判定专利或专有技术是否应计入完税价格也有一定的参考价值。如果专利或专有技术许可的范围涵盖产品的整个生产过程,而进口货物仅为零部件、半成品或组装件,那么此

---

① 英文原文为:The questions are:(1) was the imported merchandise manufactured under patent? (2) was the royalty involved in the production or sale of the imported merchandise? and (3) could the importer buy the product without paying the fee? Negative responses to the first and second questions,and an affirmative response to the third,suggest non-dutiability.

时就要在客观量化数据的基础上进行分摊。

在确定进口的中间品是否含有专利或专有技术时,还可以从两个方面入手作出初步判断:一方面,从进口货物的性质进行判断。对于资本技术密集型的跨国公司(如汽车、电子、化工及机械制造等行业),研究开发和生产经验是其核心能力。在组织供应链时,跨国公司往往掌握和控制核心技术以及核心中间品的生产,而非核心的中间品则采取外购的形式。因此,根据进口中间产品的生产方,以及进口中间产品在成品中的作用,可以初步作出判断;另一方面,可以从进口企业的发展阶段及所承担的职能进行判断。世界范围的产业结构调整和升级,加速了各国产业和技术的转移。当前,发达国家在继续向发展中国家转移劳动密集型产业的同时,也向发展中国家转移某些资本、技术密集产品的生产,以及向发展中国家转移高技术产品生产过程中的某些工序。甚至一些高技术企业也把部分研究开发工作转移到发展中国家,这也就意味着一些专利或专有技术的使用发生在国内,但具体到企业个体,这往往是一个逐步转移的过程。因此了解成品的生产过程和企业目前所处的发展阶段,将有助于对专利或专有技术使用费是否应税作出正确的判断。以制药行业为例,一般跨国药企进入中国通常要经历以下几个阶段:首先是直接进口成品药;其次是对进口大包装半成品药进行简单加工和分包装;最后是逐步国产化直至采购化学原料在国内工厂全程生产。这一过程同时受到多方面因素的制约,如:如果国内生产技术水平达不到要求,部分高技术含量药品的关键原料或中间体就还需要进口;受生产线建设及产能等因素的影响,成品在完全国产化之前也会经过较长一段时间的分包装生产阶段。在这些情况下,在外资制药企业进口相关货物时,伴随应税的专利或专有技术的转让的概率较大。当然,对相关的货物协议和技术协议进行审核,并从技术层面入手确定相关专利或专有技术的指向对象才是最为关键的。

四、两类常见的专利和专有技术使用费问题

(一)与进口机器设备相关软件的专利和专有技术使用费

随着计算机及信息技术的进步,及其对设备制造产业的渗透,数控技术得到了很大的发展。数控技术在机械制造、汽车、医疗、航空等诸多领域都有广泛的应用,机械设备数字化已是现代发展的大趋势。例如:数控机床就是利用了计算机及信息技术,运用数字化信号对机床运动及其加工过程进行控制。由于其具有加工精度高、柔性好和效率高等特点,成为工业制造业中的重要装备。软件技术是数控技术的重要组成部分,因此许多进口机器设备或其零部件进口时,伴随与软件相关的专利和专有技术使用费的支付。如果在进口时,相关的软件已经装载在机器设备上,此时相关的专利和专有技术使用费通常应作为实付、应付价格的一部分计入完税价格。由于网络技术的发展,在实际贸易过程中,与机器设备相关的软件也常常通过网络进行传输。在这种情况下,判定相关的专利和专有技术使用费是否应税则相对复杂。以下是一个关于软件费用的案例。

案例 3-4:

国内 A 公司从国外 S 公司进口的产品为机械设备成品的关键零部件——控制模块。A 公司的采购生产流程如下:(1)A 公司根据销售部门提供的成品销售订单,将其分解为需要采购的零部件需求订单;(2)采购人员通过订单系统,将所需要购买的控制模块下订单给 S 公司,其他部件则在国内采购;(3)S 公司根据 A 公司的订单组织生产和发货;(4)A 公司生产人员根据收到的零部件和装配指导书进行成品装配。

根据 A 公司与 S 公司之间签订的相关装配和生产的技术许可

协议,S公司授权的技术主要包含软件相关专利。A公司根据协议应向S公司按采购数量支付相应金额的特许权使用费。S公司提供的软件,主要应用了两项该公司专利:(1)实施控制功能;(2)通过测量各重要参数以监控机器运行情况。根据专利编写的程序包含在S公司提供的软件中,且特定的软件对应特定序列号的控制模块,即软件是根据用户不同需求以及设备不同的配置而进行编写的。成品必须安装软件后,才能正常工作。S公司根据A公司需要装配的成品需求把相应的功能软件和装配指导书发送至A公司,A公司生产部人员根据收到的装配指导书进行装配,并安装软件。

S公司提供的软件是与对应的特定设备逐一挂钩,每台设备都对应于唯一的软件,如果不是安装相对应的软件,设备即使装配完毕也无法使用。由于控制模块在境外生产的过程中,已经根据所需要应用的软件,进行了特定的设计加工,进口的控制模块与软件专利技术是紧密相关的。所签订的协议中规定的软件专利部分,是通过进口特定设计加工后的控制模块实现的,进口控制模块符合"含有专利或者专有技术"这一条件,特许权使用费与进口货物有关。同时,由于进口控制模块与软件逐一对应,如进口商因未支付特许权费而无法获得上述软件,将无法使用控制模块,那么进口商也不会去购买无法发挥其功能的控制模块,因此特许权费的支付构成了进口货物向境内销售的条件。该案例中软件的费用是应计入完税价格。

从案例3-4可以看出,相关的软件费用是否应计入完税价格,取决于软件的功能以及软件与进口零部件之间的关系。

(二)入门费

国际技术贸易中,买方在合同生效之后一段时间内,按合同规定向卖方支付一笔预先约定好的固定金额,这部分费用常常称为入门费。入门费是相关协议生效后首先要支付的一笔费用。一般情况下，入门费的支付被视为专利或专有技术协议开始生效，是许可方向被许可方提供相关专利或专有技术的前提。通常相关的专利或专有技术协议中没有规定入门费的支付、具体对应哪一种特许权利，但根据入门费的性质，可以将入门费理解为是整个专利或专有技术协议涉及的特许权使用费的构成部分，即认为它所代表的是整个专利或专有技术协议中整体许可权利的支付价款的一部分。因此，应从专利或专有技术协议中涉及的许可权利是否与进口货物有关入手，对入门费是否应计入进口货物的完税价格作出判断。如案例3-3中所言，通常入门费的支付标志着技术许可开始生效，是许可方向被许可方提供技术资料的前提，可以认为与进口货物有关并构成销售的条件。当然，如果专利或专有技术协议中涉及的许可权利只有一部分符合应税的条件，入门费也可考虑进行相应分摊，以确定计入完税价格的部分。还有一种情况是国内企业支付了入门费，但没有进口货物，那么自然也就不必为此缴纳关税。

第三节 商标权使用费——声誉产生的价值

　　商标并不参与货物的设计与制造，其价值更多体现在货物的营销环节。就生产角度而言，货物附上商标的成本是很小的。在国际贸易中，许多涉及商标权使用费的贸易安排比较复杂，导致商标与进口货物的关系不明晰，商标与进口货物的关联程度更难以确定，因此关于商标权使用费的估价问题便成为海关估价中难点之一。本节主要从WCO估价技术委员会的咨询性意见中相关典型案例以及评论25.1分析入手，探讨商标使用费计入完税价格的实质，以及如何从技术和操作层面对现实中复杂的商标权使用费进行审查和估价。

一、商标的作用及特点

商标是用来区分相同或相似商品和服务的不同生产者或提供者的标志,其最初作用是便于消费者对商品和服务进行识别。随着经济的发展,商标在发挥区别商品或服务不同提供者的同时,逐渐成为商标使用者生产或经营的质量和信誉的代表,而后者显然在市场营销中起着极其重要的作用。因此,商标具有商业价值,能够增加商品的附加值,著名商标是企业无形资产和巨大财富已成为共识。在实际交易中,货物有无商标或者附有不同的商标,均会对其交易价格产生很大的影响,尽管与商标具有的商业价值相比,在商品上附上商标的生产成本非常小。根据《中华人民共和国商标法》的规定,经核准注册的商标,商标注册人享有商标专用权并受法律保护。商标所有人主要以许可等方式将商标有偿转让,授予他人在特定范围内使用,所以商标也成为受知识产权保护的一种工业产权。

二、商标使用费计入完税价格的条件

《审价办法》规定,判断商标权使用费与进口货物有关的条件:进口货物附有商标,或者货物进口后附上商标直接可以销售的,或者进口时已含有商标权,经过轻度加工后附上商标即可以销售的。只要满足以上三个条件中的一个,就可判定商标权与进口货物有关。从上述三个条件可以看出,判定商标权使用费与进口货物有关的关键不在于商标在什么时点附着在进口货物上。无论商标已在进口货物显性体现(货物在进口环节已附有商标),或者商标只是隐性体现的(货物在进口后才附上商标或进口后经轻度加工附上商标,进口环节货物与商标在形式上是分离的),只要根据相关协议的规定,货物进口时已含有商标权,就可以认为商标使用费与进口货物有关。通过审查相关涉及贸易安排的单证和查验进口货物,通常即可对商标权是否与进口货物有关作出判断。如前所述,《审价办法》第十四条将特许权使用费支付构成销售条件归结为两种情形:(1)买方不支付特许权使用费则不能购得进口货物;(2)买方不支付特许权使用费则该货物不能以合同议定的条件成交的。只要符合情形之一,就可以判定特许权使用费构成货物销售的条件。由于本条规定的原则性和概括性比较强,在估价实践中往往需要从相关交易各方的具体交易安排,来推断特许权使用费是否构成销售条件。商标权使用费所具有的特点(例如:主要用于促进商品的销售,而通常与商品生产无关;注册一个商标花费相对较少,但要使商标保持或增加价值,则需要营销活动中投入大量的资源等等),使得判定商标权使用费是否应税的切入点和标准,与其他特许权使用费有所不同。只有结合商标特点,才能对商标权使用费的支付是否构成进口货物销售的条件作出正确的判断。

三、商标权使用费的支付构成进口货物销售条件的判定

　　WCO 估价技术委员会针对特许权使用费发布了 14 个具有指导意义的咨询性意见,其中大部分是针对具体案例作出的估价意见。以下通过对其中三个比较典型的案例,以及晚近公布的评论25.1 分析探讨,探讨判定商标权使用费的支付,构成进口货物销售条件(以下简称"销售条件")的关键及其实质。

(一)判定"销售条件"的关键

从表面上看,WCO 估价技术委员会咨询性意见 4.6①提供的案例与《审价办法》相关规定有矛盾之处:案例认为,进口商不必支付商标费也可以购得进口货物(就如第一次购货的情形下),进口商进口货物并非以支付特许权费为前提。但应注意到:第二次购买的货物与第一次购买的货物并不相同,即含有商标权的货物与未含商标权的货物,应认定为两种不同的货物。第二次进口商购买的是附有商标权的货物,为了获得这种具有商标权的货物,作为进口销售的一项条件,进口商被要求支付商标费,此时商标使用费应计入完税价格。因此,货物在进口销售时是否以该项商标进行营销,是判定商标使用费是否应计入完税价格的关键因素。也正是如此,在判定商标使用费是否与货物有关时,并不以货物进口时是否附有商标为标准,而是取决于进口时是否含商标权。

(二)许可方为第三方时构成"销售条件"的判定

在进口货物卖方也是商标许可方的情形下,基于商标许可合同与销售合同的相关性,对商标权使用费的支付,构成进口货物销售这一条件的判定相对容易(特别是当商标权使用费的支付已经构成该货物进口合同不可分割的组成部分时)。但是如果许可方与制造商不是同一人,判断特许权使用费是否应税,则要复杂得多。当前,

---

① WCO 估价技术委员会咨询性意见 4.6:"进口商分两次向外国制造商 M 购买浓缩液。M 拥有商标权。货物稀释后销售是否可以使用该商标,取决于某一特定进口销售交易的条款。商标使用费按单位货物计算。进口的浓缩液在销售之前简单地用普通水进行稀释并经过了消费包装。在第一次购货交易中,浓缩液稀释后转售时没有使用商标。因此,未被要求付费,在第二次购货交易中,浓缩液稀释后转售时使用了商标,作为进口销售的一项条件,而被要求付费。海关估价技术委员会提出下述意见:鉴于在第一次购物交易中,货物转售时未使用商标而且未付费,则无须计入费用。在第二次购货交易中,M 要求支付的费用必须计入进口货物的实付或应付价格中"。

许多跨国企业在全球范围内进行资源整合,以国际分包的方式开展生产,自身则通过对商标的控制,专注于市场营销以获取最大的利润。涉及商标权的国际贸易经常发生的情况是:进口商与制造商达成一项货物销售合同,并与商标所有方(以下简称"许可方")达成一项商标许可协议,进口商分别向制造商支付货款、向许可方(即第三方)支付商标权使用费。在许可方为第三方的情况下,由于商标与货物之间会形成较为复杂的关系,难以判定商标权使用费的支付是否构成进口货物销售条件,而且容易陷入两个误区:其一,认为由于商标受法律保护,任何企业或个人未经注册商标所有权人许可或授权,不可自行使用,那么买方不支付商标权使用费,则不能购得与商标权有关的进口货物,否则将构成侵权。如果这一推论成立,则对于与商标权有关的进口货物,只要进口商支付了商标使用费,该商标使用费就应计入完税价格;其二,认为商标权使用费如果是支付给第三方,就不是进口货物销售的条件,不能计入完税价格。

1. 相关咨询性意见对是否构成"销售条件"的推定

在实际交易过程中,一些进口货物虽然附上商标,但货物在进口销售时并非以该商标进行营销。正如 WCO 估价技术委员会咨询性意见 4.8[①] 中的案例,进口商向制造商购买的鞋子虽然附有商标,但在销售时并不意味制造商以该商标营销鞋子,进口商是从许可方获得商标许可授权的,进口商向许可方支付商标费与否并不影

---

① WCO 估价技术委员会咨询性意见 4.8:"进口商 I 和居住在 X 国专利持有人 H 签订一份专利合同。根据合同规定,I 同意对运入进口国的使用 L 的商标的每一双鞋向 L 支付一笔固定的专利费。专利持有人 L 提供与商标有关的美术设计作品。进口商 I 与 X 国的制造商 M 签订另外一份合同,购买使用 L 商标的鞋子。I 向 M 提供 L 的美术设计作品,由 M 将商标贴上。制造商 M 无需经 L 许可。该项销售合同不包含任何与专利费有关的款项支付。制造商、进口商与专利持有人之间全无关系"。海关估价技术委员会提出下述意见:"进口商被要求支付专利费以获取使用商标的权利。这项义务源于一个与出口货物到进口国销售无关的独立的合同。货物根据另外一个合同从供应商处购得,专利费的支付不是货物销售的一项条件。因此,在本例中,专利费不应计入实付或应付价格"。

响其从制造商处获得鞋子。估价技术委员会认为由于支付商标费的合同与货物销售的合同是相互独立的,商标使用费支付构成进口货物销售的条件不成立,不应计入完税价格。虽然在实际交易环境下,制造商一般不会愿意成为非法使用商标的当事人,可能会对进口商是否获得合法使用商标的授权进行一定方式的审查。但如果没有相关的协议或贸易安排对制造商的货物销售进行约束,就不应认为商标使用费支付构成进口货物销售的条件。对于制造商而言,他向进口商销售的货物带商标与否几乎没有区别(唯一例外就是让货物附上商标的生产成本)。该案例中,货物在进口销售过程中并不包含商标使用权。因此,在上述情况下商标权使用费的支付并非货物销售的条件。

WCO 估价技术委员会咨询性意见 4.11[①] 中的案例和意见 4.8 的相类似,货物销售合同也不涉及商标使用费支付。在案例中虽然三方存在特殊关系,但根据技术委员会意见,特许权使用费计入完税价格并非基于这个原因。在咨询性意见 4.8 的案例中,根据进口商和许可人签订的专利合同,进口商同意对运入进口国的使用相应商标的每一双鞋,向专利持有人支付一笔固定的专利费,制造商无需经许可人许可。而在咨询性意见 4.11 的案例中,虽然服装制造商和进口商之间的销售合同没有要求支付特许权费,但根据进口商与许可人之间的协议,进口商必须向许可人支付特许权费,以获得

---

① WCO 估价技术委员会咨询性意见 4.11:"运动服制造商 M 和进口商 I 都与母公司 C 有特殊关系,C 公司拥有运动服的商标权。M 和 I 之间的销售合同没有要求支付特许权费。然而,根据与 C 公司的一个单独协议,I 必须向 C 支付特许权费以获得自 M 处购得的运动服的商标使用权。该特许权费的支付是否销售的一项条件且是否与进口运动服有关?"海关估价技术委员会提出下述意见:"M 与 I 关于附有商标货物的销售合同没有规定支付特许权费的具体条件。但是,鉴于 I 购买货物必须向母公司支付特许权费,该支付是销售的一项条件。如果 I 未支付特许权利费,将没有商标使用权。与母公司之间未签订书面合同这一事实并不妨碍 I 应母公司要求履行支付义务。鉴于上述原因,为获得商标使用权而作出的支付与被估货物有关,支付的金额应计入实付或应付价格"。

从制造商购得服装的商标使用权。因此以上两个案例主要的不同之处在于:咨询性意见4.8案例中,货物进口合同和专利合同是独立的,而且制造商无需经许可人同意,也就意味着实际贸易过程中买方可以自由选择制造商,买方获得的是使用商标的授权;在咨询性意见4.11案例中,相关协议规定,买方必须向许可人支付特许权费,以获得自制造商处购得运动服的商标使用权,商标权使用费与销售合同产生了实质上的关联。进口商获得的商标权是依附于向制造商购买的服装之上,为了支付该批货物中所含商标使用权的对价,进口商需向许可方支付商标权使用费。此时,商标权使用费的支付是货物销售的条件。

2.评论25.1对构成"销售条件"的相关规定

WCO估价技术委员会评论25.1,是关于支付给予卖方无特殊关系的许可方(即许可方为第三方)时特许权使用费估价的重要文件。该评论是以加拿大和日本提交的3个涉及商标使用费案例为基础形成的,对判定商标权使用费是否应税,无疑更具针对性指导作用。评论25.1指出:应依据许可人对进口货物生产加工或销售实施控制的程度,确定支付特许权使用费是否作为销售的条件。第九条①提出了确定构成销售条件的五个方面考虑因素:其中第一和第二项考虑因素是关于许可协议与货物销售协议的联系,第三、第四和第五项考虑因素反映的是特许权与货物之间的关联程度以及许可方对货物的控制程度。符合第一和第二项并不能完全确定构

---

① 评论25.1的第九条:(1)在销售合同或相关文件中有关于特许权使用费的证明;(2)在许可协议中有关于货物销售的证明;(3)根据销售合同或许可协议条款,由于买方未向特许权许可方支付特许权使用费,作为违背许可协议的结果,会导致销售协议的终止。这就显示特许权使用费的支付与被估货物有关,且特许权使用费的支付是销售的条件;(4)在特许权协议中约定,如果不支付特许权使用费,制造商被禁止为进口商生产含有特许权许可方知识产权的货物;(5)许可协议中包含了这样的条款,允许许可方对制造商和进口商间(出口销售至进口国)的货物生产或销售进行管理而不仅仅是质量控制。

成了销售要件,而第三、四和五项只要满足其一,则可以认定构成了销售要件[①]。第三项与《审价办法》的第十四条规定相近,第四、五项从许可方对制造商及产品的控制程度的角度判定是否构成销售的条件。由于在商标使用许可中,许可人通常都会监督被许可人使用其注册商标的商品质量,被许可人则应保证使用该注册商标的商品质量,因此第五项要求许可方对许可货物的控制应超出质量控制的范围。评论25.1认为,相关协议中可能不会包含买方必须支付特许权使用费,作为销售条件的明确规定,特别是当特许权使用费支付给予卖方无关的第三方时。在这种情况下,需要考虑其他的因素以确定特许权使用费的支付是否作为销售的条件。在估价实践中,更应该关注的是从许可协议与货物销售协议联系的紧密程度,以及许可方对进口货物的制造或销售的控制程度,并比照评论25.1的第九条的规定来判定商标权使用费是否作为销售条件。

(三)判定构成"销售条件"的实质

商标就其本身来说可以用出售、许可或其他方式进行交易。许可贸易是商标贸易中使用最为广泛的贸易方式,即商标权利所有人作为许可方,通过与被许可方签订许可合同,将其所拥有的商标授予被许可方,并由被许可方支付一定数额的商标使用费的商标交易行为。如果商标权利所有人允许被许可方,按照合同约定的条件将该商标用于一定范围的产品,允许被许可方根据需要,自产或外购这些产品。在这种情况下,商标权使用费支付仅是以商标为标的,进行的是单纯的技术贸易,而与进口货物的销售无关。此时商标权使用费由于是独立于进口货物的实付、应付价格之外,可不计入完

[①] 严晓莉.对评论25.1产生背景的回顾与应用原则的把握[J].《价格信息参考》(内部刊物),2011,6:72.

税价格。正如欧盟《海关法实施细则》第一百五十九条①规定，将买方不能随意从与卖方无特殊关系的其他供应商处获得该货物，作为判定商标权使用费的支付构成进口货物销售的条件。WCO估价技术委员会咨询性意见4.13②和美国海关的一些行政裁定（如544982号）【美国海关行政裁定544982号："美国公司进口从日本卖方处购入的货物。根据与关联许可人的协议，进口商为从日本卖方处购买的货物支付专利许可费。日本卖方与进口商或专利许可人均无关联。所支付的专利许可费是为了获得在日本制造产品，及在美国市场销售由日本卖方制造的产品时使用特定商标的权利。专利费是以销售给进口商产品的FOB日本价格为基础计算的。协议特别明确由与进口商签约的卖方生产附有商标的产品。协议进一步限定卖方使用商标进行产品制造并销售给进口商。专利许可费的支付是考虑到卖方生产与买方购买许可商标商品的事实。在此种情况下，专利许可费的支付是进口货物销售的一项要件。根据上述协议支付的专利许可费按TAA402(b)(1)(D)的规定是应税的。在进口商和许可人随后签订的协议中，专利费的支付不再是为了获得生产进口产品的权利，而是许可人授予进口商独占的、不可转让的使用其商标的权力。根据第二份协议，商标的使用与进

---

　　①　欧盟《海关法实施细则》第159条规定："一项与商标使用权有关的特许权使用费仅当满足下列条件时方可计入进口货物的实付或应付价格之中：特许权使用费涉及货物进口后以原状销售或仅经简单加工后销售；货物带商标销售，无论进口前或进口后附上商标，只要该商标的特许权使用费已支付，且买方不能随意从与卖方无特殊关系的其他供应商处获得该货物。"

　　②　咨询意见4.13："进口商I向国外的制造商M购买运动包，也向其他供应商购买。进口商I、国外制造商M及其他供应商都是没有关系的。另一方面，进口商I与一商标权持有人C公司是有关系的。根据I和C间一项合同的条款，C将商标的使用权转让给I并向其收取特许权使用费。进口商I向M或其他供应商提供印有商标的标牌，用于在进口前安装在运动包上。特许权使用费是否与被估货物有关？由I向C支付的费用是否构成I与M或与其他供应商销售的一项条件？海关估价技术委员会提出下述意见：虽然进口商被要求支付特许权使用费以获得使用商标的权利，但这是基于与向进口国出口销售货物无关的独立的合同。进口货物按不同的合同从不同的供应商购买的，支付特许权使用费不是这些货物销售的一项条件。买方并非为购买货物不得不支付特许权使用费。因此，没有需要按第八条第1款(c)作为一项加项对实付价格或应付价格进行调整。提供安装商标的标牌的费用按第八条第1款(b)的规定是否应税是另一需考虑的问题。"

口产品的生产没有内在联系。此外，许可费的支付也与向美国的出口销售无关。尽管专利许可费的支付是不可选择的，但它不是支付给卖方的，与进口货物的销售协议无关，根据随后的协议，专利许可费按 TAA402（b）（1）（D）的规定是不应税的。"英文原文为：A U. S. company imports merchandise purchased from a Japanese seller. Pursuant to an agreement with a related party licensor，the importer pays a royalty on the products purchased from the Japanese seller. The seller is not related to either the importer or the licensor. A royalty is paid for the right to use a trademark in connection with the manufacture in Japan and sales in the United States of the products manufactured by the Japanese seller. The royalty amount is based upon the FOB Japan price of the product sold to the importer. The agreement specifically identifies the seller as the party with whom the importer contracts for the manufacture of merchandise incorporating the trademark. The agreement further restricts the seller's use of the trademark to merchandise manufactured for and sold to the importer. The royalty is paid in consideration for the seller's right to manufacture and the buyer's right to purchase merchandise that bears the licensor's trademark. Under these circumstances，the payments are a condition of sale of the imported merchandise. The royalty payments pursuant to this agreement are dutiable pursuant to section 402（b）（1）（D） of the TAA. In a subsequent agreement between the importer and the licensor，there is no requirement that the royalties are to be paid in consideration for the right to "manufacture" the imported merchandise. Rather，the subsequent agreement provides that the licensor grants to the importer an exclusive，non-transferable right，license and privilege，for the use of the mark. Under this second agreement，the use of the trademark does not bear relation to the production of the imported merchandise. In addition，the royalty payments are not subject to the sale for exportation to the United States. Although the royalty payment is not optional，it is not paid to the seller，nor is the royalty tied to a sales agreement for the imported merchandise. In the subsequent agreement，the payments are not dutiable pursuant to section 402(b)(1)(D) of the TAA.】也均持相同的立场。买方可以不受限制地选择供应商,并在所获得的货物上使用授权的商标,实际表明了买方获得的商标权是属于单纯的技术贸易。如果买方获得商标使用权只局限于一定范围之内且符合一定条件的卖方销售的货物,通常意味着商标的价值已依附于相应的货物之上。海关征税的管理对象应为有形货物,诸如商标、专利等技术贸易涉及特许权使用费,并不是海关课税的对象。如果特许权在进口前已经附着于进口销售的货物之上,其价值已经凝结在进口货物中,即使在形式上这部分费用以特许权使用费的方式支付,也应属于有形货物成交价格的一部分。《估价协定》第十五条规定:"在确定货物是否类似时,待考虑的因素包括货物的质量、声誉和商标的存在等。"实际也就是认为,由于商标的价值已物化在货物之上,因此是否附有商标或所附有商标不同,都会对有形货物的交易价格产生影响。

海关对商标权使用费征税是基于认为:买卖双方出于某种考虑,对被估价的有形货物价值进行了人为的拆分——形式上拆分为有形货物货款和商标权费两部分。例如:进口服装时,如果将服装与其上印制的商标使用权分别报价,分为不同的两份合同,虽然形式上构成了两次独立的销售,但从实质上仍应将两个独立的合同视为一次完整的销售。在这种情形下,买方获得的只是商标持有方授予的商标权中有限的使用权——仅限于在特定进口货物上使用。对于此时商标权使用费而言,其价值直接体现于货物在进口销售时就包含以该商标进行营销的相关权利。不支付商标权使用费,则相当于买方少付了成交价格中的一部分,买方不可能获得含有商标权的货物,或者说货物是不可能以原先合同议定的条件成交的。因此,判定商标权使用费支付构成销售条件的关键是:判断所估价的货物,在进口销售时卖方是否以所含商标权进行营销。如果货物销售时以商标权进行营销,商标所含的商业价值在进口环节已经凝结在进口货物中,并构成进口货物价格的一部分(只不过这部分的对价,以商标权使用费形式出现),该商标权使用费自然应计入完税价格。关于买方不支付特许权使用费是否能购得进口货物,或买方不支付特许权使用费,则该货物是否能以合同议定的条件成交的问题,可以认为是货物在进口销售环节是否以所含商标权进行营销的问题的自然延伸。在许可方为第三方时,通过判断许可方对进口货物生产加工或销售实施控制的程度,来判定许可人向买方授予的商标权是否仅限于特定货物(如由指定制造商生产的商品)。如果许可方通过相关协议以及实际的贸易安排,使得买方只能在特定进口货物上使用商标,此时商标权价值是附着在进口销售的货物上。买方获得的并非技术贸易意义上的商标权,其所获得的商标权是仅限于在特定进口货物上使用,并构成该进口货物的部分价值。

在评论25.1第九条确定特许权使用费的支付是否构成了销售要件的考虑因素中,包括了:"许可协议中包含了这样的条款,允许许可方对制造商和进口商间(出口销售至进口国)的货物生产或销售进行管理而不仅仅是质量控制"。实际上也是从许可方对货物的控制程度来确定销售条件是否成立。即,如果许可方对于进口货物的控制能力超过质量控制,就可以认为在此条件下买方不支付特许权使用费,则许可方可以运用对进口货物的控制力使买方无法获得货物。也就是在许可方对进口货物的控制超过了质量管理,就可以认为特许权的价值已附着在货物之上,特许权使用费就构成销售条件。

四、关于商标权使用费的支付构成进口货物销售条件的审查

多数商标权所有人出于对商标权的控制、商标信誉以及商业利

益等方面的考虑,不允许被许可方向任意方购买使用授权商标的货物,而对使用商标的货物或制造商,设置一些限定条件(如要求被许可方只能在向特定方购买的货物上使用商标)。但在合同签订及贸易安排上,对进口货物和商标权费之间的相关性,又不会像咨询性意见 4.11 案例中规定的那么明确。在这种情况下,应从相关协议文件及贸易过程的审核入手,对商标权使用费是否作为销售条件作出正确的判断。

(一)从相关交易文件和贸易过程判定是否构成"销售条件"

仔细审查包括许可合同和销售合同在内的相关文件是很有必要的。许可合同通常会规定被许可方所赋予相关特许权利的时限及地域限制、权利使用费的支付以及产品质量要求等条款。销售合同通常会列明与货物进口销售有关的条款。在相关合同和文件中包含的信息可能会有某些内容,提示商标权使用费的支付是否构成销售条件。在估价实践中往往很难在有关合同中直接发现明示性的条款,必须通过条款间的逻辑关系推导出相关结论。例如:国内 A 公司与外方在相关的货物交易合同中规定:"根据双方签订的商标权使用许可合同卖方同意向买方提供产品……当商标权使用许可合同在合同期间中途结束时,与本合同相对应的产品购销也随之全部结束"。从相关合同中可以看出,A 公司在有偿购买商标使用权的前提下,才能自外方购买进口产品,而且商标使用合同一旦中止,买方将不能购买进口产品。因此,相关的商标权使用费构成货物进口销售的条件。再如,相关协议中规定:如果买方逾期不支付商标权使用费,货物进口合同也相应地被终止。在这些情况下,商标权使用费的支付与进口货物的购买是密切相关的,买方不支付商标权使用费将不能购得进口货物,或不支付商标权使用费则货物不能以合同议定的条件成交,商标权使用费的支付也就构成"销售条件"。

同时应注意,对销售条件的判断不应该局限于审核相关合同条款对销售条件的限制,也应关注交易的实际,并从整个交易过程来审查买卖双方以及许可方的权利和义务。合同中关于商标权使用费的支付条件,既可在合同条款中列明(如在合同中商标权使用费作为将货物成交价格条款的组成部分),也可以通过适当的实际贸易流程安排来间接达成。如果相关各方不存在特殊关系,各方出于对自身利益的关切,在相关合同中对贸易安排及双方享有的权利和义务应会作出比较翔实的规定,相关合同参考价值较大。但相关方如果存在特殊关系,除了对合同审核外,海关更应着重考察实际的贸易安排。由于特殊关系的存在,有时仅通过合同的文本本身很难发现协议签订的实质,此时就需要从企业的实际贸易行为出发,通过审查企业在贸易中的外在表现,并依靠商业和法律上的事实推断,由外到内把握贸易安排产生的实质性影响。必要时海关应将其与无特殊关系方,在类似情况下采用的贸易安排做比较。

(二)从整体的角度判定是否构成"销售条件"

在贸易实际中,常常存在多个贸易安排密切相关,共同组成了一笔包括进口货物和相关商标使用权在内的交易。对于商标权使用费是否应计入完税价格的判断,是仅从购买货物贸易安排来看,还是从联系密切的相关多个贸易安排来看,得到的结论可能大相径庭。由于"作为货物销售条件"表述的范畴,是超过"作为货物销售合同的条件"范畴的。因此在估价实践中,关键是着眼于从整个交易过程来看待买方所承担的义务,以及为获得进口货物所支付的对价,而不能仅根据货物的进口销售合同作出判断。不能简单地认为只要进口商支付商标权使用费的义务,在一个与出口销售没有直接联系的单独合同中予以规定,该商标权使用费就不应计入完税价格。以下是一个关于服装行业的商标权使用费的案例。

案例 3-5：

A 公司和 E 国的 A 亚太公司（相关商标的所有人，A 公司和 A 亚太公司均为 F 国 A 股份有限公司的子公司）签订《商标使用许可协议》（以下简称《许可协议》），该协议要求 A 公司按照产品在许可区域内销售额的 5%，支付给 A 亚太公司作为商标许可使用费。A 公司向 A 股份有限公司授权的国外制造商下订单采购进口附有商标的服装。

（一）A 公司支付的商标权使用费是否与进口货物有关

A 公司进口的货物在进口时已经附有商标，所涉商标权使用费与进口货物有关。

（二）A 公司商标权使用费的支付是否作为卖方出口销售该货物到中华人民共和国关境内的条件

表面上看，在实际贸易中 A 公司向国外制造商下订单，国外制造商向 A 公司发货，A 公司向 A 亚太公司支付特许权使用费，整个贸易过程中 A 公司、国外制造商和 A 亚太公司三方独立运作，特许权使用费的支付并未直接构成销售的条件。

海关进一步调查，发现 A 公司虽然有自由选择制造商的权利，但前提是该制造商必须与 A 股份有限公司签有相关的《许可生产协议》。《许可生产协议》中明确规定，A 股份有限公司代表 A 亚太公司，授予制造商可以生产含有相关知识产权的产品，但同时也对制造商生产、销售含有相关知识产权的产品做了明确的规定和限制，即，未经许可，制造商不得向任何人销售含有相关商标的产品，并要求制造商为有关商标权提供保护。A 公司支付的商标使用费，构成服装进口销售的条件。因此，应将 A 公司对外支付的商标权使用费计入完税价格。

通过案例 3-5 可见，在货物贸易过程中，进出口贸易双方并不直接与 A 亚太公司发生关系，但事实上在相关的贸易条款中，已将有关特许权的内容囊括在内。如果 A 公司没有与 A 亚太公司签订相关的《许可协议》，A 公司将无法下订单给予 A 股份有限公司签有《许可生产协议》的制造商，更无法获得附有相关商标的商品。《许可协议》《许可生产协议》与 A 公司的订单，实际共同构成了双方交易的协议基础。在判定商标权使用费是否应税时，不仅要考虑 A 公司的订单和《许可协议》，还应考虑《许可生产协议》的相关内容。如果 A 公司不支付特许权使用费，就无法购买到进口货物，进口货物也无法以合同议定的条件成交。因此，A 公司支付商标权使用费，应视作货物销售的条件，也就是 A 亚太公司通过《许可生产协议》的限定，间接实现了商标对进口货物的有效控制。据此，应将 A 公司所支付的商标权使用费计入完税价格。以下为另一个交易安排更为复杂的案例。

案例 3-6：

一、交易相关方情况

进口商：中国 I 公司是 A 公司的中国区域经销商，进口 A 公司所授权的相关品牌各类家居用品；

商标所有权人：E 国 A 公司是一家经营家居用品的跨国公司，拥有相关品牌的商标所有权；

物流及采购中心：A 公司在新加坡投资成立的物流及采购中心——W 公司，其负责协助各国经销商采购 A 公司相关品牌的产品；

制造商：经 A 公司授权，负责生产制造 A 公司品牌家居用品的多家位于国外的生产企业，与 I 公司、A 公司、W 公司均无特殊关系。

A 公司设有研发中心，承担新产品设计、研发职能。研发中心的各设计团队分析市场趋势，设计出新产品。W 公司负责组织新产品样品的生产，并向各区域经销商展示样品和报价。各个经销商将订购种类、数量等信息提供给 W 公司。W 公司在集合全部订单基础上与制造商进行价格谈判，并选择制造商。之后，由经销商向 W 公司所选择的各个制造商直接下单采购。

二、商标权使用费是否应计入完税价格审核情况

按照 I 公司与 A 公司签订的《商标许可协议》，I 公司需按所授权的品牌家居用品国内销售总额的 5%，向 A 公司支付商标权使用费。鉴于 I 公司进口的家居用品在进口时已附有商标，相关商标应当认定与进口货物有关。海关与 I 公司争议的焦点为商标费的支付是否构成货物向中华人民共和国境内销售的条件。

I 公司认为：

I 公司与制造商之间没有相关协议要求，制造商向 I 公司交付货物时必须以 I 公司支付商标费用为条件。制造商是依据其与 W 公司签订的生产协议组织生产，并根据 I 公司的订单进行供货，这与 I 公司同 A 公司之间的《商标许可协议》无关。《商标许可协议》相关约束性规定是基于对知识产权保护的性质而决定的，这种限制不能理解为销售条件。因此，本交易属于 A 公司将知识产权出售给 I 公司，由 I 公司根据授权协议以自己的名义组织生产。特许权使用费协议与采购合同相互之间没有关联，买方并不以支付特许权使用费为前提销售货物。

海关认为：

首先，通过考察整个贸易流程发现，A 公司整个贸易过程中发挥了如下核心作用：一是通过以商标许可的方式，许可 I 公司使用商标。作为商标所有人的 A 公司通过《商标许可协议》对 I 公司进行许可，授予 I 公司在特定地区经销附有特许商标产品的权利，并规定了商标使用期限、应缴纳的使用费数额等条件；二是以授权书形式，许可制造商生产附有商标的家居用品。A 公司与制造商之间以授权书形式规定，制造商可在特定范围内生产含有 A 公司相关品

牌商标的产品,并要求制造商只能接受授权经销商的订单,不得向其他公司供应任何与 A 公司相关品牌产品相同或类似的产品。通过以上两个授权行为可以发现,A 公司赋予了买方购买产品、卖方销售产品的资格,为买方和卖方之间实现销售设定了前提。如果买方不支付特许权使用费,那么将被排除在 A 公司品牌产品的供应体系之外,根本无法采购获得 A 公司相关品牌产品。因此,支付特许权使用费是卖方向买方销售货物的前提条件。

其次,A 公司在货物生产销售过程中发挥着重要的控制作用。A 公司的子公司 W 公司作为物流及采购平台,与经销商和制造商签订相关协议,协调组织生产销售。W 公司依据协议的相应条款,实质上对 A 品牌产品的生产制造和销售进行了严密的监督管控。例如,W 公司会对授权制造商进行跟踪管理,定期例行检察以及不定期抽查,保证产品质量合格以及无法擅自生产授权范围以外的产品。A 公司及 W 公司的一系列行为可以充分证明其在组织产品生产、保证产品质量、维护分销网络等方面都发挥了关键控制作用。

I 公司的采购行为是在 I 公司与 A 公司的《商标许可协议》,以及 I 公司同制造商之间采购订单的双重约束调整下进行的。I 公司商标费的支付构成了货物销售到中华人民共和国境内的条件。因此,I 公司向 A 公司支付的商标权使用费应计入完税价格。

综上所述,如果 I 公司不支付特许权使用费,就无法下订单给制造商,更无法获得附有 A 公司授权商标的商品,因此,I 公司支付商标权使用费应视作货物销售的条件。许多跨国公司都采取生产外包的做法,通过 OEM 的方式组织加工生产。有些跨国公司出于提高效率,以及产品控制方面的考虑,设立了全球或区域采购平台。如此,跨国公司总部、跨国公司采购平台、产品制造商、经销商形成四方参与的交易模式,这较之以往常见的特许商品经营"买方、卖方、权利第三方"的三方模式又增加了"跨国公司采购平台"第四个角色,从一定程度上增加了判定特许权使用费是否应税的难度。只有从交易各方所承担的职责、进口货物的贸易流程以及商标所有人对进口货物的控制程度等方面入手,厘清进口货物与商标权之间的关系,才能对商标使用费是否应税作出正确的判断。

从以上的两个案例,可以看出在购买者驱动型行业(如服装行业)的实际涉及商标权使用费的贸易安排中,常常出现的情况是,买方与商标许可方签订相关的商标许可协议规定:买方应按照与许可商品销售有关的某个财务指标(如:年度销售额或毛利润等)一定比例的金额,作为商标权使用费支付给商标许可方,作为商标许可方授予买方销售带有商标商品的许可使用费用。协议可能还规定了买方享有在一定范围内自由选择制造商的权利。如果把买方分别向制造商购买货物和向商标许可方支付商标权使用费,这两个贸易过程割裂开来看,它们之间是独立运作的,不存在控制或限制关系,特许权使用费的支付也不构成销售的条件。但如进一步审核相关协议和单证,可能就会发现:虽然买方可以相对自由选择制造商,但该制造商需要有一定的资质——制造商必须与商标许可方签订特定的生产协议。而生产协议通常会规定,商标许可方授予制造商可以生产含有相应商标的产品,同时要求制造商为有关商标权提供保护,即未经许可,制造商不得向他人销售含有商标的产品。这种情况下,许可方与制造商的生产合同、许可方与买方的商标许可合同,以及买方与制造商的进口货物销售合同,共同构成了一个完整的销售合同,构成了与商标权有关的货物进口销售的基础。如果从整体的交易安排看,如果买方不支付特许权使用费,就无法购买到进口货物,因此商标权使用费的支付构成货物进口销售的条件。

(三)应借鉴典型案例对判定构成"销售条件"的指导作用

由于涉及商标权使用费的实际贸易安排可能千差万别,相关法规是无法作出详尽规定的。正如评论 25.1 第十条所言:每一个案例应结合相关的条件独立考虑。判定进口货物和特许权存在何种程度的关联,许可人对货物进行何种程度的控制;是否构成"销售条件"应结合个案的具体情况作出判定。美国、加拿大等国是典型的判例法国家,在估价实践中多依赖于典型的判例。其中一些经过长期理论以及实践检验的,已经被公认的"指导性案例"(Leading Cases),提供了大量有针对性的细节,可按图索骥式地针对发生的实际问题给予审价人员明确的指导。法官在判决类似案子时,在推理过程中也或多或少会引用这些典型的判例。我国虽然不属于判例法的国家,但也有必要对估价实践中遇到的,具有代表性和典型性的商标权使用费案例进行提炼、总结并以一定形式公布,无论对于海关估价人员还是进出口商都具有重要的参考价值。对于海关估价人员而言,都可以更好地理解相关法规条文,提高解决实际问题的能力,统一商标权使用费是否应税的认定尺度。对于进出口商而言,通过将自身的贸易安排与案例相对照,避免对估价条文理解产生歧义,能更好做到守法自律。

第四节　著作权、分销权或者销售权使用费 ——两类重要的特许权使用费

根据《审价办法》第五十一条中对特许权使用费的定义,特许权使用费还包含著作权、分销权或销售权的许可,或者转让而支付的费用。以下分别对如何判定著作权、分销权或销售权的许可,或者转让而支付的费用是否计入完税价格进行探讨。

一、关于著作权使用费应税的判定

著作权是民事主体依法对作品及相关客体所享有的专有权利①。根据《中华人民共和国著作权法》的相关规定,著作权是指文学、艺术和自然科学、社会科学、工程技术等作品的作者,享有的作品发表权、署名权、修改权、保护作品完整权、复制权、发行权、出租权、展览权、表演权、放映权、广播权、信息网络传播权、摄制权、改编权、翻译权、汇编权和应当由著作权人享有的其他权利。《审价办法》中规定,确定著作权使用费与进口货物有关的条件:含有软件、文字、乐曲、图片、图像或者其他类似内容的进口货物,包括磁带、磁盘、光盘或者其他类似载体的形式;或含有其他享有著作权内容的进口货物。由于著作权自身的特点,货物作为著作权的载体,通常本身就是著作权的物质表现形式。如果买方所进口货物含有著作权,并就著作权和载体一起支付了价款,在这种情况下也可以认为著作权使用费构成了实付、应付价格的一部分,应计入完税价格。以下是一个关于著作权使用费的案例。

案例 3-7:

一、基本情况

A 公司:位于中国,向 E 公司购买卡拉 OK 娱乐系统(包括歌曲光盘,以下简称娱乐系统)。

E 公司:位于 E 国,娱乐系统供应商。

A 公司与 E 公司签订购买娱乐系统的协议,协议还规定:A 公司从 E 公司提供的清单中选择需要购买的歌曲,E 公司将 A 公司选择的歌曲翻录制作成光盘后提供给 A 公司,A 公司为此向 E 公司

---

① 王迁.知识产权法教程[M].北京:中国人民大学出版社,2014:19.

支付相关的翻录费和版权费。

在货物进口环节,A 公司已经对外支付了翻录费,并向海关申报。A 公司在货物进口后,还将定期根据每首歌曲的基本收费标准,按播映的次数向 E 公司支付版权费。

二、版权费的认定分析

A 公司进口了 E 公司制作的含有歌曲的光盘,并为此支付版权费。因此,A 公司支付的版权费与其进口货物有关。A 公司与 E 公司签订的协议中列明,A 公司如果未按规定向 E 公司支付相关费用,E 公司有权中止合约。据此认定,版权费的支付是 A 公司向卖方购买娱乐系统中歌曲光盘的前提条件,如 A 公司不支付版权费,则不可能获得载有歌曲的光盘。因此,版权费的支付是货物销售的要件。综上所述,应将光盘所含的版权费调整计入进口货物的完税价格中。

目前《审价办法》对著作权相关规定比较简单,而实际工作中遇到的著作权使用费的相关交易安排可能要复杂得多。以软件著作权使用费为例,就有可能涉及测试版本、软件升级等问题。为了指导对一般意义上的计算机软件估价,加拿大海关在备忘录 D13-11-6[①]中将决定的实施对象——软件产品分成了若干大类,并分别对这些类别的软件产品估价进行了规定:(1)预包装软件,成交价格法;(2)销售的客户定制软件,成交价格法;(3)出让特许权或许可,成交价格法,支付的特许权费按规定计入完税价格;(4)升级盘:a. 有偿升级,成交价格法;b. 最初购买软件已包括的免费升级,原进口软件已包括升级费用,所以免费升级软件税款为零;c. 需交年费的免费升级,进口第一张升级盘时将年费计入完税价格,该年度内再

---

① Canada Border Services Agency. Memorandum D13-11-6. (2013-8-8)[2017-3-6]. www.cbsa-asfc.gc.ca/publications/dm-md/d13/d13-11-6-eng.pdf.

次进口的升级盘税款为零;(5)促销的拷贝,由于不存在销售,所以按其介质价格估价;(6)测试版本的软件,如果是定价销售的,按成交价格法估价;如果不存在销售,而是免费的,则按其承载介质的价格估价;(7)不存在销售的,仅许可使用的软件,按其承载介质和拷贝费用的价格估价。这是值得我国审价立法借鉴的。

《审价办法》对以有形介质形式进口相关著作权产品而产生权利费用的估价原则予以明确。当著作权附着在图纸、光盘等介质上时,进口的图纸、光盘等介质就是著作权的物质表现形式。如果交易的为含有著作权的货物,则无论以何种形式作为著作权的物质载体,均应视为著作权与进口货物有关①。如果进口图纸、光盘等介质的买方为获得相关特许权利的所有权而支付了相应的对价,则应当按照合同的总价款(即包含著作权费)作为图纸、光盘等介质的完税价格进行估价计征。唯一的例外是,对于进口的含有专供数据处理设备用载有软件的介质估价时,仅将介质本身的价格计入完税价格。这主要是根据《审价办法》第三十四条的规定:"进口载有专供数据处理设备用软件的介质,具有下列情形之一的,应当以介质本身的价值或者成本为基础审查确定完税价格:(一)介质本身的价值或者成本,与所载软件的价值分列;(二)介质本身的价值或者成本,与所载软件的价值虽未分列,但是纳税义务人能够提供介质本身的价值或者成本的证明文件,或者能提供所载软件价值的证明文件。"本条规定是 WTO 海关估价委员会决定 4.1 在我国的立法转化。决定 4.1 指出:"在确定载有数据或指令的进口介质的完税价格时,只应对介质本身的成本或价值加以考虑。因而,在完税价格中不应包括数据或指令的成本或价值,只要其可与介质的成本或价值相区分。"

---

① 海关总署关税征管司.审价办法及释义[M].北京:中国海关出版社,2006:94.

随着网络信息技术和数字技术的发展，人们几乎可以将所有的信息移动到网络上，并可以在全球范围内进行广泛地传播。数字技术是信息传播技术史上的一大变革。与纸质媒介中文字、图像作为主要的载存格式不同，数字技术中是由二进制数字组成的编码格式。通过数字技术可以将传统形式的纸质或其他载体上由文字、数字、图像和声音等构成的作品进行数字化转换，以数字代码方式将这些图文声像等信息编辑加后存储在磁、光、电等介质上，并通过计算机或者具有类似功能的设备对它们进行组织、加工、储存或采用数字传输技术加以传送，在需要时将这些数字化了的信息再还原成文本、数字、图像和声音等信息形式。数字技术作品一般可分为两种：一种是对传统形式的作品如书稿、电影胶片、唱片等借助数字技术在网络中予以重现，主要表现为载体的改变，对作品的内容没有作出实质性的变更，只能算是原有作品的复制品，这种数字化的过程可以认为仅是一种复制行为；另一种是直接以数字化的二进制编码为载体在网络上创造的作品，也是其创造者智力活动的结晶，只不过其载体为无形的二进制编码。由于著作权法所保护的仅是内容的表达形式而非其载体，数字化作品与传统作品的区别仅在于作品存在形式和载体的不同。因此，根据我国著作权法规的相关规定，数字化的网络信息，如具备作品实质要件的，应当认定为作品，同样受著作权法保护。随着数字化技术和网络技术的发展，越来越多含有著作权的产品通过网络进行交易。但是，在互联网上购买电子数据产品，并通过互联网将产品传输给买方，例如支付价款后即可浏览或下载的图片、图像、音乐等，这些产品本身不是物，因此不成为关税的课税对象①。从案例3-7可以看出，相关的作品如果承载于进口介质之上，买方就相关权利支付著作权费，该费用应计入

---

① 何晓兵、李益、王普光. 关税理论政策与实务[M]. 北京：中国商务出版社，2007：2.

完税价格。但对于通过网络传输方式进口相关数字化作品的企业，由于没有有形的载体进口，海关将无法对相关的著作权费计征税款。在当前的信息技术条件下，将电影和音乐的相关内容转换为数字文件，并通过互联网传输是不存在技术障碍的。因此，仅仅由于载体的不同而造成应缴纳关税金额的不同，将可能违背税赋公平的原则。

二、关于分销权或者销售权使用费应税的判定

分销是指产品通过一定渠道销售给消费者。根据 WTO 协议，分销属于服务贸易领域，由佣金代理、批发、零售，及特许经营 4 个分部门组成，还包括各种与分销相关的附属服务。分销权则通常是指从事分销服务的资格，即商品批发或零售的经营权，以及辅助分销和服务的经营权。在《审价办法》中，销售权与分销权所表达的意思相类似。根据《审价办法》的规定，确定分销权、销售权或者其他类似权利使用费（下文为论述方便，将此类费用统称分销权使用费）与进口货物有关的条件：进口后可以直接销售的，或经过轻度加工即可以销售的。

除非进口商进口的是仅限于自己所使用或所消费的货物，否则在一般情况下，进口商都会寻求获得在国内销售进口货物的权利。如果货物的卖方对买方后续处置进口货物给予一定限制（如限制转售的权利），则买卖双方的交易价格不符合成交价格的条件。《估价协定》在关于第八条的解释性说明中特别指出："买方为获得进口货物分销或转售权利，而支付的费用不得计入进口货物实付或应付价格，如此类支付不构成进口货物向进口国销售供出口的条件"。即，计入完税价格的分销权使用费应构成货物向中华人民共和国境内销售的条件。在这个意义上，应税的分销权使用费更类似于转售收益，只不过转售收益针对的是进口货物销售后产生的收益，该收益

通常按一定比例或金额返还卖方。转售收益应计入进口货物的完税价格。进口商为获得分销权,需要以分销权使用费的名义,向卖方或相关权利方支付一笔费用,且该费用构成货物进口销售的条件。以下是一个关于分销权使用费的案例。

案例 3-8:

一、交易基本情况

交易各方关系如下:

进口商:A 公司,Z 化妆品在中国的独家经营销售公司。

生产商:E 国 B 公司,Z 化妆品生产厂商,负责 Z 化妆品的生产并销售给 A 公司。

分销权许可商:E 国 S 公司,E 国 B 公司的母公司,授权 A 公司在中国独家分销 Z 化妆品。

A 公司于 2005 年与 E 国 B 公司和 S 公司三方签署了关于 Z 化妆品的《供应和分销协议》。《供应和分销协议》约定:S 公司作为独家许可持有者,许可 B 公司生产大包装 Z 化妆品,销售给 A 公司。E 国 B 公司为 A 公司生产并供应产品,A 公司在约定区域内独家购买、进口和分装,及推广、分销 Z 化妆品;A 公司应支付 300 万美元特许权费用取得独家分销权,费用分两批支付,自协议生效后先期支付 30%,卖方向买方交付第一批货物后支付剩余 70%。

二、价格审核情况

根据三方签订的《供应和分销协议》,B 公司生产大包装 Z 化妆品销售给 A 公司,A 公司在约定区域内独家购买、进口和分装及推广、分销成品 Z 化妆品。B 公司在向 A 公司销售前已经完成了成品的生产制造工作,A 公司仅是在其国内工厂进行简单的分包装瓶,除此之外不进行其他加工程序。因此,Z 化妆品在国内的分装属于轻度加工的范畴,根据《审价办法》第十三条第四款的规定,确定分销权费用的支付与进口货物有关。

　　《独家供应和分销协议》还规定，A公司应支付300万美元，取得独家分销权，费用分两批支付：先期支付30%作为达成协议的定金，卖方向买方交付第一批货物后支付70%。在实际交易中，A公司在拿到B公司开具的第一批货物发票时，就要支付剩余的70%特许权费用。如果企业不支付该费用，就不能从卖方得到商品。据此，分销权费用的支付是作为卖方向中华人民共和国境内销售的必要条件，该笔费用应当计入完税价格。

第五节　特许权使用费相关的税收征管问题——分摊与申报

　　根据买卖双方对货物和特许权交易的实际安排，买方对外支付的特许权费可能只有部分应计入完税价格。在很多情况下，特许权费的支付与相关有形货物的进口和支付并不同步，有时货物在进口申报时，买卖双方还无法确定需要支付特许权费的确切金额。特许权使用费如何进行分摊，以及如何申报也是估价实践中的重要问题。

一、关于特许权使用费的分摊

　　在实际贸易中常常遇到的情况是，进口商对外支付的特许权使用费，只有一部分与进口货物有关并作为销售的条件，而应计入完税价格，其余部分则不符合计入完税价格的条件。还有可能出现的情况是，买方所支付的应计入完税价格的特许权使用费，涉及多种不同税号项下的进口货物。在这两种情况下均需要对相关的特许权使用费进行分摊。对于特许权使用费的分摊，虽然《估价协定》并没有给出具体的规定，但就实际操作应遵循的原则而言，则应运用公认会计原则[①]和客观可量化标准[②]对特许权费进行分摊,得到应计入完税价格的特许权费金额。关于客观可量化标准,《审价办法》第四十二条相应规定:"货物买卖中发生本办法第二章第三节所列的价格调整项目的,或者发生本办法三十五条所列的运输,及其相关费用的,纳税义务人应当如实向海关申报。前款规定的价格调整项目或者运输及其相关费用如果需要分摊计算的,纳税义务人应当根据客观量化的标准进行分摊,并且同时向海关提供分摊的依据"。关于公认会计原则,《审价办法》只是与《估价协定》解释性说明中"公认会计原则的使用"部分所举的例子相对应,在第十二条、第二十四条和第二十五条中分别规定了公认的会计原则,在协助、倒扣价格估价方法和计算价格估价方法中的应用,并在《审价办法》第五十一条中对"公认的会计原则"作出了解释:"是指在有关国家或者地区会计核算工作中,普遍遵循的原则性规范和会计核算业务的处理方法。包括对货物价值认定有关的权责发生制原则、配比原则、历史成本原则、划分收益性与资本性支出原则等"。虽然《审价办法》未就公认的会计原则在特许权使用费分摊中的应用作出明确的规定,但特许权使用费的分摊,需以客观量化的数据为标准,即所运用的数据必须来源于进出口贸易,或企业相关生产,或销售活动中存在的真实、客观量化的数据。由于与企业的经济活动相关,涉及资产、负债、收益等各方面的信息记录,都必须以公认的会计原则为

---

① 在《协定解释性说明》中,关于"公认会计原则的使用"部分就明确指出:就本协定而言,每一成员的海关应使用与适合所涉条款的该国公认会计原则相一致的方式准备的信息。例如,根据第五条的规定对通常的利润和一般费用的确定应使用与进口国公认会计原则相一致的方式准备的信息。另一方面,根据第六条的规定对通常的利润和一般费用的确定应使用与生产国公认会计原则相一致的方式准备的信息。又如,在进口国中对第八条第一款(b)项(ii)目所规定的某一要素的确定应使用与该国公认会计原则相一致的方式准备的信息。

② 《估价协定》第八条第三款规定:"根据本条规定加入实付和应付价格中的费用应以客观和可量化的数据为依据。"

标准。《估价协定》中很多估价条款的具体规定,实际也来源于公认的会计原则标准。而且为保证分摊的合理性,还应依托公认的会计原则,如权责发生制原则、配比原则等,确定各部分相应的分摊比例。因此实际操作所要求获得的客观量化数据,在相当程度上依赖于公认会计原则的具体运用。同时,涉及特许权使用费分摊的实际情况可能千差万别,具体方法的确定需结合个案实际情况进行分析处理。

(一)所支付的特许权使用费只有部分应税的分摊

由于专利或专有技术自身所具有的特点,在估价实践中其使用费最经常涉及分摊问题。《审价办法》第四十二条规定,纳税义务人应履行举证责任,提供分摊所需要的依据。因此,海关主要根据纳税义务人所提供的相关资料,通过审核特许权使用费的相关协议,确定特许权利的指向对象,结合相关的企业生产流程以及特许权利在其中所起的作用,以及起作用的生产环节,按照特许权使用费的实际指向以及进口货物的状态,并考虑所能掌握到的客观量化数据,进行合理的分摊。

以案例 3-2 中涉及分摊问题为例:

通常技术设计费是与设计所耗用的工时密切相关的,如果与进口货物有关的技术设计费所耗用工时能从总设计所耗用工时中区分出,则可以采用与进口货物有关的设计所耗用工时,占总基础设计所耗用的工时的比例,来分摊整体技术设计费。计入完税价格设计费=(与进口货物有关的设计所耗用工时/总设计所耗用工时)×总设计费。如果根据 E 国 S 公司出具的工时耗用情况,与进口货物有关的设计费所耗用工时约占总耗用工时的 50%,技术设计费总额为 600 万欧元,则与进口货物相关的 300 万欧元技术设计费,需计入完税价格。

如果无法获得与进口有关的设计所耗用工时的数据,则可以考虑根据国内和国外设备金额比例来进行分摊。假设：T 公司根据 S 公司设计所采购国内制造设备合同共计金额为人民币 8000 万元，而进口合同中进口设备金额为 1000 万欧元，折合为人民币 10000 万元（汇率按欧元∶人民币为 10∶1 折算）。企业按照上述国内合同和进口合同价格的所占比例将 600 万欧元的技术设计费进行分摊：

1. 用于进口设备相关的技术资料费为 600×10000÷（10000＋8000）＝333.33 万欧元；

2. 用于国内制造设备相关的技术资料费为 600－333.33＝266.67 万欧元。

（二）特许权使用费涉及多种进口货物的分摊

对于买方所支付的应计入完税价格的权利费用，涉及多种不同税号项下的进口货物，则需要根据实际情况将所支付的权利费用分摊到各涉及税号项下。以下是一个相关的案例。

案例 3-9：

A 公司与香港 E 公司签订品牌授权及销售协议，按照协议相关条款，A 公司进口并在国内销售香港 E 公司拥有商标权的三个品牌鞋靴，除支付货款外，还需要向 E 公司支付商标权使用费。按照授权协议，三个品牌的商标权使用费按各品牌鞋靴在国内销售额的 5％计提，并按年度统一对外支付。A 公司向香港 E 公司购买进口的货物附有商标；且根据买卖双方签订的协议，A 公司如不根据国内销售情况按所约定的比率向外支付商标权使用费，则香港 E 公司将不会向 A 公司销售品牌鞋靴。因此，A 公司支付的商标权使用费与其进口货物有关，且构成货物销售的条件。

每个品牌有上百种不同规格和款式、价格各异的鞋靴，而且涉及多个税号以及不同的税率适用。企业支付的商标权使用费是以销售情况计提并定期支付。A企业向海关提交了账册凭证、支付清单等会计资料，该资料详尽记录了涉及对外支付的三个品牌的每一款鞋靴国内销售额、对应的提成费，报关归入的税号以及相应的适用税率。因此，海关以上述详尽的会计资料为基础数据，将适用同一税号的各款鞋靴所计提商标权使用费进行归并，按各税号项下计提的商标权使用费总额及适用该税号相应的税率进行分摊计征。

二、关于特许权使用费的申报

由于特许权的估值及定价比较困难，在贸易实际中常常以某个时间段内的与销售相关的财务会计指标，作为计算特许权使用费的基础，例如：以一段时间内（如：一季度、一年等）与特许权有关货物的国内销售收入或销售利润的数额为基础，并据此计算应对外支付的特许权使用费。由于这样的计算方式可以使特许权的价值，以被进口国市场接受的程度体现出来，因此相当部分的特许权费协议中采取的是这种计算和支付方式，以平衡买卖双方的风险和收益。但这种计算方式使得买卖双方只能通过货物在进口国完成销售以后，才能得出特许权使用费的确定金额。在货物进口报关环节，买卖双方尚无法取得国内销售收入的数据，同样也无法确定特许权使用费金额。即使有之前若干年度的财务数据可供参考，但由于市场受各种因素的影响，货物的销售数量和销售单价等都可能产生较大波动，预先确定特许权使用费应付金额难度还是很大的。在相关货物的进口通关环节是难以取得客观量化的特许权使用费数据。目前，在相关的法规文件中，对特许权使用费金额的确定与支付，滞后于货物进口时，如何进行申报并没有给出明确的规定。由于特许权使用费的这种支付方式是符合商业惯例，应该为海关所接受，因此有必要通过相关的政策和法规,确保相关特许权使用费征收准确与及时。建议参考并比照中华人民共和国海关总署 2015 年第十五号公告(海关审定公式定价进口货物完税价格的规定)的相关规定以及《中华人民共和国海关进出口货物征税管理办法》(总署令 124 号)中关于租赁进口货物分期支付租金的征管规定,对于应税特许权费金额的确定,以及实际支付在货物进口申报日期之后,可以实行货物申报进口前的备案制,在特许权使用费实际对外支付时再向海关申报征税。

第四章 >>>

转让定价——跨国公司关联交易的定价问题

联合国《跨国公司行动守则（草案）》中将跨国公司定义为："系指一种企业，构成这种企业的实体分布于两个或两个以上的国家，而不论其法律形式和活动范围如何。各个实体通过一个或数个决策中心，在一个决策系统的统辖之下开展经营活动，彼此有着共同的战略并执行一致的政策。由于所有权关系或其他因素，各个实体相互联系，其中一个或数个实体，对其他实体的活动能施加相当大影响，甚至还能分享其他实体的知识、资源，并为它们分担责任"。《OECD 转让定价指南》（OECD Transfer Pricing Guidelines for Multinational Enterprises and Tax Administrations）（以下简称《转让定价指南》）中将关联企业定义为："相对于两个企业而言，如果其中一个企业与另一个企业的关系满足 OECD 税收协定范本第九条第 1a) 节或第 1b) 节[①]的条件，那么这两个企业彼此就是关联企业"。进入 20 世纪 80 年代以后，经济全球化的进程逐步加快，作为经济全球化的主要载体和承担者，跨国公司凭借其资金、技术、品牌以及

---

① 《OECD 税收协定范本》第九条规定："1. 当 a) 缔约国一方企业直接或间接参与缔约国另一方企业的管理、控制或资本，或者

b) 同一人直接或间接参与缔约国同一方企业和缔约国另一方企业的管理、控制或资本。

在上述任何一种情况下，两个企业之间的商业或财务关系不同于独立企业之间的关系。因此，任何利润本应由其中一个企业取得，由于这些情况而没有取得的，可以计入该企业的利润内，并据以征税"。

管理方面的优势,利用不同国家和地区的比较优势,力图通过进行全球范围内的最佳资源配置和生产要素组合,以取得竞争优势,从而成为推进经济全球化进程最活跃的因素,并扮演着日益重要的角色。根据联合国 2011 世界投资报告,2010 年跨国公司的全球生产带来约 16 万亿美元的增值,约占全球 GDP 的四分之一;跨国公司外国子公司的产值约占全球 GDP10% 以上和世界出口总额的三分之一。联合国 2009 世界投资报告则显示:全世界共有约 82,000 家跨国公司,其国外子公司共计 810,000 家。这些公司在世界经济中发挥重要的作用。例如,跨国公司国外子公司的出口,估计占全世界商品和服务出口总量的 1/3,2008 年的全球雇员人数达到 7,700万人,超过德国劳动力总数的两倍。OECD 统计也表明,成员国之间的贸易额有近一半是跨国公司内部贸易。跨国公司的内部贸易产生了转让定价问题,也可以认为跨国公司内部贸易是转让定价的前提与基础。跨国公司通过转让定价,实现各关联公司的利益调节、保证公司整体利益的最大化,因此转让定价在跨国公司的内部贸易中处于重要的地位。

第一节 跨国公司转让定价的动因及对海关税收的影响

一、转让定价概念

《转让定价指南》认为:转让价格是一个企业在向关联企业转移

有形货物、无形资产或提供服务时使用的价格①。刘剑文认为："所谓转让定价,又称内部价格,指跨国公司进行内部交易所采用的价格"。② 刘永伟则认为："转让定价……可以将其定义为:关联企业和税务机关对关联企业间的交易进行定价的行为"。③ 转让定价只是涉及跨国公司中各关联企业间商品、劳务和无形资产等,交易时定价制度的问题,是一个中性的概念。只要是关联企业之间进行交易,其交易价格就应认为是转让价格。对于税务机关而言,有责任对那些不符合独立交易原则(the arm's length principle,也称为公平交易原则)的转让定价进行调整。关联企业之间对内部交易价格进行有目的的操纵,导致转让定价不符合独立交易原则,则称为滥用转让定价或操纵转让定价。

二、企业转让定价的动机及影响因素

转让定价是跨国公司内部交易时所制定的价格,在相当程度上可以不受市场的左右,而是服务于跨国公司的总体战略目标。转让定价行为是适应企业分权化组织结构需要,和满足协调控制要求而出现的一种内部资源配置机制,是实现激励或协调的一种工具。不同的跨国公司根据自身组织特点以及所处的外部环境,平衡利润、税收、资金、市场以及经营战略等不同目标,并依此制定相应的转让定价策略。合理有效的转让定价策略,可以让跨国公司总部对各关联公司的业绩进行有效评估,促使其按照有利于跨国公司决策部门所制订的目标开展经营活动,并能够对跨国公司整体税负作出合理筹划。以下对跨国公司待转让定价的主要动机进行简单分述:

---

① 经济合作与发展组织.跨国企业与税务机关转让定价指南(2010)[M].国家税务总局国际税务司,译.北京:中国税务出版社,2015:3.

② 刘剑文.国际所得税法研究[M].北京:中国政法大学出版社,2000:159.

③ 刘永伟.转让定价法律问题研究[M].北京:北京大学出版社,2004:22.

（一）减少税收：跨国公司可以利用不同国家的税制差异，通过操纵转让定价，将处于高税率国家关联企业的利润转移到处于低税率国家的关联企业，或者低报进出口货物的完税价格，以规避相关国家的海关税收，从而达到降低跨国公司所承担总体税负的目的。

（二）调整利润：通过控制内部交易的价格来影响关联企业成本或利润，例如：通过低价提供生产原料或高价收购成品等手段，减少特定关联企业的成本，提高利润；采取高价提供生产原料或低价收购成品的手法，则可以降低特定关联企业的账面利润，侵占合资、合作者的利益。

（三）控制资金：根据经营或其他方面需要，为使资金的配置更为有效，取得更高的收益，跨国公司管理者常常把控制旗下各关联公司的资金分配作为重要目标。一些国家在国内资金和外汇相对短缺的情况下，会采取限制资金转移的措施，跨国公司则可以通过转让定价方式，以高价向处于这些国家的子公司发运货物或提供劳务等，从而实现资金的转移。此外，大型的跨国企业还可以利用自身具有的较高资信等级、较强的融资能力，并利用不同地区利率和成本差的能力，通过转让定价帮助特定关联公司以低成本筹措资金。

（四）市场和经营目标：跨国公司决策部门为了增强特定关联企业或特定市场的竞争优势，以转让定价为手段，统一调配相关关联企业的资源，从而达到特定的经营目标。

此外，跨国公司还可以通过操纵转让定价，达到逃避东道国的管制、规避汇率风险以及尽快收回投资以规避风险等目的。

制定转让价格需要考虑众多的影响因素，表4-1简单列出了跨国公司为适应不同的外部环境可能会采取的转让定价倾向。

表 4-1　跨国公司实施转让定价的外部环境条件

促使母公司以转移高价向子公司提供产品，子公司以转移低价向母公司提供产品的东道国因素	促使母公司以转移低价向子公司提供产品，子公司以转移高价向母公司提供产品的东道国因素
1. 存在当地合伙者	1. 从价关税较高
2. 子公司劳工要求分享更多的公司利润	2. 税率平均水平比母国低
3. 存在国有化或没收的政治风险	3. 东道国市场竞争激烈
4. 存在外汇管制和利润汇出障碍	4. 当地融资的难易取决于子公司的信用等级
5. 政治动荡	5. 子公司的进出口额决定出口补税和退税幅度
6. 存在货币贬值风险	6. 东道国通货膨胀低于母国
7. 政府以成本为基础对最终产品价格实行管制	7. 东道国存在进口配额
8. 子公司的高利润可能吸引竞争者的进入	8. 东道国存在对最终产品的反倾销法

资料来源：何自力.跨国公司经营与管理［M］.天津：南开大学出版社，1995.

　　跨国公司的转让定价政策通常是一个综合考虑和平衡各种因素的结果。通过对自身情况和外部环境等存在的相互联系又相互制约的因素进行权衡后，根据公司的经营目标确定适合自身的定价策略，并随内外部情况变化而作出相应的调整。由于转让定价服务于跨国公司的总体战略目标，并受外部环境的影响，导致了跨国公司内部贸易中的转让定价有可能背离独立交易价格。无论跨国公司转让定价是否出于减少税负目的，只要其背离独立交易价格，就有可能造成关联企业所在国税收的流失。转让定价也就随之成为各国税务部门面临的一个非常重要的课题。

　　基于公司整体利润最大化目标而进行的避税性转让定价，是跨国公司转让定价的主要动机之一。跨国公司利用转让定价为工具实现避税,受诸多内部因素和外部因素的影响和制约。内部因素包括股权结构、公司组织结构(如:公司的决策体制是中央集权式的还是分权的,相互间信息沟通情况)、经营策略和公司的业绩评价体制等;外部因素则包括东道国市场的竞争情况、东道国的税收制度、税务部门的执法能力,东道国和投资国签订的税收协定,以及政府限制、外汇风险等。较早之前,国内外的学者就已经利用经济学定量和统计方法,对跨国公司滥用转让定价逃避税收进行许多实证方面的研究工作。就跨国公司操纵转让定价避税方面,Jacob 研究发现跨国公司内部贸易额越大,所承担的赋税就越少[1];Altshuler 和 Newlon 的研究结果表明美国的跨国公司,通过操纵其国外子公司收入以降低其承担的全球赋税[2];Grubert 等人通过研究发现在美国的外资企业所缴纳的赋税要少于美国本土企业[3]。就税制对跨国公司转让定价策略影响方面,Horst 通过建立经济学模型,提出了关联企业间制定转让定价策略与关税税率,以及与进出口国之间国内税收税率之间的关系[4];Jenkins 和 Wright 通过对美国的石油集

①　JACOB J. Taxes and Transfer Pricing Income Shifting and the Volume of Intra-firm Transfers[J]. Journal of Accounting Research,1996,24:301-312.

②　ALTSHULER R,NEWLON T S. The effects of U. S. Tax Policies on The Income Repatriation Patterns of Multinational Corporations [M]//GIOVANNINI A,HUBBARD R G,SLEMROD J. Studies in International Taxation. Chicago:University of Chicago Press,1993:77-116.

③　GRUBERT H,GOODSPEED T,SWENSON D. Explaining the Low Taxable Income of Foreign Controlled Corporations in the United State[M]//GIOVANNINI A,HUBBARD R G,SLEMROD J. Studies in International Taxation. Chicago:University of Chicago Press,1993237-276.

④　HORST T. The theory of the multinational firm:optimal behavior under differing tariff and tariff and tax rates[J]. Journal of Political Economy,1971,79(5):1059-1072.

团调查发现,处于低税率国家的子企业更具有营利性[①];Harris 等人研究发现美国的跨国公司在美国调低税率后向政府缴纳更多的税收[②];Harris 与 Morck 等人的研究结果表明美国跨国企业的税收和东道国的税率之间存在显著的相关关系[③];Clausing 等人研究了 1997 年到 1999 年美国的进出口价格数据,发现货物的出口目的国税率降低 1%,关联企业间交易较非关联企业间出口价格低 1.8%,而如果原产国的税率降低 1%,出口价格则高 2.0%[④];Bartelsman 通过实证研究得出,政府税率每增加一个百分点,将会导致税收减少 3%[⑤];Grubert 等人通过研究指出东道国的国内税和关税对于跨国公司的运营具有的重大影响,主要表现在税率对收入转移、外国投资和内部交易形式三方面[⑥]。就股权结构对跨国公司转让定价策略影响方面,Kant 检验了当跨国公司的子公司不是完全控股公司的转让定价策略,认为与完全控股公司相比,跨国公司更倾向于从低转让定价策略向高转让定价战略改变,并建立了母公司控股国外

① JENKINS G P,WRIGHT B D. Taxation of income of multinational corporations: case of the U. S. petroleum industry[J]. Review of Economics and Statistics,1975,57(1): 1-11.

② HARRIS D,KREIBEL C H,RAVIV A. Asymmetric Information, Incentive and Intra-firm Resource Allocation[J]. Management Science,1982,28:604-620.

③ HARRIS D, MORCK R, SLEMROD J. Income Shifting in U. S. Multinational Corporations [M]//GIOVANNINI A, HUBBARD R G, SLEMROD J. Studies in International Taxation,Chicago:University of Chicago Press,1993:277-308.

④ CLAUSING K A. Tax-motivated transfer pricing and US intrafirm trade prices [J]. Journal of Public Economics,2003,87:2207-2223.

⑤ BARTELSMAN E J, BEETSMA R M W J. Why pay more? Corporate tax avoidance through transfer pricing in OECD countries[J]. Journal of Public Economics, 2003,87:2225-2252.

⑥ GRUBERT H,MUTTI J. Taxes, Tariffs and Transfer Pricing in Multinational Corporate Decision Making[J]. The Review of Economics and Statistics,1991,73(2):285-293.

公司时,产成品转让定价的经济学模型[①];Gabrielsen 等人认为由于要与其他股东分享合资企业的利润,所以跨国公司倾向于通过设定较高的转让价格,向合资企业出售货物以降低其利润,跨国公司在合资公司中的股权比例越低,这种动力就越强[②]。就产品性质对跨国公司转让定价策略影响方面,Eden 认为没有外部市场价格可比照,存在无形资产的货物更有可能被操纵转让定价,比如药品[③];大卫·特洛和马克·阿特金森认为制药业、汽车业和电信业等产业操纵转让定价问题较为突出[④]。对于政府部门的行为对转让定价影响方面,Kant 研究表明,由于各国监控力度和惩罚措施的加强,跨国集团必须根据不同国家税务机关的惩罚程度,和对转让定价核查概率的大小,在利润最大与风险最小之间进行权衡,确定最优的转移定价策略[⑤⑥]。从以上文献可以看出,对跨国公司转让定价产生影响的因素,主要有母国和东道国的税收制度、子公司的股权结构、交易产品性质以及政府部门监管力度等。而且这些因素是互相影响、互相制约的。例如,乐为等人研究认为国外跨国企业向合资企业高价转让中间产品的动机强弱,与其在合资企业中所占的股份比例成反比,外方向合资企业高价转让中间产品,可以提高贸易效应,但会降低合资企业在东道国竞争中战略效应,外方进行转让定价决策时

① KANT C. Foreign subsidiary, transfer pricing and tariffs[J]. Southern Economics Journal,1988,55;162-169

② GABRIELSEN T S, SEHJELDERUP G. Transfer Pricing and ownership Structure[J]. The Scandinavian Journal of Economics,1999,101(4);673-688.

③ EDEN L. Taxing multinatinonals; transfer pricing and corporate income taxation in north America[M]. Toronto;University of Toronto,1998.

④ 大卫·特洛,马克·阿特金森.国际转移定价[M].孙晓,和广,译.北京:电子工业出版社,2002;250

⑤ KANT C. Minority ownership,deferral,perverse intrafirm trade and tariffs[J]. International Economics Journal,1995,9(1);19-37.

⑥ KANT C. Multinational firms and government revenue[J]. Journal of Public Economics,1990,42(2);135-147.

需要综合衡量这两种效应①。

　　转让定价能够优化跨国公司资源组合,实现其整体效益最大化。同时转让定价将对企业利润乃至税收的转移产生直接的影响,因此跨国公司操纵转让定价行为,会直接影响到相关国家的国内税或关税的税基。许多跨国公司利用关联关系,在商品购销、提供劳务、融通资金、设备租赁和特许经营等环节中操纵转让定价,人为地调节企业利润,规避税收,其中通过操纵转让定价,扭曲进出口货物完税价格以逃避海关税收也不在少数。出于税收公平和税收收入等方面的考虑,包括我国在内的许多国家越来越关注转让定价问题。许多国家都制定专门法规,以规范关联方之间的转让定价行为。

三、转让定价对海关税收的影响

　　利用不同国家间的税制差异,通过操纵转让定价,从而在总体上降低所承担的税负是跨国公司常用的手段。由于国家间所得税差异以及存在关税的双重影响,跨国公司往往是根据交易产品的特点、贸易方式、经营模式、市场策略、国家间的税收环境等差别,并综合考虑国内税和关税的影响来选择内部贸易货物的定价。许多学者很早之前就从理论及实证上开始进行了这一方面的研究,例如:Wu 和 Sharp 研究认为:影响转让定价选择标准的主要因素是税收制度、关税规则及跨国公司利润最大化②。Horst 从理论上提出了关联企业间,利用转让定价低于或高于独立交易价格向海关申报进

　　① 　乐为,陈洁,王顺林.在华外商投资企业股权结构与转让定价决策相关性分析[J].上海交通大学学报,2004,3:422-425.

　　② 　WU F H,SHARP D. An Empirical Study of Transfer Pricing Practice[J]. The International Journal of Accounting,1979,15(3):71-79.

口完税价格与关税税率,以及与进出口国之间国内税收税率之间的关系[①];Ghosh 和 Crain 则建立了一个数学模型,确定如何根据美国的公司所得税、国外所得税以及关税情况来制定转让定价[②];陈屹通过实证研究,分析影响我国跨国公司转让定价的因素,得出东道国与母国税率差、东道国关税税率和竞争环境等因素对转让定价的实施有着重要影响[③]。王志强和李骏利用海关数据对跨国公司与其在华子公司之间的转让定价策略进行研究,分析发现,独资企业利用转让定价逃避海关税收的可能性最大,加工程度高、知识和技术密集型的产品以及进口关税税率高的商品,更有可能被跨国公司的关联企业滥用转让定价逃避我国的海关税收,此外,出口国国内所得税税率对跨国企业转让定价策略亦有一定的影响[④]。

加入世界贸易组织后,跨国公司在我国投资迅猛增长,给我国的经济增长注入了新的活力,但其操纵转让定价逃避我国税收的问题也越来越突出。鉴于海关税收在中央财政收入的重要地位,以及对我国经济发展不可替代的保护和调节作用,有效地对跨国公司操纵转让定价行为进行管理也就成为海关面临的重要课题。虽然至2010 年我国加入世贸降税承诺已经全部履行完毕,关税总水平由2001 年的 15.3％降至 9.8％,但许多商品仍有较高的关税税率,如,2017 年小轿车最惠国关税税率为 25％,服装最惠国关税税率为16％左右等。货物进口时还由海关代征 17％(一部分货物为 11％)的增值税,而且对一些货物还要征收消费税。通过操纵转让定价可以降低跨国公司承担的海关税收,因此逃避海关税收也不可避免成

---

① HORST T. The theory of the multinational firm: optimal behavior under differing tariff and tariff and tax rates[J]. Journal of Political Economy,1971,79(5):1059-1072.

② GHOSH D,CRAIN T C. A transfer pricing decision model for multinationals[J]. The International Journal of Accounting,1993,28(2):170-181.

③ 陈屹.中国外资企业转让定价影响因素的分析[J].财经研究,2005,7:91-99.

④ 王志强,李骏.跨国公司转让定价逃避海关税收的实证研究[J].税务研究,2007,10:82-85.

为在我国投资的跨国企业制定转让定价的一个重要考虑因素。海关在工作实践中也发现许多跨国公司进口货物的转让定价低于独立交易价格，偷逃了大量的海关税收，涉及汽车、服装、机械、化工以及食品等多个行业。这也说明在进口环节，还是存在相当程度操纵转让定价，偷逃海关税收的行为。而且减少税负并非跨国公司操纵转让定价的唯一动机，只要跨国公司对于进口货物制定的转让定价低于独立交易价格，就有可能导致海关税收的流失。

第二节 海关估价与OECD转让定价相关规定之比较(一)——关于实体要件及基本原则

经济合作与发展组织(OECD)财政事务委员会领导下的一个专家特别工作小组，就转让定价问题进行了多年的深入研究，于1979年提出并正式公布了《转让定价与跨国公司》(Transfer Pricing and Multinational Enterprises)的报告，报告的主要目的是要提供普遍适用的指导方针，使之既适用于发达国家之间的转让定价，也适用于发达国家与发展中国家之间的转让定价。该报告的影响力相当广泛，其中所提出的许多规则和方法后来成为国际上通用的规则和方法。1984年OECD又公布了《转让定价和跨国企业：三个税收问题》，在这份报告中论述了三个税收问题，即相应调整问题、对跨国银行企业的征税问题和集中经营管理与提供劳务成本分摊的问题。1995年，《转让定价与跨国公司》又经补充修订并更名为《转让定价指南》公布，其后陆续又有更新。《转让定价指南》的内容不仅包括传统的有形资产、资本、劳务以及无形资产的转让范围，而且涉及全球金融交易、电子商务等新兴的贸易手段的转让定价问题。《转让定价指南》虽然不具有强制性的法律约束力，但由于其所具有的系统性、规范性和可操作性等特点,因此,不仅成为 OECD 各成员国相关税收立法与实践的重要指导性文件,而且也是许多非成员国制定转让定价规则的参考蓝本。我国税务部门在转让定价的立法和实践中也借鉴了《转让定价指南》的原则和方法。美国是最早进行转让定价调整立法的国家之一,于 1917 年就在战时收入法案中准许对关联企业的所得额和扣除额进行调整,其后经过多次修订,形成了目前国内收入法(INTERNAL REVENUE CODE,IRC)第 482 节(以下简称 IRC482 节)①,IRC482 节可以说是转让定价领域最为完善的法律之一。1979 年 OECD 公布的《转让定价与跨国公司》受 IRC482 节的影响很大,很多内容源自 IRC482 节。

对海关而言,审查跨国公司转让定价依然属于估价领域中的难点之一,而《估价协定》对于处理跨国公司转让定价问题的相关规定比较简单,在实际应用于跨国公司转让定价的评估和调整工作中尚嫌不足。《审价办法》是目前我国海关对于特殊关系企业间进出口货物价格进行审核的主要法律依据,相关规定主要体现于《审价办法》第二章第四节,但也存在同样的问题。跨国公司的转让定价策略不仅要遵守海关估价法规,同时还必须符合国内税务部门的相关规定,因此客观上也要求海关与国内税务部门将调整跨国公司转让定价所遵循的基本原则和方法相统一。越来越多的跨国企业也关注到海关与国内税务部门在转让定价方面的非协调性,所引发的企业税务风险,并提出对其进行协调整合的诉求。WCO 从 2005 年开始关注这一问题,WCO 和 OECD 于 2006 年 5 月和 2007 年 5 月在 WCO 总部布鲁塞尔联合举办了两届关于关联交易项下的转让定价和海关估价的国际会议,会议探讨了转让定价的发展趋势,转让定

---

① 实际上,美国国内收入法第 482 节只是授权税务当局调整转让定价的权力,并未规定调整原则和办法,具体的调整原则和办法由财政部制定,在本文中以国内收入法第 482 节来代称以国内收入法第 482 节为核心的美国调整转让定价的法律体系。

价策略对海关、税务和企业的长期影响，和对经济发展的潜在影响，现行的转让定价方法、海关估价方法之间的差异和协调整合可能性，以及转让定价调整对海关已接受的完税价格的影响，海关与税务机关共同参与联合预约定价安排的可操作性，和行政协调操作方面等议题。2007 年会议后，WCO 和 OECD 共同成立了一个专题小组，针对会议上所提出的议题探寻可能的解决方案，并为今后的发展提出建设性方向。专题小组的主要建议之一就是海关估价技术委员会应制定合适的指导性文件，以允许使用 OECD 所建议的转让定价方法来为《估价协定》下涉及关联交易的销售情况分析提供支持。专题小组认为，目前《估价协定》宽泛性规定为转让定价方法的融入提供了足够空间，转让定价研究可以为《估价协定》的销售环境审查提供有用的信息，从而使海关可以更好判定买卖双方的特殊关系是否影响了交易价格。2010 年 WCO 海关估价技术委员会发布了评论 23.1，其主要内容是建议海关在处理涉及关联方交易的海关估价案件中，可采用进口商提供的转让定价研究内容作为参考，但同时认为转让定价研究的证明力将由海关进行个案判断。2015 年6 月 WCO 还发布了《WCO 海关估价与转让定价指南》（WCO Guide To Customs Valuation And Transfer Pricing）。

　　《转让定价指南》与《审价办法》相关条款均对审查判定买卖双方之间的关联关系是否对交易价格造成影响，以及如何进行必要的后续调整作出相应的规定。本节和之后两节主要就《审价办法》（必要时也引入《估价协定》的相关规定）与《转让定价指南》（需要之处也引入 IRC482 节和国内税务部门的相关规定）中关于关联企业转让定价的相关规定（主要包括转让定价实体要件、基本原则、可比性分析和转让定价方法等方面）逐一比较。在《审价办法》的总体法律框架下，探索融入《转让定价指南》中的合理内涵及方法，一方面为海关审查关联交易提供可操作性强和更具透明度、统一性和确定性的方法和进路,另一方面希望能为有效协调海关与税务部门两个体系下的转让定价制度提供思路。

一、转让定价主体的比较

转让定价税收制度只适用于存在关联关系(即海关估价语境中的特殊关系,在本书中为论述方便,将关联关系视同于特殊关系,存在关联关系的企业视同于存在特殊关系的企业)的企业之间,即只有交易双方之间存在关联关系,才能纳入转让定价税制约束和调整的范围。因此判定交易双方间是否存在关联关系就非常重要。企业间存在关联关系是海关和国内税务部门不接受他们之间的交易价格,并适用转让定价法规另行调整和确定转让价格的先决条件。相关法律规定中对存在关联关系的企业(以下简称关联企业)的界定外延越大,也就是认定的标准越低,则转让定价适用的范围就越广,从适用范围的角度而言,转让定价制度就越严格;反之,相关法律规定中对关联企业的界定外延越小,也就是认定的标准越高,则转让定价适用的范围就越窄,就适用范围而言转让定价制度就越宽松。关联企业的认定在一般情况下有三大标准:其一是股权控制标准;其二是管理控制标准;其三是企业经营管理或决策人员的人身关系标准[1][2]。

《估价协定》第十五条第四款从八个方面来界定存在特殊关系的企业,而《审价办法》基本采纳了《估价协定》的规定,在第十六条做如下规定:

"有下列情形之一的,应当认为买卖双方存在特殊关系:

---

① 刘永伟.转让定价法律问题研究[M].北京:北京大学出版社,2004:14.
② 杨斌.关联企业转让定价及调整方法概述——美国和 OECD 转让定价规则比较研究之一(上)[J].涉外税务,2001,10:31.

（一）买卖双方为同一家族成员的；

（二）买卖双方互为商业上的高级职员或者董事的；

（三）一方直接或者间接地受另一方控制的；

（四）买卖双方都直接或者间接地受第三方控制的；

（五）买卖双方共同直接或者间接地控制第三方的；

（六）一方直接或者间接地拥有、控制或者持有对方5％以上（含5％）公开发行的有表决权的股票或者股份的；

（七）一方是另一方的雇员、高级职员或者董事的；

（八）买卖双方是同一合伙的成员的。

买卖双方在经营上相互有联系，一方是另一方的独家代理、独家经销或者独家受让人，如果符合前款的规定，也应当视为存在特殊关系"。

从特殊关系界定的范围上来看，基本也按照以上所说的三大标准：第（六）、（八）项的规定可以认为属于股权控制标准；第（二）、（三）、（四）、（五）项的规定属于管理控制标准；第（一）项（关于血缘和婚姻关系）和第（七）项（关于劳动雇佣关系）的规定则属于企业经营管理或决策人员的人身关系标准。

1991年颁布的《中华人民共和国外商投资企业和外国企业所得税法》及其实施细则中规定，外商投资企业或者外国企业与其关联企业之间的业务往来，应当按照独立企业之间的业务往来收取或者支付价款、费用，标志着我国在涉外税收管理中开始全面实施转让定价税制。2007年颁布的《中华人民共和国企业所得税法》和《中华人民共和国企业所得税法实施条例》，标志着内外资企业所得税的最终统一。2009年1月，国家税务总局又颁布《特别纳税调整实施办法（试行）》[以下简称《特别纳税办法》，国税发（2009）2号文]，对企业所得税法及其实施条例中有关反转让定价避税的规定进行了解释和细化，为反避税操作管理提供了较完善的法律依据。

《中华人民共和国企业所得税法实施条例》的第一百零九条对"关联方"具体规定为,与企业有下列关联关系之一的企业、其他组织或者个人:(1)在资金、经营、购销等方面存在直接或者间接的控制关系;(2)直接或者间接地同为第三者控制;(3)在利益上具有相关联的其他关系。《特别纳税办法》对上述关系进行了补充解释:"所得税法实施条例第一百零九条及征管法实施细则第五十一条所称关联关系,主要是指企业与其他企业、组织或个人具有下列之一关系:

(1)一方直接或间接持有另一方的股份总和达到 25% 以上,或者双方直接或间接同为第三方所持有的股份达到 25% 以上。若一方通过中间方对另一方间接持有股份,只要一方对中间方持股比例达到 25% 以上,则一方对另一方的持股比例按照中间方对另一方的持股比例计算。

(2)一方与另一方(独立金融机构除外)之间借贷资金占一方实收资本 50% 以上,或者一方借贷资金总额的 10% 以上是由另一方(独立金融机构除外)担保。

(3)一方半数以上的高级管理人员(包括董事会成员和经理)或至少一名可以控制董事会的董事会高级成员是由另一方委派,或者双方半数以上的高级管理人员(包括董事会成员和经理)或至少一名可以控制董事会的董事会高级成员同为第三方委派。

(4)一方半数以上的高级管理人员(包括董事会成员和经理)同时担任另一方的高级管理人员(包括董事会成员和经理),或者一方至少一名可以控制董事会的董事会高级成员同时担任另一方的董事会高级成员。

(5)一方的生产经营活动必须由另一方提供的工业产权、专有技术等特许权才能正常进行。

(6)一方的购买或销售活动主要由另一方控制。

(7)一方接受或提供劳务主要由另一方控制。

（8）一方对另一方的生产经营、交易具有实质控制，或者双方在利益上具有相关联的其他关系，包括虽未达到本条第（一）项持股比例，但一方与另一方的主要持股方享受基本相同的经济利益，以及家族、亲属关系等。"

与《审价办法》相比，《特别纳税办法》特别列出了技术、经营和劳务的依赖标准［如第（五）、（六）、（七）项的规定］；还将股权控制的标准提高到了 25%。

IRC482 节规定："任何两个或两个以上的组织、交易单位或工商企业（不论是否组成公司、不论是否在美国组建、也不论是否存在从属关系），被同一利益集团直接或间接拥有或控制的任何情况下，如果财政部部长决定，为了防止逃税或清楚反映这些组织、交易单位或工商企业的所得，在这些组织、交易单位或工商企业之间划分、按比例分配或划归总所得、扣除额、抵免额或免税额，是必要的，那么他就可以进行这样的划分、按比例分配或划归。……"[①]条文中判断关联企业的标准就是是否存在："owned or controlled directly, or indirectly by the same interests."即，是否直接或间接由同一利益集团拥有（owned）或控制（controlled）。因此在执法过程中，对于关联企业判别的焦点关键在于是否存在实质性的拥有或控制。根据美国《国内收入法典》的解释，其"控制"是指：包括任何种类的控制，直接或间接，不论是否具有法体上的约束力、是否能够实施或如何实施，也不论其实施的方式或形式；如收入或扣除额若有任意转移现象者，应推定其的控制关系。由于美国法律体系的基础是普通法，而普通法的基本形式是判例法，其基本原则是"遵从前例"，即法官

---

① 原文为"In any case of two or more organizations，trades，business（whether or not incorporated，whether or not organized in United States，and whether or not affiliated）owned or controlled directly, or indirectly by the same interests……"。翻译参阅杨斌. 国际税收［M］. 上海：复旦大学出版社，2003.

在审判中应该遵守以前同类案件中法官判决所确立的规则。在司法实践中,要求法官努力在一系列判例中找出一般性法律规则,以及理解和适用这些规则的最佳途径。从美国判例以及实践来看,实质性控制是进行关联企业审查的重点,虽然对关联关系的界定基本也是以股权、管理控制和人身关系为标准,但又有所扩大,例如采纳了权益保留以及所得转移等标准。《OECD 税收协定范本》中第九条(关于连属企业)的规定如下:"当(1)缔约国一方企业直接或间接参与缔约国另一方企业的管理、控制或资本,或者(2)同一人直接或间接参与缔约国同一方企业和缔约国另一方企业的管理、控制或资本。在上述任何一种情况下,两个企业之间的商业或财务关系不同于独立企业之间的关系。因此,任何利润本应由其中一个企业取得,由于这些情况而没有取得的,可以计入该企业的利润内,并据以征税。"①其对关联企业的规定比较原则,也主要以管理、控制或资本为判别标准。许多国家都将是否存在控制作为判定关联企业的基本标准之一,除了关注股权控制,还十分注重审查非股权控制。对于非股权控制一般从管理权、人事权以及资金、技术和劳务等生产经营要素方面的控制程度进行审查。

从以上比较可以看出,海关关于关联企业的认定与 IRC482 节以及《OECD 税收协定范本》的有关规定相比,在一些条款上〔如《审

---

①　原文为"Associated Enterprises:Where a) an enterprise of a Contracting State par-ticipates directly or indirectly in the management, control or capital of an enterprise of the other Contracting State, or b) the same persons partici- pate directly or indirectly in the management, control or capital of an enterprise of a Contracting State and an enterprise of the other Contracting State, and in either case conditions are made or imposed between the two enter-prises in their commercial or financial relations which differ from those which would be made between in-dependent enterprises, then any profits which would, but for those conditions, have accrued to one of the enter-prises, but, by reason of those conditions, have not so accrued, may be included in the profits of that enterprise and taxed accordingly. "

价办法》第十六条中的(一)、(二)、(六)、(七)、(八)等项]规定更为详尽、具体,可操作性也更强。但第(三)、(四)、(五)项规定的管理控制标准,却缺乏明确的界定,如何判定一企业对另一企业实施了"控制"是实际工作中常常遇到的难题之一。《估价协定》的解释性说明对"控制"作了如下说明:就本协定而言,如一人在法律上或经营上处于限制和指导另一个的地位,则前者应视为控制后者。《审价办法及其释义》认为"控制"是指有权决定一个企业的财务和经营决策,并能据此从该企业的经营活动中获取利益的某种地位[①]。通常可以通过拥有一定比例表决权资本,签订相关协议或其他方式达到控制的目的。WCO估价技术委员会的解释性说明4.1是有关独家代理商、独家经销商及独家分销商的说明,其同时也对如何判断控制关系提出指导意见。解释性说明4.1认为在买卖双方中一方是另一方的独家代理、独家经销或者独家受让人的情况下:如果卖方的产品在进口国市场后很受欢迎,卖方在商业谈判中将占有优势,在合同的条款上,对独家代理人的条件就会偏重按照他的意愿制订,同时也不可避免地造成货物价格偏高;如果买方在赢利性市场上拥有众多的分销商、销售商和服务网点,则买方在谈判过程中对合同条款和对供应商的要求就会产生更大的影响,卖方可能愿意接受稍低一点的价格以获取进口商庞大的分销和销售体系;如果情况介于上述两种极端的情况之间,买卖方在商业谈判过程会处于较为平等的地位。以上均属于商业上的正常情形,而且只要双方可以自由协商、自由签订协议,根据协议所分配地权利和义务是双方在法律上可以实施的,则不能据此判定双方存在特殊关系。解释性说明4.1还进一步指出,关键要考察合同中的具体条款,将其与通常货物的国际买卖和分销有关的权利和义务相对照,并审核相关条款

---

① 海关总署关税征管司.审价办法及释义[M].北京:中国海关出版社,2006:105.

是否会导致买卖双方之间形成跟第十五条第四款第五段一致的契约性的权利和义务关系,即协议相关条款是否有牵涉到买卖双方中的一方对另一方的经营管理活动的基本方面进行控制与指挥的地位。WCO 估价技术委员会的案例研究 9.1 和 11.1 虽然也是关于在买方是卖方独家代理、独家经销或者独家受让人情况下,如何判定双方是否存在特殊关系的文件,但其判定交易双方是否存在特殊关系则主要是从"控制"的角度入手,通过买卖双方在交易过程中所承担的职能、所具有的权利以及法律地位来判断双方是否存在特殊关系。案例研究 9.1 和 11.1 也反映了 WCO 估价技术委员会对于"控制"所持的立场和观点。在案例研究 9.1 中,WCO 估价技术委员会认为,由于买卖双方之间签订的独家销售与独家经营协议,与商业惯例是一致的,买方是一个独立法律实体,拥有购买货物的所有权,并承担货物离岸后的运输风险和国内后续销售中买方不付款的风险,因此买卖双方不存在特殊关系。而在案例研究 11.1 中,WCO 估价技术委员会认为,通过买卖双方签订的销售、服务以及分销协议,卖方处于对买方经营的若干基本方面进行指挥和控制的地位(例如,管理职位的确定、所有权和选票分配以及经营场所位置的确定)。由于卖方有能力直接或间接控制买方,因此买卖双方存在特殊关系。随着跨国企业通过操纵转让定价避税行为日益严重,以及手段日益多样化,各国的税法中对于关联企业的界定方面也着重关注企业相互之间在经营管理上的影响程度,而不仅限于协议及交易的外在表现形式。美国税法中对关联方的认定标准,可以认为是实质重于形式原则的具体应用,而且这一原则逐渐为更多国家所接受。对于控制的判断,关键在于是否有证据表明一方在法律上或实际经营、交易过程中处于指导或限制另一方的地位。当然由于实际交易安排的多样性,是否存在"控制"关系在很大程度上还应根据个案的具体情况来作出判断。

二、转让定价客体的比较

《特别纳税办法》第十条列明关联交易主要包括四种类型：有形资产的购销、转让和使用，无形财产的转让和使用，劳务提供和融通资金。即，转让定价客体主要涉及有形资产、无形资产、劳务和资金。《转让定价指南》以及 IRC482 节相关规定对转让定价所涉及的客体规定基本与此一致。相对而言，海关估价所涉及的客体范围却要小得多。由于关税的征收对象是进出口货物和物品，针对的是有形货物，如商标、专利等无形财产本身并不都属于海关征管的对象。只有无形财产与进出口货物的制造、销售、使用有关，直接或间接构成了有形货物价值的一部分，才有可能成为海关征管及估价涉及的对象。例如，根据《审价办法》第十一条规定："以成交价格为基础审查确定进口货物的完税价格时，未包括在该货物实付、应付价格中的下列费用或者价值应当计入完税价格：……（三）买方需向卖方或者有关方直接或者间接支付的特许权使用费，但是符合下列情形之一的除外：1. 特许权使用费与该货物无关；2. 特许权使用费的支付不构成该货物向中华人民共和国境内销售的条件。"即，特许权使用费与进口货物有关，并构成进口销售条件的情况下，才构成完税价格的一部分。劳务和资金通常不属于海关税收征管的范围。

三、转让定价判断及调整基本原则的比较

《转让定价指南》中明确主张转让定价的判断和调整必须遵循独立交易原则，并将独立交易原则定义为："OECD 成员国所认可的，基于税收角度确定转让价格的国际标准。《OECD 税收协定范本》第九条体现了这一原则，其表述为：如果'两个企业之间商业或财务关系的构成条件不同于独立企业之间商业或财务关系的构成

条件,并且由于这些条件的存在,导致其中一个企业没有取得其本应取得的利润,则可以将这部分利润计入该企业的所得,并据以征税'"。即,独立交易原则指关联企业间交易的利润分配,应与非关联企业之间在公开市场上相同或类似情况下从事相同或类似交易可能产生的利润分配相一致。相应地,符合独立交易原则的价格则应该是非关联企业之间在相同或类似交易中所能达成的价格。这主要是由于经济学的一项重要假定:一个独立的经济利益体不会无缘无故让利于另一个独立经济利益体。虽然在市场竞争中由于生产技术、资本、信息和自然禀赋等因素的不同,非关联企业之间的交易会出现一些不公平的分配现象,但不会出现收入和费用的人为转移,而且市场竞争会趋向于自发地对这些不公平分配进行调节,这也是与市场经济和市场竞争的理论及实践相契合的。市场竞争是市场经济的基本特征,通过竞争实现生产要素的优化配置。市场竞争的基本模式是竞争主体在独立、平等竞争的基础上,追求利润的最大化。在市场经济条件下,公平交易应满足以下几点:(1)交易主体的相互独立性。主要体现为利益的独立性;(2)交易主体的利润追求性。企业对利润的追求,才符合利润最大化这一市场竞争特点;(3)交易主体的地位平等性。交易主体地位平等是公平竞争的前提与保证,公平的价格是交易公平的体现。[①] 因此当非关联企业间进行交易时,其商业及财务关系上的状况是由市场力量所决定的。一项关联企业间交易的定价,与独立企业间在相同或类似条件下交易的定价相近时,这项关联交易就符合独立交易原则。独立交易原则就是要求跨国公司将参与内部交易的各关联企业视为各自在财务、资本、经营上完全独立的企业,并按照无关联企业之间业务往来的方式和条件,来从事它们之间的内部交易。即,独立交易原

---

① 刘永伟.转让定价法律问题研究[M].北京:北京大学出版社,2004:26.

则将各关联公司看成是独立存在的经济实体,关注关联方之间交易的经济实质,如果其交易的经济实质不同于独立企业间的实质,在税法上则不具备正当性,需要根据转让定价税制进行调整。独立交易原则实际也是税收公平原则的一种体现,其主旨是让关联企业交易和非关联企业交易享受同等的税收待遇。如果关联企业之间交易所商定的价格,不能正确反映市场力量和独立交易原则时,这些企业的纳税义务及其所在国的税收均会受到扭曲。独立交易原则为关联企业和独立企业提供了同等的税收待遇,消除跨国公司利用转让定价,达到减少税收负担的目的,同时也避免国际经济活动主体出于税收方面的考虑而进行扭曲的商事活动形式的选择。因此,独立交易原则可以认为是公平税负原则在转让定价领域中的运用,有利于保障公平平等的税收环境,保证独立公司(非关联公司)能和跨国公司一样得到同等的税收对待,进而维护平等的竞争环境。IRC482 节也认为,独立交易价格是非关联企业之间在类似情况下所同意的价格。税务机关对关联企业间交易进行调整的前提,是关联企业间交易价格是否符合独立交易原则,如果不符合独立交易原则时,才对关联企业间交易价格进行调整,如果符合独立交易原则,则不必进行调整。对关联企业间转让定价进行审查时,运用独立交易原则,关键就是力图通过寻找独立企业间可比交易中可能形成的价格或利润,并将其与关联交易的对应指标进行对照比较,以此作出判断或进行必要的调整。

《审价办法》中第八条规定,只要符合四个条件的货物出口销售至进口国,并进行调整后的实付或应付的价格就可以作为海关的完税价格,其中一个条件就是买卖双方之间没有特殊关系,或者虽然有特殊关系但是按照《审价办法》第十七条、第十八条的规定未对成交价格产生影响。《审价办法》的第十七条中规定买卖双方之间存在特殊关系,但是纳税义务人能证明其成交价格与同时或者大约同时发生的下列任何一款价格(也就是通常所称的"测试价格")相近的,应当视为特殊关系未对进口货物的成交价格产生影响:第一,向境内无特殊关系的买方出售的相同或者类似进口货物的成交价格;第二,根据倒扣价格估价方法确定的相同或类似货物的完税价格;第三,根据计算价格估价方法的规定确定的相同或类似货物的完税价格。也就是特殊关系企业交易价格与"测试价格"(即相同或类似进口货物的完税价格)非常接近,就可以认为特殊关系没有影响成交价格,即不存在操纵转让定价行为,海关可以接受该成交价格作为完税价格。《审价办法》的第十八条规定:"海关经对与货物销售有关的情况进行审查,认为符合一般商业惯例的,可以确定特殊关系未对进口货物的成交价格产生影响"。该条款实际就是《估价协定》中的"销售环境测试",如买方和卖方有特殊关系,则可以审查围绕销售相关的商业情况,以确定特殊关系是否对成交价格产生影响。从以上规定可以看出,《审价办法》虽然没有明确提出独立交易原则,但其对可接受的作为完税价格基础的特殊关系企业间成交价格的具体规定(即《审价办法》第十七条和第十八条的规定),实质上也体现了独立交易原则的精神。就海关估价角度而言,海关可接受的关联企业间交易的成交价格,应是非关联企业之间在公开市场上相同或类似情况下从事相同或类似交易可能会同意的价格。因此,符合海关估价要求的成交价格,是以买卖双方之间的销售价格为基础的,同时要求该销售价格是在独立、公平条件下形成的,买卖双方从自身的利益出发,在自愿、公平、等价有偿的原则下进行交易的。《审价办法》关于特殊关系的估价原则与《转移定价指南》中的独立交易原则的基本理念,都认为可接受的关联企业之间交易价格,应该是在正常商业交易过程中,并受到充分竞争的市场因素所作用而形成的价格,而没有受到交易双方关联关系的影响。

从以上比较可以看出,《审价办法》与《转让定价指南》关于实体要件以及调整的基本原则虽然在具体表述以及界定的范围上略有差异,总体上基本是一致的,这就为调整方法上的借鉴提供了共同的基础。

第三节	海关估价与OECD转让定价相关规定之比较(二)——关于可比性分析

判定关联关系是否对交易价格造成影响的方法,就是将该项交易与可比的非关联方之间的交易进行比较。独立交易原则是转让定价税制的核心,转让定价调整方法则是对独立交易原则的具体应用,而可比性分析则可以看作是联系独立交易原则与转让定价方法之间的桥梁,因此转让定价的可比性分析至关重要。《转让定价指南》在运用独立交易原则的指导原则部分中就指出:"独立交易原则的应用,通常建立在对关联交易中的条件和独立企业之间交易的条件进行比较的基础上。为使这种比较行之有效,所要比较的交易条件的相关经济特征必须充分可比。"①因此,必须充分考虑影响可比性的因素,并在此基础上选用最合理的转让定价方法,对关联交易进行转让定价合规性判断(即判断特殊关系是否影响成交价格)及后续调整。在实际贸易中,找到与关联交易完全相同的非关联交易几乎是不可能的。确立可比性时,作为可比的非关联交易不必与关联交易完全相同,只要足够相似或者可以通过调整而不会对比较的指标(如价格或利润率)产生影响。即,交易可比,意味着相比较的交易之间存在的差别不会对所比较的指标(价格或利润等)产生实

---

① 经济合作与发展组织.跨国企业与税务机关转让定价指南(2010)[M].国家税务总局国际税务司,译.北京:中国税务出版社,2015:10.

质性影响,或者能够通过相应的调整,消除由于差别而带来的影响。可比性是判断转让定价合规性及后续调整的核心要素之一。即,判断关联交易之间转让定价是否符合独立交易原则,以及进一步对转让定价进行调整,都需要以可比非关联交易作参照,而且关联交易与非关联交易的可比性程度,直接影响判断及调整的可靠性。正是可比性使得独立交易原则与遵循这一原则的转让定价调整方法得以有机结合起来。以下就《转让定价指南》关于可比性的论述及其在转让定价方法中的应用,与《审价办法》在相应方面规定进行的比较。

一、《转让定价指南》与《审价办法》有关可比性规定的比较

确认一项关联交易是否符合独立交易原则,应将这项交易价格或利润,与非关联交易在可比环境中从事可比交易,实现的价格或利润进行比较。《转让定价指南》在论述独立交易原则部分详细列出了决定可比性的五个方面因素:第一,资产或劳务的可比性,对关联与非关联交易中转让的资产及劳务具体特征进行比较;第二,功能可比性,对在关联与非关联交易中企业进行经济方面的主要活动和所承担责任的比较;第三,合同条款的可比性,对影响关联与非关联交易结果的重要合同条款(直接或间接决定责任、风险和收益,在交易各方间划分的相关条款)进行比较;第四,经济环境的可比性,对关联与非关联交易所处的市场环境进行比较,企业运作市场的不同,对交易价格也会产生影响;第五,商务策略的可比性,由于转让定价有时是作为实现商务策略(包括新产品开发、市场开拓以及风险规避等)的一个手段,不同的商务策略会影响到企业对产品的定价。《审价办法》中没有明确提及可比性分析的概念,但可比性的理

念却蕴涵于相关条款之中,在相关估价方法中,主要集中考虑以下几个方面的可比因素:第一,货物的可比性,使用相同或者类似货物成交价格估价方法,以及倒扣价格估价方法要求采用相同或类似货物的成交价格以及其境内第一销售环节销售的价格,使用倒扣价格估价方法或计算价格估价方法时,要求采用同等级或者同种类货物通常的利润和一般费用;第二,时间的可比性,对于相同或类似成交价格法而言,要求应与被估价货物同时或大约同时进口销售;对于倒扣价格估价方法,则要求在与被估价货物进口的同时或大约同时在境内销售;第三,进口数量、商业水平的可比性,不同数量、不同商业水平下的交易均可能会对价格产生影响,在运用测试价格方法(即《审价办法》第十七条的规定)和使用相同或者类似货物成交价格估价方法时,均要求考虑进口数量和商业水平因素。此外,在其他一些条款中也体现了对可比性的要求。以下就《转让定价指南》和《审价办法》对可比性的相关规定进行具体比较。

(一)关于资产或劳务的特征

《转让定价指南》认为,资产和劳务具体特征的差异,往往是造成其在公开市场中价格差异的主要原因;同时指出在进行价格比较时,资产特征的相似性最为重要。有形资产应重点考虑该资产的物理特征、质量、可靠性、可获得性和供应量;无形资产应考虑交易的形式、资产类型、受保护的期限和程度,以及使用该资产的预期利益。《审价办法》第十九条至第二十四条(关于相同、类似成交价格方法以及倒扣价格方法的条款)规定,应使用相同或类似货物的成交价格,或其在境内第一销售环节销售的价格。《审价办法》中相同货物是指与进口货物在同一国家或者地区生产的,在物理性质、质量和信誉等所有方面都相同的货物,但是表面的微小差异允许存在。类似货物是指,与进口货物在同一国家或者地区生产的,虽然不是在所有方面都相同,但是却具有相似的特征,相似的组成材料,相同的功能,并且在商业中可以互换的货物。可以看出,对于相同和类似货物的规定同时考虑到有形资产方面(如:组成材料、物理特性等)以及无形资产方面(如:信誉)。《审价办法》第二十一条还规定货物由于数量水平存在差异,并对价格产生影响,则应进行必要的调整。

(二)关于经济环境

《转让定价指南》认为即使是相同商品或劳务的交易,独立交易价格也会因所处市场的不同而产生差异。与市场可比性有关的因素主要包括市场地理位置、市场大小、竞争程度以及买卖双方的地位、替代品的可获得性、商品供求水平以及消费者购买力、运输成本、交易时间、市场规则等等。《审价办法》中对于经济环境相关的规定主要体现在四个方面:(1)在第二十七条规定不能使用的估价价格中,要求不能使用货物在出口地市场的销售价格,以及出口到第三国或者地区的货物的销售价格等,这主要考虑到出口商会针对不同市场的情况采取不同的定价。由于不同的市场导致独立交易价格的不同,通过规定应采用针对相同市场的销售价格,以确保经济情形的可比;(2)第八条中规定出口商对货物转售地域的限制不会影响成交价格的适用,这也是考虑到出口商对于不同销售地市场实施差别价格是符合商业惯例的通常做法;(3)对于相同或类似成交价格法,要求应与被估价同时或大约同时出口销售;对于倒扣价格估价方法,则要求在与被估价货物进口的同时或大约同时在境内销售;(4)使用相同或者类似货物成交价格估价方法时,应考虑运输距离和运输方式的不同而在运输成本和其他费用方面产生的差异。

(三)关于经营策略

经营策略包括企业创新和新产品的开发、多元化经营程度、风险规避以及市场渗透计划等,多方面影响企业日常经营的因素。

《转让定价指南》指出,当税务机关在评价企业提出的经营策略时,应从多个方面进行审查:考察交易各方的行为,以确认是否与所声称的经营策略相一致;考虑交易各方关系的性质是否与纳税人承担的经营策略成本相一致;能否合理预期执行所采用的经营策略,将产生足够的回报,从而说明由于实施该策略产生成本的合理性,以及交易相关方愿意损失一段时间内可能获得的利润。《估价协定》解释性说明中关于第六条注释指出,如生产商能够证明由于特殊商业情况而使销售进口货物利润低,则应考虑生产商的实际利润数额,只要生产商能证明低利润是合理的,且生产商的定价政策可反映有关产业部门通常的定价政策。此外,《估价协定》一般介绍性说明中认为完税价格应依据商业惯例的简单和公正的标准,而且认为"估价程序不应用于反倾销"。倾销是指在正常贸易过程中,进口产品以低于其正常价值的出口价格进入市场,是出口商为占领进口国市场、促销产品、打击其他竞争者等原因,而故意降低价格的行为。倾销也可以认为是一种经营策略,与市场渗透计划有类似之处。在没有其他限制条件的前提下,倾销价格符合海关估价中的成交价格条件,是能够为海关接受的。以上这些规定均可以看出符合商业惯例的经营策略也是海关在估价实践中予以考虑的因素。

(四)关于功能分析以及合同条款

《转让定价指南》认为在两个独立企业之间的交易中,其补偿通常反映出每个企业发挥的功能,同时还指出需要确认并比较的功能包括生产、加工组装、研发、劳务、采购、分配、营销、广告、运输、融资以及管理等诸多方面。当然,只有对交易相关方具有经济意义的功能才是重要的。在进行功能分析时,还应考虑相关方使用的资产和承担的风险。交易各方发挥的功能将在一定程度上决定各方风险的分担,同时在独立交易中,交易各方会倾向于承担自身能够控制的风险。功能分析是对关联企业在关联交易中所承担的功能(考虑所使用的资产和承担的风险)与独立企业在可比的非关联交易中所承担的功能进行的分析,主要是企业进行经济方面的主要活动和承担的责任。通过对关联企业与独立企业的主要经济要素进行比较,从中寻找差异,再确定这些差异对其价格制定的影响程度,为判断转让定价的合规性及后续调整奠定客观的基础。对于单笔交易而言,由于交易的主要合同条款直接或间接通常决定了职责、风险以及收益在各交易方分配的结果,并进而对交易价格或者利润产生影响。因此合同条款也可以认为属于功能分析的一部分。《审价办法》的第十七条和第二十一条均提出应考虑交易的商业水平,一般而言进口商的商业水平会通过进口商的卖方(即出口商),以及进口商的国内客户反映出来。在整个交易链条中,进口商所处的位置一定程度上反映出他承担的功能。从最初生产到最终消费之间一般需经历以下商业流程:生产商→批发商→零售商→消费者(其中批发商还有可能存在多个层级)。正常情况下,货物每向下移动一级,其价格都要加上上一级对应的利润水平,也就意味着同一商品在不同的商业水平上价格会是不同的。《审价办法》的第二十四条规定使用倒扣价格估价方法时,其扣减项应包括:"同等级或者同种类货物在境内第一销售环节销售时,通常的利润和一般费用(包括直接费用和间接费用)以及通常支付的佣金",这实际就包含了两种情况:一种是利润和一般费用被扣除的情况,适用的是通常情况下进口商先去购买进口货物之后再在国内转售的情况;另一种是佣金被扣除的情况,一般适用的是进口商充当的是佣金代理商的角色。正如 WCO 估价技术委员会评论 15.1 所言:"协定(指《估价协定》)第五条只规定了或者扣减佣金,或者扣减利润和一般性费用,但始终没有明确扣减的标准。处理此类问题,协定在序言中曾指出完税价格应建立在与贸易惯例相符的简单、公平的基础上,因此进行佣金的扣减,通常发生在被估货物在进口国以代理/佣金为基础已经或将发生的销售中,而利润和一般性费用的扣减,通常发生在不含佣金的交易中"。由于进口商的职能、承担的风险以及制定政策权力的不同,在类似的商业环境下,佣金与利润和一般费用的数额通常是不同的,也就意味着进口商角色不同,承担的功能不同,那么所应扣除的金额是不同的。上述这些规定实质上也就是认为企业发挥的功能不同,导致同一货物交易价格上是有差别的,只不过没有明确说明导致价格不同的原因是企业承担的功能不同。也应该看到,《审价办法》中的功能分析相对简单,主要侧重于考虑相关方所处的商业水平,以及在交易中是作为买方或卖方,还是作为代理方。而《转让定价指南》对于功能分析则更全面及详尽,从生产制造、产品设计、各级采购、仓储运输、批发销售以及零售等整个供应链的视野对企业的功能进行考察。

二、《转让定价指南》中可比性分析特点及其对海关估价的借鉴意义

从上述比较可以看出,虽然《审价办法》没有专门的条文对可比性进行规定,但在涉及估价方法的相关条文中,对各估价方法在实际应用时应注意的重要可比要素做了详细的论述,而且《转让定价指南》列出五个决定可比性的因素在《审价办法》相关条文中均有反映。这就为海关估价中借鉴《转让定价指南》的可比性分析提供了基础。通过对比论述,还可发现《转让定价指南》中可比性分析与《审价办法》的相关规定相比,存在以下差异。

(一)《转让定价指南》与《审价办法》在审查对象的着眼点存在不同。

从以上对可比性要求的比较分析中可以看出,虽然《审价办法》与《转让定价指南》对转让定价的判断和调整都遵循独立交易原则,

但它们审查的着眼点却有很大的不同。《转让定价指南》着眼于企业为考察对象,通过审查其承担的职能、采取的商业策略、面临的外部商业环境等要素,在此基础上以一个时间段内的关联交易情况作为一个整体,考察其转让定价是否符合独立交易原则,并决定是否需要进行相应调整以及如何进行调整。由于跨国公司的内部贸易常常涵盖了生产经营过程中的原材料、零部件、中间产品、制成品和机器设备等有形货物,以及专利、商标等无形货物的国际交易。为了自身利益的最大化,跨国公司对内部贸易的价格确定、货物流向乃至数量安排都有一个总体上的规划,跨国公司的转让定价也是服务于这样一个总体策略。转让定价的制定既取决于跨国公司的整体经营运作模式,也取决于相关企业在跨国公司中所处的地位,以及所扮演的角色。各关联公司都服务于共同的政策和目标,关联公司之间的交易也与独立公司之间的交易在形式乃至实质上均有可能存在差别。而且跨国公司通常是从企业整体经营策略的角度来规划一个时间段内的转让定价的,而非逐次交易分别确定。在许多情况下,从交易相关的关联企业,甚至于跨国公司整体的角度来考察转让定价是否符合独立交易价格,比局限于单次交易层面来考察更为科学和合理。

《审价办法》则侧重于从每笔具体交易为基础,对货物进行审核,考察的是每批次关联企业间交易货物进口申报价格,是否偏离独立交易价格并因此对进口关税产生影响。《审价办法》并没有关于可比性分析的总体说明,只是在条文中列明使用相关估价方法时对可比性的具体要求(例如:按照相同或者类似货物成交价格估价方法的规定审查,确定进口货物的完税价格时,应当使用与进口货物同时或者大约同时向中华人民共和国境内销售,且与该货物具有相同商业水平以及进口数量基本一致的相同或者类似货物的成交价格;使用倒扣价格估价方法时,境内的销售价格应是该货物进口的同时或者大约同时,将该货物或者相同,或者类似进口货物在境内销售的价格,应当扣除利润和一般费用或佣金,应该是同等级或者同种类货物在境内第一销售环节销售时产生的通常利润和一般费用,以及通常支付的佣金)。其考虑的可比因素较《转让定价指南》要简单。这主要是由于在通常情况下,海关是以单笔交易为基础,对关联企业转让定价进行审核。如果对所有可比因素进行分析,则海关审查范围将不仅限于该项交易本身,还需要扩展到参与交易的企业,这将不可避免需要耗费更多的行政资源和审查时间。《审价办法》采取这种规定方式,力图通过对相应估价方法产生主要影响的可比性方面进行审查,在获得具有足够可比性价格数据的同时,一定程度上简化可比性分析。

(二)《转让定价指南》中对于可比因素及相关应用的论述更为系统和全面。

《转让定价指南》中不仅对决定可比性的五种因素进行详细论述,并指出每种因素在确定可比性中所起作用的程度,取决于关联交易的性质和所选用的定价方法,而且还就各转让定价方法对可比性要求,以及可比性因素对方法具体应用的影响进行了深入的讨论。在选择使用调整方法时,应注意到不同可比因素对不同调整方法的结果影响程度不同,例如:再销售价格法和成本加成法的可靠性,很大程度上依赖于关联与非关联企业在发挥功能和承担风险方面的可比程度;再例如,管理效率对于交易净利润法的影响要比可比非受控价格法大得多。根据《审价办法》关于估价方法的论述方式可以看出,一般只有取得符合规定的可比条件数据,才能使用某一估价方法。由于转让定价的复杂性,符合规定的可比非关联交易价格数据并不容易直接获得,因此往往需要求助于合理方法,也就是放宽前四种估价方法的条件来寻求可使用的非关联交易数据。虽然 WCO 海关估价委员会咨询性意见 12.2 认为:"如果按第七条可以使用几种可接受的方法来确定完税价格,应该遵循先后顺序"。但由于可比性的各要素对不同方法的影响是不相同的,选择顺序靠后的方法获得的数据也许更符合独立交易原则。可比性分析在转让定价管理中扮演着至关重要的角色,它不仅决定了各种转让定价方法使用的优劣顺序,而且直接影响比较判定和调整结果的可靠性。判定关联交易是否符合独立交易原则,要以非关联交易的数据为基准进行比较判定,其可靠程度取决于两种交易之间的可比程度。因此,为选择更可靠的方法,获得更具可比性的数据,海关在处理转让定价问题过程中,有必要借鉴考虑《转让定价指南》中对于可比因素在转让定价方法中的具体应用的相关规定。但也应注意,《转让定价指南》对可比性的要求更全面,得到的结果自然会更准确,同时也必然要求获得更多相关的信息,实际操作中也会更复杂、烦琐。

(三)功能分析在《转让定价指南》所提供的传统交易方法应用中占有重要的地位。

可比非受控价格法强调要考察商业功能对价格的影响,再销售价格法和成本加成法中对于扣除或加成的利润,则很大程度上取决于交易企业在整个供应链中所处的地位、所履行的职能以及所承担的风险。在美国的森斯特兰诉税务局长案件中,森斯特兰公司与美国国内收入署之间重要分歧之一就是美国国内收入局认为森斯特兰公司的海外子公司森派克公司在功能上只是承包制造商,但它获得了远高于通常承包制造商的利润[①]。晚近的美国葛兰素史克案件中,美国葛兰素史克公司认为自己只是一个分销商,在确定利润时应使用再销售价格法,而美国国内收入署认为美国葛兰素史克公司

---

① 吉尔·C.佩甘,J.斯科特·威尔基.全球经济中的转让定价策略[M].国家税务总局税收科学研究所,译.北京:中国财政经济出版社,1997:77.

是全职子公司,而其海外母公司仅为合约制造商,不能拿走大部分利润,因此只能通过成本加成法拿到符合独立交易原则的利润[①]。由此可见,功能分析在税务部门处理转让定价过程中发挥重要作用。通过功能分析,税务部门可以有效地揭示出关联交易的性质与特性,从而有利于选择最适合采用的转让定价方法。在实际判定以及调整转让定价的过程中,能直接进行价格对比的情况是很少的,绝大部分情况下是进行利润或利润率的比较。在市场经济条件下,企业在生产经营活动中发挥类似的功能而得到的补偿趋于近似,也就是获得的利润率将会相近。因此在进行利润率比较时,通过功能分析能够有效分析并判断关联交易与非关联交易之间的可比程度。《审价办法》中各估价方法对于功能分析方面的考虑则相对要简单得多。

如上所述,海关估价借鉴《转让定价指南》中的可比性分析(特别对企业承担的功能进行分析),以企业为审查单元,并在可比性分析的基础上选择最适当的转让定价方法,对解决复杂的转让定价问题将很有帮助。

第四节　海关估价与OECD转让定价相关规定之比较(三)——关于转让定价方法

转让定价方法(也可称为调整方法)既是供税务机关对关联企业交易进行转让定价调整时使用的,也可供跨国公司制定内部交易转让定价时参考使用。这也是许多国家制定转让定价法规的目的

---

① 贺连堂,王晓悦,孙毅敏.美国葛兰素史克公司转让定价案分析[J].涉外税务,2007,10:61.

之一。就《审价办法》中的估价方法与《转让定价指南》转让定价方法做一对比,对在审查关联企业转让定价的实际工作中合理借鉴《转让定价指南》相关转让定价方法是很重要的。

一、《转让定价指南》与《审价办法》对关联企业间转让定价的审查

根据 OECD 税收协定范本第九条及其注释,如果由于企业间存在特殊关系,财务账目不能真实反映企业发生于缔约国一方的应税所得时,为了准确地计算其应纳税额,该国的税务当局可以对该企业的账务进行调整。《转让定价指南》指出:确定关联企业间交易是否符合公平交易,最直接的方法就是将关联企业在其进行的交易中所收取的价格与在独立企业间进行可比交易中收取的价格进行比较。这种方法之所以最为直接,是因为受控交易(即关联交易)价格与可比非受控交易(即非关联交易)价格之间的任何差异,一般都可直接归因于企业间设定的商业和财务关系。根据独立交易原则,可以直接依照可比非受控交易的价格调整受控交易的价格。《转让定价指南》还认为通过考察关联企业间特定交易所产生的利润,也可以对其交易是否符合独立交易原则作出判断。因此,对转让定价是否符合独立交易原则进行判定,并进而根据需要进行合理调整,其判别和调整的对象可分为价格和利润两个方面,相应转让定价调整的方法也分为两大类:一类是以价格比较为基础的方法——传统交易方法;另一类是以利润比较为基础的方法——交易利润法。

《估价协定》提供了两种判定特殊关系是否影响成交价格的方法,这也是海关判定跨国公司是否操纵转让定价的法律基础。其中第一种方法是狭义的判定方法,就是通常所说的测试价格法,即验证进口货物的成交价格,是否非常接近向境内无特殊关系的买方出售

的相同或类似进口货物的成交价格,或者用倒扣价格估价方法、计算价格估价方法得到相同或类似货物的完税价格,判定特殊关系是否影响成交价格。这种判定方法在《审价办法》第十七条中得到完整的体现;第二种是广义的判定方法,即通过审查交易的有关方面,包括买卖双方组织其商业关系的方式和制定交易价格的方法,以此判定特殊关系是否影响价格,也就是通常所说的销售环境测试法。《审价办法》第十八条规定:"海关经对与货物销售有关的情况进行审查,认为符合一般商业惯例的,可以确定特殊关系未对进口货物的成交价格产生影响"。即,海关可以通过审查与货物销售有关的情况来确定特殊关系是否对进口货物的成交价格产生影响。如果货物的销售符合一般商业惯例的,可以认为特殊关系未对进口货物的成交价格产生影响。商业惯例一般是指在商品交易领域,由于长期交易活动而成为习惯,并逐渐形成的,为所有参与交易者公认并普遍得到遵行的习惯做法。在《估价协定》的一般介绍性说明中认为"完税价格应依据商业惯例的简单和公正的标准"。海关估价应"符合商业惯例"说明海关估价应最大限度地尊重贸易实践。肖·L.舍曼和辛里奇·哥拉肖夫也认为:"即使在不能使用成交价格的情况下,估价的标准也应是简易和公平的,而且最为重要的是,它应与商业惯例相吻合。这就意味着制约海关估价的各项条件,应当是商人可在商业世界里找得到的各类因素——如此类货物的成本、竞争对手制定的价格、买方的贸易水平、销售数量和正常的毛收入等等。"[①]WCO 估价技术委员会解释性说明 1.1 中也提及:"'同时或大约同时'应被认为包含了一段时间……在此期间影响价格的商业惯例和市场行情保持不变"。可以认为在商业惯例影响或作用下,形成的交易价格是符合海关估价要求的成交价格。《审价办法》第十八条的规定实际就是《估价协

---

① 肖·L.舍曼,辛里奇·哥拉肖夫.海关估价——《关税及贸易总协定海关估价守则》评注[M].白树强,李文阳,译.北京:中国社会科学出版社,1993:72.

定》第一条第二款(a)中的"应审查围绕该项销售的情况,只要此种关系并未影响价格,则应接受该成交价格"(即"销售环境测试法")规定的国内立法转化。通过围绕销售环境审查可以让海关从更加宏观、全面和整体角度来判断特殊关系是否影响成交价格。在海关估价实践中,买卖双方之间即使存在特殊关系,但只要经测试价格法或销售环境测试法审查,并确定特殊关系未对成交价格产生影响,则其交易价格可以作为成交价格。

二、《转让定价指南》中的转让定价方法和《审价办法》中的估价方法介绍

《转让定价指南》中将转让定价方法分为两类,一类是传统交易方法(Traditional transaction methods),分别为可比非受控价格法(Comparable uncontrolled method)、再销售价格法(Resale price method)和成本加成法(Cost plus method);另一类是其他方法,主要是指以关联企业或非关联企业在可比非受控交易中所获得的利润为基础,确定关联企业在交易的价格,由于是以利润为基础进行的比较,因此又称为交易利润法(Transactional profit methods),交易利润法分为利润分割法(Profit split method)和交易净利润法(Transactional net margin method)两种。现将这些方法分述如下:

1.可比非受控价格法

可比非受控价格法是指在可比情况下,将关联交易中所转让的资产或劳务的价格,与可比非关联交易中转让的资产或劳务的价格进行比较的转让定价方法。如果两者之间存在差异,则说明受控交易在商业或财务关系中设定的条件不符合独立交易原则,而且应当以非受控交易的价格作为受控交易的价格。该方法适用于有形财产和无形财产的交易。可比非受控价格法注重的是所交易产品的

可比性,当然也要考虑更宽泛的商业功能对价格的影响。例如,在美国税务机关执法过程中,强调应注意以下八个方面的可比性:产品的质量、合同的条件、市场环节、发生交易的区域市场、交易的日期、与销售相关的无形资产、外汇风险以及可供买方或卖方选择的替代产品。

2.再销售价格法

再销售价格法是基于再销售价格的转让定价方法。再销售价格指,将从关联企业购入商品转售给独立企业的价格。再销售价格扣除再销售利润,并调整与采购商品相关的其他成本后的金额,可视为最初从关联企业购进商品的独立交易价格。再销售价格法通常仅适用于有形财产的交易,而且一般要求从关联企业购入货物到再销售间隔时间较短,这一段时间内货物没有进行增值幅度大的加工。再销售价格法注重功能的可比性,也就是再销售功能的可比性,包括承担再销售企业所从事的活动、经济环境、利用的资产、承担的风险以及会计的处理等。再销售价格法应用于营销活动时可能是最有效的。

3.成本加成法

成本加成法是采用关联交易中资产(或劳务)供应商发生的成本作为定价基础的转让定价方法。在成本的基础上加上一个适当的成本加成,以反映执行的功能(考虑到使用的资产和承担的风险)和市场条件,并得到合理的利润。上述成本与成本加成之和可视为原关联交易的独立交易价格。成本加成法也是一种功能可比法,对产品自身可比性的要求较低,而对加价影响较大的其他因素的可比性要求较高。该方法还要考虑到资产的来源、支出的类型、承担的功能差异、管理效率以及会计处理等因素。成本加成法最适合用于关联企业之间进行半成品销售,且关联方间签署了合作协议或长期购销协议,或者受控交易的目的是提供服务。

4. 利润分割法

利润分割法通过确定独立企业间对一项或多项交易中预期获得利润的分割，来消除某项受控交易中设定的特殊条件对利润的影响。该方法首先确定一项关联交易所产生的，需要在关联企业间分割的合并利润，然后，以经济上合理的，近似于按照独立交易原则订立的合约中可以预期和反映的利润分割方式，在各关联企业间分割这些利润。该方法适用于有形财产和无形财产的交易。利润分割法采用的关键在于各关联方贡献的大小如何确定，在一般情况下不仅要参考各关联方所利用的资产，还要参考各方所履行的功能以及所承担的风险。将总利润在各关联方进行分配，有两种具体的分析方法：一种是贡献分析法（Contribution analysis），将合并后的关联交易利润在关联企业之间进行分配，分配的依据是参与关联交易的各关联企业所执行的功能的相对价值，同时也尽可能参考外部市场数据中所显示的独立企业，在类似情况下分配利润的方式；另一种是余值分析法（Residual analysis），它分两个步骤来分割受测关联交易的合并利润。第一步，每个参与交易的企业都能足额分配到与其从事的交易类型的基本回报相当的利润；第二阶段，将经过第一步分割后剩余的利润，在交易各方之间进行分配，该分配以对事实的分析为基础，按照独立企业间可能的分割方式进行分配。

5. 交易净利润法

交易净利润法考察的是纳税人从一项受控交易中所获得的，相对于一个适当基数（如成本、销售收入或资产）的净利润。即通过对纳税人从受控交易（或几个可累积的受控交易）中所获得的相对于适当基础（如成本、销售收入或资产）的净利润进行审查，并与独立企业在类似情况下所产生的净利润进行比较。纳税人从某项受控交易中取得的净利润率，在理想情况下应当参照同一纳税人在可比非受控交易中取得的利润率来确定。如果不能做到这一点，独立企业在可比交易中取得的净利润也可作为参考。交易净利润法的操作方式一定程度上类似于成本加成法和再销售价格法。

此外，美国财政部在 1992 年提出了可比利润法（Comparable profit method），并于 1994 年正式确定使用。可比利润法是指以可比非关联企业的利润水平，作为关联方交易利润水平的参照标准，对关联交易价格进行评价或调整的方法。可比利润法的核心是将关联企业间交易的利润水平，与独立企业间交易的利润水平相比较。因此，应用时必须设计出一套"利润水平指标"，通常采用四种指标：资本回报率、营业利润与销售收入比率、营业利润与营业费用比率、营业利润与销售成本比率；其中资本回报率是使用最广泛的一种指标。但《转让定价指南》并未采纳该办法。

使用《转让定价指南》所提供的转让定价方法，既可以对关联企业间转让定价是否符合独立交易原则进行评估，需要时还可以对不符合独立交易原则的转让定价进行后续调整。根据《审价办法》第十七条的规定，将关联交易的成交价格与相同或类似进口货物非关联交易的成交价格，或通过倒扣价格方法、计算价格方法得到相同或类似货物的完税价格进行比较，以此确定特殊关系是否影响成交价格。从这一角度，也可以认为各估价方法既涉及判断特殊关系是否影响成交价格，又可应用于后续的估价调整。《审价办法》的对特殊关系企业的估价方法主要有五种，分别简要介绍如下：

1. 相同货物成交价格估价方法（transaction value method of identical goods）和类似货物成交价格估价方法（transaction value method of similar goods）

相同货物成交价格估价方法是指海关以与进口货物同时或者大约同时，向中华人民共和国境内销售的相同货物的成交价格为基础，审查确定进口货物的完税价格的估价方法。类似货物成交价格估价方法是指，海关以与进口货物同时或者大约同时向中华人民共和国境内销售的类似货物的成交价格为基础,审查确定进口货物的完税价格的估价方法。使用相同或类似货物成交价格估价方法时,应采用与该货物具有相同商业水平,且进口数量基本一致的相同或者类似货物的成交价格,必要时还应对由于运输距离和运输方式不同,而在成本和其他费用方面产生的差异进行调整。使用似货物成交价格估价方法时,还必须注意货物的质量、声誉和商标等方面的可比性。

2.倒扣价格估价方法(deductive value method)

倒扣价格估价方法是指海关以进口货物,相同或者类似进口货物在境内的销售价格为基础,扣除境内发生的有关费用后,审查确定进口货物完税价格的估价方法。需要扣除的费用包括一般同等级或者同种类货物在境内第一销售环节销售时,通常的利润和一般费用(包括直接费用和间接费用)以及通常支付的佣金;货物运抵境内输入地点起卸后的运输及其相关费用、保险费;进口关税、进口环节海关代征税及其他国内税。如果销售的货物是以非进口时的状态在进口国销售,则还应考虑加工后的增值部分。国内转售价格是指,在进口后的境内第一销售环节销售的价格,售予与此类货物无特殊关系的人的最大总量单位的价格。还应注意有关货物的转售,必须发生于被估货物进口的同时或大约同时,即一般应在海关接受进口货物申报之日前后 45 日内,必要时可以将在境内销售的时间延长至接受货物申报之日前后 90 日内。

3.计算价格估价方法(computed value method)

计算价格估价方法,是指海关以下列各项的总和为基础,审查确定进口货物完税价格的估价方法:(1)生产该货物所使用的料件成本和加工费用;(2)向境内销售同等级或者同种类货物通常的利润和一般费用(包括直接费用和间接费用);(3)该货物运抵境内输入地点起卸前的运输及相关费用、保险费。采用计算价格估价方法时,海关在征得境外生产商同意并提前通知有关国家或者地区政府后,可以在境外核实该企业提供的有关资料。

4. 合理方法(reasonable means)

合理方法,是指根据客观、公平、统一的原则,以客观量化的数据资料为基础,审查确定进口货物完税价格的估价方法。在合理灵活性的基础上使用合理方法时应保持两个原则:(1)合理方法应符合《审价办法》的指导原则,同时应尽可能是对前五种估价方法条件的放宽使用〔因此合理方法又被称为回顾估价法(fall-back method)〕;(2)应禁止使用《审价办法》所列明不得使用的六种估价方法。《审价办法》第二十七条明确规定以下六种估价方法不得使用:

a. 境内生产的货物在境内的销售价格;

b. 可供选择的价格中较高的价格;

c. 货物在出口地市场的销售价格;

d. 以《审价办法》第二十五条规定之外的价值或者费用计算的相同或者类似货物的价格;

e. 出口到第三国或者地区的货物的销售价格;

f. 最低限价或者武断、虚构的价格。

三、《转让定价指南》中转让定价方法和《审价办法》中估价方法的比较

根据以上对各种办法的简要介绍,可以看出《审价办法》的四种估价方法分别与《转让定价指南》中的三种传统交易方法存在有一定的相似之处,对应关系见表4-2。

表 4-2　《审价办法》与《转让定价指南》调整或估价方法对应表

	审价办法	转让定价指南
调整或估价方法	相同货物成交价格估价方法 类似货物成交价格估价方法	可比非受控价格法
	倒扣价格估价方法	再销售价格法
	计算价格估价方法	成本加成法

以下分别就这三组对应的方法进行比较分析：

(一)相同或类似货物成交价格估价方法与可比非受控价格法之比较

相同或类似货物成交价格估价方法与可比非受控价格法,都是直接以非关联企业间可比商品的交易价格,作为比较或调整关联企业交易价格的基础。交易商品的可比性是两种方法适用的最核心要求。相同或类似货物成交价格估价方法,要求是相同或类似的货物,即物理、功能和商业上都相同或极为相近的货物。因此,适用相同或类似货物成交价格估价方法的货物,大部分是标准化程度较高的初级产品。《转让定价指南》在关于可比非受控价格法的论述中也认为,在受控交易与非受控交易中,转让财产间的细小差别都有可能对价格产生重大影响。可比非受控价格法在对石油、铁矿、小麦以及其他公共商品市场上销售的货物等的定价方面被广泛应用[①]。此外,这两种方法均要求商业水平、数量、与货物销售相关的无形资产等方面均要存在可比性。相同或类似货物成交价格估价方法,还强调相同或类似货物与被估价货物要同时或大约同时出口销售到同一进口国。而可比非受控价格法则认为,对于合同的条件、发生交易的区域市场(市场规模、地理位置和竞争程度)以及其

---

① 刘永伟.转让定价法律问题研究[M].北京:北京大学出版社,2004:41.

他一些可能对价格发生影响的因素的可比性也要进行考虑,即考虑更宽泛的商业功能对价格的影响。因此对可比性的要求考虑的因素更多。相同或类似货物成交价格估价方法,与可比非受控价格法应该说是一组最相似的对应方法。

(二)倒扣价格估价方法与再销售价格法之比较

倒扣价格估价方法和再销售价格法都是以货物交易后,再销售给非关联方的价格中扣除相应的费用和利润后所获得的价格,作为比较或调整关联企业交易价格的基础。交易产品可比性仍然是倒扣价格估价方法的要素之一,要求是对同一货物,或是相同,或是类似货物转售价格进行倒扣。倒扣价格估价方法中对再销售价格有以下四方面限定:其一,要按进口时原状销售(如果存在加工增值部分,则必须扣除增值部分);其二,与被估价货物同时或大约同时销售;其三,合计的货物销售量最大,由于考虑到转售价格可能不同,规定以最大总量单位销售的价格为倒扣价格的基础;其四,是货物进口后第一销售环节的销售。《审价办法》还列出应扣除的项目——利润和一般费用(或佣金)、运保费及相关费用,和关税及国内税。其中利润和一般费用、佣金,一般以同等级或同种类货物的数额为标准。《审价办法》中将"同等级或同种类货物"定义为:指由特定产业或者产业部门生产的一组或者一系列货物中的货物,包括相同货物或者类似货物。在确定某些货物是否与其他货物属"同等级或同种类货物"的问题,一般必须考虑所涉及的具体情况逐案予以确定。

再销售价格法中,独立交易价格一般通过以下方法计算得出:

独立交易价格＝再销售给非关联方的价格×(1－可比非关联交易毛利率)

可比非关联交易毛利率＝可比非关联交易毛利/可比非关联交易收入净额×100％

因此,再销售价格法的核心要素有二:一是确定可适用的再销售价格,通常可适用的再销售价格有两个来源,货物再销售给独立企业的价格,或是可比货物再销售给独立企业的价格。倒扣价格估价方法要求以最大总量单位销售的价格为倒扣价格的基础,而国内税务部门在确定再销售价格时没有这样的要求,这就可能导致两者确定的货物再销售价格有所差别;二是核定合理的毛利率,合理的毛利率来源于可比非受控交易的毛利率。国内税务部门通过可比毛利率计算得到独立交易价格。确定可比非受控交易的毛利率同样也要进行可比性分析,但对货物在相似性上的要求比较低(当然产品的相似性越高,比较的结果也越可靠)。再销售价格法注重的是功能的可比性,其理论基础是独立企业在特定交易中所获得的利润,应与其从事的有助于从交易中实现收益的增值活动相匹配。在市场经济条件下,企业从事经营活动即使有所不同,如果发挥功能类似则得到的利润水平也会趋于相同。就商品而言,只有在相同或类似的情况下,价格才会趋同。毛利率则主要体现了企业所发挥功能而获得的收益,而产品差异则相对没有那么重要。企业在再销售活动中行使的商业职能、承担的风险以及其他对价格影响较小但对毛利率影响较大的因素的可比性则相对要重要得多。再销售价格法是通过从再销售价格中,扣减其合理的再销售毛利润而得出正常交易价格,其实质是一种对毛利润的核定。近年来的美国税务部门有时会倾向于将管理费用扣除(即,再销售价格扣除管理费用和货物成本之后所得到的净毛利润)。通过扣除管理费用,有助于消除受控交易与可比非受控交易中进行比较的企业,由于管理效率方面差异而造成的影响。如果受控交易与非受控交易相比,除产品以外其他各方面都更可比,则再销售价格法可能比可比非受控价格法得到的结果更可靠。

(三)计算价格估价方法和成本加成法的比较

计算价格估价方法和成本加成法都是将关联企业中卖方产品

成本加上适当的利润,作为比较和调整价格的基础。计算价格估价方法是将进口货物生产商的生产成本,加上从出口国出口销售到进口国同等级或者同种类货物通常的利润和一般费用以及相关的运保费,从而得到完税价格。《估价协定》解释性说明中关于第六条注释还特别指出:计算价格估价方法的使用一般限于买卖双方有特殊关系,且生产商准备向进口国的主管部门提供必要的概算以及为随后可能需要进行的核实创造条件。

成本加成法,独立交易价格一般通过以下方法计算得出:

独立交易价格＝关联交易的合理成本×(1＋可比非关联交易成本加成率)

可比非关联交易成本加成率＝可比非关联交易毛利/可比非关联交易成本×100％

成本加成法中的利润率可以由关联企业中卖方在与非受控方进行的可比交易中获得,也可以从其他非关联方之间的可比交易中获得,其核心要素也是功能可比性。在影响交易可比性的多种因素中,对利润影响较大的因素主要是在生产制造活动中,行使的职能、利用的资产、承担的风险以及合同条件等,而对产品本身可比性的要求也不高。计算价格估价方法和成本加成法,对会计处理方面均有较高的要求,计算价格估价方法要求成本的计算以生产商的账目为依据,并以所在国公认的会计原则相一致。成本加成法要求注意会计口径上的一致性,如果受控交易与可比非受控交易在会计上成本和利润的计算口径不一致,那么就会影响公平交易价格的可靠性。在确定直接和间接成本后,国内税务部门通过可比毛利润来计算公平交易价格,而海关认定的生产成本加成部分是同等级或者同种类货物通常利润及一般费用和相关的运保费。

（四）可比性分析在《审价办法》与《转让定价指南》相关转让定价方法应用上的比较

可比性是使用估价方法或交易方法时需要考虑到的首要因素，以下进一步分析《审价办法》与《转让定价指南》中三组对应的相似估价方法对可比性要求的异同：

1. 相同或类似货物成交价格估价方法与可比非受控价格法

对相同或类似货物成交价格估价方法的可比性要求，主要有四个方面：相同或类似的货物、相同的商业水平、数量水平以及同时或者大约同时的进口销售日期。此外，由于运输距离和运输方式不同而在成本和其他费用方面产生的差异也应加以考虑。可比非受控价格法对可比性要求则不仅仅局限于产品的相似性，还需要考虑商业功能等更广泛因素对价格的影响。

2. 倒扣价格估价方法与再销售价格法

倒扣价格估价方法对于在国内转售价格要求是相同或类似货物，但对应扣除利润和费用以及佣金的可比性要求则相对放宽，只要是同等级或同种类货物即可。在市场经济条件下，企业只要发挥功能类似，那么获得补偿将相近，毛利率也将会趋同。因此，再销售价格法对受控和非受控交易中双方所发挥功能的可比性要求较高，而对产品的可比性要求较低。再销售价格毛利润受到再销售企业所进行活动环节的影响，从再销售企业作为购买代理只提供最低限度的服务，到承担涉及为产品进行库存、市场营销等相关服务的全部责任和风险，其获得的毛利润应该是递增的。在销售环节中根据企业所履行的功能和承担的风险，以及所使用的资产的不同，其毛利率也相应产生差异，而且所承担功能越多所获收益应越高。例如，某公司为电子消费品的批发商，需要利用自身资源负责该产品的营销和广告宣传。在公开市场上，该企业有权从这些活动中获得相称的预期收益，其毛利率理应高于不担负营销和广告宣传等职责的批发商。这些都是在可比性分析时应关注的。此外,再销售价格法对企业在业务活动中可能使用的对利润产生影响的重要资产(如商标、营销渠道等一些无形资产)的可比性也需要考虑。

按照倒扣价格估价方法审查确定进口货物的完税价格时,如果进口货物、相同或者类似货物,没有在海关接受进口货物申报之日前后45日内在境内销售,可以将在境内销售的时间延长至接受货物申报之日前后90日内。再销售价格法虽然没有关于时间的量化规定,但认为企业购买货物后较短时间内实现再销售获得的毛利结果会比较准确,因为如果间隔的时间越长,就越有可能受到市场、汇率等因素影响。

3. 计算价格估价方法与成本加成法

计算价格估价方法中所要计入利润和一般费用要求是同等级或同种类货物的数额。成本加成法认为产品因素的可比性可以适当弱化,但强调必须对关联与非关联交易加成额的大小有影响的差异进行比较。《转让定价指南》中用了相当多的篇幅探讨生产效率,与功能和风险有关的费用,以及使用的会计方法等方面可比性的问题。同时成本加成法还强调应注意成本基础的可比性,如业务活动使用资产的来源应具有可比性。在使用成本加成法时,制造商承担更多的职能,则应该获得的销售毛利润越高,例如:如果制造商在生产过程中投入了无形资产,则其获得的毛利润应高于仅执行加工装配功能的制造商。按照承担功能的多寡,通常制造商可以分为以下五类:完全制造商、有限责任制造商、合约制造商、合约加工商(来料加工商)和简单装配商。依照顺序,其中承担功能多的为完全制造商,最少的为简单装配商。正常情况下,完全制造商获得的利润应最高,简单装配商获得的利润应最低。而且,合约制造商、合约加工商(来料加工商)和简单装配商由于承担的风险较小,其收益的波动幅度应小于完全制造商。

四、《转让定价指南》中转让定价方法与《审价办法》中估价方法比较总结

从以上三组对应方法及其可比性应用的比较可以看出,《审价办法》的相同或类似货物成交价格估价方法与《转让定价指南》可比非受控价格法除对具体的可比性要求存在稍许差异外,两个办法基本是相同的。其余两组的对应方法虽然思路相似,但还是存在比较大差别的:倒扣价格估价方法和计算价格估价方法强调的是产品交易可比性,注重考察同等级或者同种类货物在相应环节销售时通常的利润和一般费用;而再销售价格法和成本加成法则关注企业承担功能的可比性,并考察承担可比功能企业所获得的利润。《审价办法》中的各估价方法侧重于以每笔具体交易为基础,对进口货物价格进行审查,考察的是每批关联企业间交易的应税货物进口申报价格是否偏离独立交易价格,是否因此对关税产生影响。《转让定价指南》中的转让定价方法主要从税务部门实践角度考虑,侧重以企业的整体为考察对象,以企业一段时间内的关联交易情况为审查重点,了解关联交易是否对应税收入产生影响。相应地,《审价办法》中相关条款注重于对单笔交易中的货物特性以及交易时间、数量和商业水平的可比性规定,而《转让定价指南》则更着眼于将企业的商业职能、采取的商业策略以及外部的商业环境作为一个整体,在此基础上考察关联交易是否符合独立交易原则并进行分析调整。《审价办法》的估价方法虽然在准确性、严密性等方面可能要稍逊于《转让定价指南》的转让定价方法,但应用相对简便,这主要与海关工作方式有关——海关对货物实施估价主要是在货物通关的环节,而企业界对货物的快捷通关有着相当高的要求。以上这些方面的差别,海关估价在借鉴《转让定价指南》有关方法和原则时应考虑到。在必要的情况下,海关也需要根据跨国公司转让定价的特点,适当转

变自身的工作模式,不能仅局限于以单笔交易为单元的管理,而将从企业承担的职能和风险,以及在整个供应链所处的位置等方面入手来判断关联企业间转让定价是否合规,并进而确定调整的方法。此外,《审价办法》中没有与《转让定价指南》所提供的交易利润法以及 IRC482 节提供的可比利润法相类似的调整方法。

五、方法运用顺序的比较

《审价办法》规定,相同货物成交价格估价方法、类似货物成交价格估价方法、倒扣价格估价方法、计算价格估价方法和合理方法应依次使用,不得随意颠倒。也就是只有在前一种方法无法适用的情况下,才能依次选择后一种方法。只有一个例外:如果进口商提出申请并提供有关资料,海关可以颠倒倒扣价格估价方法和计算价格估价方法适用次序。美国在 1994 年的转让定价调整规则中,规定了最优法原则(best method rule),即必须依照实际情况,对正常交易结果能够进行最可靠衡量的方法,来确定一项受控交易的正常交易结果。不存在绝对优先的方法,没有一种方法会永远被认为比其他方法更可靠。在《转让定价指南》中虽然没有明确最优法原则,但指出:"没有一种方法是适合于任何情况的,每一种方法都要考虑其适用性"。同样要求在选择具体方法对转让定价进行调整时,要充分考虑每一具体案例的事实和所处商业环境、可获得的数据,和资料、方法的相对可靠性等因素来选择最能对交易结果作出可靠判断的方法,因此,其精神实质与美国的最优法原则有相类似之处。在三种传统交易方法中,可比非受控价格法直接以可比交易的市场价格作为正常交易价格,通常认为最符合独立交易原则,其他两种方法次之,但在独立企业间找到一项与受控交易非常类似,而不存在对价格产生影响的差异交易是困难的,而且可比非受控价格法结果的可靠性在一定程度上也取决于有关可比非受控交易资料的获得情况。其他两种传统交易方法适用的条件也存在差异,再销售价格法在营销活动中使用比较合适。而当关联企业之间进行半成品销售或者签订有联合使用设施协议或长期购买与供应安排,成本加成法则更适用。

第五节 海关判定和调整跨国公司操纵定价转让方法讨论——从价格及利润的角度

如上文所述,《估价协定》提供了两种判定特殊关系是否影响成交价格的方法,即测试价格法和销售环境测试法,《审价办法》也有相应的规定。测试价格法虽然有比较详尽的法律条文规定,可操作性也比较强。但海关在估价实践中遇到的问题,却表明测试价格法在实际运用中存在较大的局限,往往需要转而求助于销售环境测试法。销售环境测试法相关规定却较为简单和原则,缺乏必要的可操作性。针对以上情况,本节首先从转让定价货物特点入手探究测试价格方法实践中局限性的成因,然后在《审价办法》相关规定和原则的基础上借鉴《转让定价指南》这一权威转让定价文件,对销售环境测试法的运用做初步的探讨,最后进一步对可能遇到的后续价格调整问题进行分析。

一、转让定价涉及货物特点

转让定价是跨国公司直接投资的衍生物,跨国公司直接投资的动因及特点决定了转让定价货物的一些特点。垄断优势和内部化理论是解释跨国公司直接投资成因的两个主要理论体系。Hymer和 Kindleberger 首先提出的垄断优势理论认为,拥有先进技术是跨国公司最重要的垄断优势,知识的转移是直接投资过程的关键,同时跨国公司所拥有的使产品发生差别的能力,也是其拥有的重要优势。内部化理论则认为:知识和技术密集型产品能够提供竞争优势,一旦转让则会削弱甚至这种优势,同时知识和技术密集型产品研发费用大、风险大,在外部市场也很难定价,而交易内部化会促使交易费用的降低。由于跨国公司需要对内部交易相关方之间发生的经济业务加以记录,以反映经营业绩,实现有效的管理,转让定价便随之产生。加拿大学者 Rugman 认为,中间产品(包括信息、技术、管理经验等)外部市场是不完全的,企业通过外部市场进行交易就可能出现时滞和支付额外的交易费用,将中间产品进行内部化,就可以减少时滞、购买者的不确定性,以及交易费用等问题,并将政府干预的影响降低到最低程度。Buckly 和 Casson 在所著的《The Future of the Multinational Enterprise》①一书中系统论述了公司的内部化贸易理论,用于解释跨国公司和国际直接投资。他们认为跨国公司内部化贸易有三个前提:第一,企业面对的是不完全的市场;第二,当中间产品市场不完全时,企业创建内部市场的动力就会产生;第三,企业市场内部化的界限超越国界时就产生了跨国公司,并进一步认为某些商品是最有可能进行内部化贸易的,例如:知识型产品、资本密集型产品、地理因素富集的原材料等。由于这些特点,在市场不完全的情况下,跨国公司为谋求企业整体利润的最大化,往往趋向于将知识和技术密集型产品在企业内部转让,以内部市场来代替外部市场,以避免外部市场不完全造成的损失。英国经济学家 Dunning 提出集众所长的国际生产折中理论,认为所有权优势、内部化优势以及区位优势是企业对外直接投资的动因和条件,其中技术优势是所有权优势的重要组成部分,而一个企业拥有的所有权

---

① BUCKLEY P J,CASSON M. The Future of the Multinational Enterprise[M]. London and Basingstork:Macmillan Press,1976.

优势越大,将其资产进行内部化使用的可能性也越大。因此,进行转让定价的货物是一般知识和技术密集型产品,而且差别化比较大。这种知识和技术密集型而且差别化大的产品,在外部市场中是很难找到相同或类似产品交易价格的。跨国公司的转让定价是与跨国公司的内部贸易直接相关的。张纪康在其主编的《跨国公司与直接投资》①中也认为内部贸易的产品结构特征是:公司内部贸易的产品主要构成是待售的最终产品,其次是有待于加工或组装的中间产品;产品的内部化率与产品的加工程度基本呈现正相关关系,产品的内部化率随其加工程度的提高而上升。半制成品内部化率高于初级产品主要是由于其在转化成成品前可能还要经过多道工序,因此会在跨国公司内部的各子公司之间流动。最终产品内部化率高的主要因素有三:第一,是跨国公司实行全球生产合理化的结果;第二,通过最终产品的内部贸易规避关税,一般关税结构是随产品加工程度逐步升级的;第三,是营销等方面的原因,如对于耐用品,良好的售后服务是耐用品促销的重要手段之一,跨国公司通过国外子公司渠道营销,便于提高更好的售后服务,以增强产品的竞争力。公司内部贸易密度最高的产品是技术含量高的新产品、半加工制成品、产品关键零部件以及无形产品(如技术诀窍、管理经验和新产品设计等)。有关转让定价的一些研究也表明,具有外部市场价格的产品进行转让定价操纵的可能性比较小,因为如果某种商品的外部市场价格存在,海关或国内税务部门就有可能获取价格信息,并将其作为关联企业间转让价格对比及调整的依据,也会促使跨国公司依据外部市场价格来制定转让价格②。由于半制成品、最终产品在

---

① 张纪康.跨国公司与直接投资[M].上海:复旦大学出版社,2004:282.

② EDEN L,DACIN M T,WAN W P. Standards Across Borders:Diffusion of the Arm's Length Standard in North America[J]. Accounting,Organization and Society,2001,26:1-23.

跨国公司内部贸易中占主要地位,而且属于知识和技术密集型产品的市场更加不完全,公司内部贸易的可能性就越大。因此,知识和技术密集型产品差异性大、难以寻找可比价格的特点,以及自身的一些其他特性,导致跨国公司对这类产品进行转让定价操纵的可能性更大。

二、测试价格法的应用及其局限

测试价格法直接进行价格上的对比验证,应该说是最直接、最可靠的方法。WCO 估价技术委员会在评论 14.1 中指出,在一些情况下,如果当《估价协定》第一条第二段(b)项的规定(即测试价格法)满足时,该价格就视为可接受并作为成交价格的基础,同时排除了按照《估价协定》第一条第二段(a)项的规定调查有关进口货物销售环境的必要性。由于货物之间的细小差别都可能对价格产生重大的影响,直接运用价格的比较,意味着要求货物本身具有很强的可比性,即应该是相同或类似货物。《审价办法》对相同货物和类似货物有明确的界定。只有存在与关联企业类似交易条件下的非关联企业间的相同或类似货物的交易,这种方法才得以适用。判断存在外部公开市场交易的商品转让定价的合规性,可以通过与同时或大约同时、相同商业水平、交易量基本一致的相同或类似商品等条件下,可比的非关联方成交价格相比较。在比较时,还应当考虑买卖双方有无特殊关系造成的相关费用差异。以下是关于使用测试价格法对关联企业转让定价进行判断和调整的一个案例。

案例 4-1:

国内 A 医疗设备公司向海关申报进口 X 型 X 光机 2 台,申报单价为 CIF15 万美元/台。交易中的卖方为国外的 A 有限公司。A 有限公司和 A 医疗设备公司均为 G 国 A 集团公司的全资子公司,根据《审价办法》第十六条的相关规定,海关认定买卖双方存在特殊关系。海关通过进口报关信息了解到 A 有限公司曾于大约相同时间售给另一无特殊关系国内企业 B 公司型 X 光机 2 台,这两台 X 光机与本批进口的商品规格、型号均相同,为相同货物;其申报价格为 18.6 万美元/台,比 A 医疗设备公司的申报价格高约 24%。海关提出质疑,要求 A 医疗设备公司提供相关资料或其他证据以说明买卖双方的特殊关系没有影响成交价格。

针对海关提出的质疑,A 医疗设备公司解释理由如下:1. 本批货物的卖方以 15 万美元的价格销售,是因为没有加进销售利润,此部分利润让利于国内新设立的企业(即 A 医疗设备公司);2. 由 A 有限公司售给 B 公司的 X 光机,其价格包括国内发生的培训、安装、指导等费用,因此价格较高。根据 A 医疗设备公司提供的说明,由于该公司具有比较强的技术能力,不需要由 A 有限公司提供培训、安装、指导。

海关认为:1. 买卖双方均为独立法人,是各自独立的企业,因此进口货物的售价如果没有包括卖方的销售利润,其交易价格不符合正常的定价惯例;2. 同一卖方售与 B 公司的价格即使扣除国内发生的培训、安装、指导等费用,也高于有特殊关系买方的价格。

综上所述,企业的解释无法说明特殊关系没有影响成交价格,海关对其另行估价。经与企业磋商,海关以卖方向境内无特殊关系的买方出售相同型号的 X 光机价格 18.6 万美元/台为基础,并依据客观量化数据,在扣除收货人实际在国内发生的培训、安装、指导等费用 2 万美元/台,以 16.6 万美元/台实施估价。

鉴于本节第一部分所述的转让定价涉及的货物特点,在绝大多数情况下,能够适用相同或类似货物成交价格方法,进行验证和调整的情况将是十分有限的。正如《转让定价指南》所指出,有时可能很难找到与关联交易足够类似的非关联企业之间进行的交易,且两种交易间的差异不会对价格产生实质性影响①。测试价格法规定还可以用倒扣价格方法、计算价格方法得到相同或类似货物的完税价格，来判定特殊关系是否影响成交价格。但从严格意义上说，《审价办法》中规定的测试价格法，必须满足以下两个条件：首先，提供测试价格的货物，必须是被验证价格货物的相同货物或类似货物；其次，测试价格必须是海关以往接受的价格。鉴于前面论述的转让定价货物的特点，可以想见测试价格法在估价实践中运用的范围将极为有限。

三、销售环境测试法应用的探讨

《估价协定》解释性说明中关于第一条第二款的注释指出："如海关不进行进一步调查即不能接受成交价格，则海关应给予进口商进一步提供海关审查围绕销售的情况所必需的详细信息的机会。在这方面，海关应准备好审查交易的有关方面，包括买卖双方组织其商业关系的方式和制定所涉价格的方法，以便确定此种关系是否影响价格。如审查表明，虽然根据第十五条的规定买卖双方有特殊关系，但双方之间的买卖如同无特殊关系一样，则这一点可证明价格并未受到特殊关系的影响。例如，如定价方式与所涉产业的正常定价做法相一致，或与卖方制定售予与其无特殊关系的买方的定价方法相一致，则这一点可证明该价格未受特殊关系的影响。又如，若证明价格足以收回全部成本加利润，该利润代表该公司在一代表期内（如按年度计）销售同等级或同种类货物所实现的总利润，则可表明该价格未受影响"。因此，围绕销售情况所进行审查的范围更为宽泛，针对的是交易的整体安排，而不仅仅是局限于对交易价格

---

① 经济合作与发展组织.跨国企业与税务机关转让定价指南（2010）[M].国家税务总局国际税务司，译.北京：中国税务出版社，2015：25.

的审查。关于关联企业间商业关系和定价方式的合规性审查方面，包括了关联企业间实际交易的达成过程，以及交易中权责分配的审查。如果各关联企业均作为独立成本和利润中心，并以此为基础构建商业关系和开展交易，关联企业之间在交易过程中形成的商业关系以及买卖双方所承担的权责，与独立买卖双方间交易相同，则可以认为特殊关系没有影响成交价格，即海关认为关联企业间转让定价符合成交价格的条件。例如，买方向有特殊关系卖方购买货物时，可以根据自身的利益与卖方进行谈判并确定价格、购买的数量和付款条件，如果独立第三方提供的销售条件更优惠，也可以向第三方购买。反之，如果货物的交易重要条款（如价格、支付方式）由特殊关系的买方或卖方中的一方单独确定，则特殊关系就有可能影响成交价格。非关联企业交易时，由于双方利益存在差异甚至冲突，这就保证他们会通过采用合同条款来确保对对方交易活动的约束，他们之间的交易通常也会严格依照协议执行。关联企业有共同的利益基础，其转让定价也是服务于其整体利益的，因此交易有关协议可能仅仅只是一种形式，货物相关协议与实际交易安排可能并不一致，还应对交易双方实际贸易安排以及遵守合同情况进行考察。

根据《估价协定》第一条第二款的注释所举的范例，围绕销售环境审查应包含以下两个方面的内容：（1）定价政策和方法是否符合所处行业的定价惯例，卖方在向有特殊关系的买方销售货物时所采用的定价政策与销售给独立买方时是否一致，如有差异是否对成交价格造成影响；（2）被估货物的成交价格是否已足够覆盖相关的成本、费用和利润，所获得的利润是否与同等级或同种类货物所实现的利润相当。在估价实践中可以从这两个方面入手对关联企业间的转让定价合规性进行审查。还应注意的是，该条的注释仅仅列举了海关可能需要审查的交易有关情况或某些方面的范例，这些范例并不对海关需要审查的内容和方法进行限制。正如肖·L.舍曼和辛里奇·哥拉肖夫所言:"解释性说明只应作为问题的出发点与只起阐明性作用对待,这一点是极为重要的"。而且还认为:"如果定价是依据某项公式进行的,而该项公式又已为出口国或进口国税务当局所接受,此类性质的证据应有助于成交价格的接受"。[①]

对关联企业间交易定价方式的审查,主要通过与独立企业间交易的相同、类似或同种类货物定价方式进行对比,在定价时是否考虑到独立企业在谈判确定其价格时会考虑的所有重要因素。例如:在大致相当数量情况下,卖方向关联买方销售价格,与向独立买方是基本相同的,卖方在价格折扣、付款方式等方面没有给予关联买方更多的优惠措施,则可以认为特殊关系没有影响成交价格。以下是一个从定价方式角度对关联交易进行审查的简单案例。

案例 4-2:

海关在对 A 公司进口聚乙烯的申报价格进行审核时,发现其价格明显低于同期相同及类似货物的价格行情。根据企业提供的材料,其国外的卖方为 B 公司,交易双方的母公司同为位于国外的 X 公司,买卖双方存在特殊关系。根据 A 公司所提供的情况说明,B 公司还向国内多家公司销售聚乙烯,其交易价格受到数量大小影响,即根据进口企业采购量给予不同折扣率,折扣率由 1.5％(年采购量 6000 吨)~5％(年采购量 45000 吨以上)不等。具体情况见表 4-3。

---

① 　肖·L.舍曼,辛里奇·哥拉肖夫.海关估价——《关税及贸易总协定海关估价守则》评注[M].白树强,李文阳,译.北京:中国社会科学出版社,1993:237.

表 4-3　年订货量与所获折扣对照表

企业	年订货量（吨）	商业折扣
C 公司	60000	5.0％
D 公司	45000	5.0％
E 公司	36000	4.0％
F 公司	12000	3.0％
G 公司	6000	1.5％
A 公司	40000	10.0％

从表 4-3 可以看出，A 公司年采购量低于 C 公司和 D 公司，所享受的折扣率却高达 10％，不符合贸易惯例。而且，10％的折扣率明显只适用于关联公司内部交易，不适用于非关联方之间的交易。据此，海关认定买卖双方的特殊关系对企业的成交价格产生了实质性影响，决定对该批货物采用成交价格以外的方法予以估价。

对于许多大宗商品（如油品、矿产品以及农产品等），买卖双方为规避价格波动带来的风险，以公式定价的方式确定货物最终结算价格属于行业惯例。对于采用公式定价交易的货物，其定价公式一般包括固定价格和动态价格两个部分，固定价格由买卖双方协商确定，动态价格则常常取决于期货或现货市场价格走势。如果关联方之间交易商品采用公式定价方式，确定结算价格能否作为成交价格，关键在于判定关联方交易所采用的定价公式与行业中通常采用的定价公式是否一致，以及该定价公式是否会使得价格偏离公开市场上的独立交易价格。以下是通过对定价公式审查，判断特殊关系是否影响成交价格的一个典型案例。

案例 4-3：

D 公司向海关以一般贸易方式申报进口乙二醇，海关审核发现买卖双方具有特殊关系：卖方出口国的 D 亚洲有限公司和买方国内的 D 公司同受 E 国 D 集团控制。乙二醇定价公式大多建立在约定时间点或时间范围内的某些权威网站公布的价格行情基础上。根据 D 公司提交的报告和相关资料，买卖双方签订了年供 8 万吨的大合同，由于交易量大，双方采用定价公式计算确定每次到货的成交单价，该公式为"上一个月 ICIS 公布的乙二醇 CFR CHINA 行情下限均价再乘以 0.8 的折扣"，而且该定价方式只适用于集团内关联公司间的供货定价，对外交易不能适用。

海关经审核认为，该定价公式违反了贸易惯例，原因有二：其一，ICIS 公布的市场行情是该类商品国际市场成交价格的客观反映，市场行情的下限价格一般反映的是市场上最低成交价格，申报价格在行情下限价格的基础上再给予 20％的折扣是不合理的；其二，由于该定价方式只适用于集团内关联公司间的供货定价，对外交易不能适用，因此卖方售予关联买方的定价方式与制定售予与独立买方的定价方式不一致。

上述案例中同一集团控制下的两个公司通过制定特别的定价公式确定货物的成交价格，从而达到降低进口税负和增加买方盈利额的目的。由于其定价公式异于该商品的通常定价公式，造成其结算价格将低于按通常定价公式确定的结算价格，因此也就需要进行相应的调整。

由于交易模式和定价方式所具有的多样性和复杂性，不同商品在不同的外部商业环境下，交易模式和定价方式所存在的差异，对价格影响大小是不同的。因此，许多情况下难以判断成交价格是否受到影响，也难以量化这种差异对成交价格的影响程度。而且通过判断卖方在向关联买方销售货物时所采用的定价方式与非关联买方是否一致，实际隐含的前提是卖方既向关联方也向非关联方销售相关货物。这些都限制了从交易模式和定价方式入手，判断转让定价的合规性的适用范围。相对而言,从利润角度(如,通过判定关联交易所获得的利润是否与同等级或同种类货物独立企业间交易所实现的利润相当)入手判断关联企业之间的转让定价是否合规,则通常可以获得客观量化数据供参照,更有利于保证判断标准的客观性。以下重点就如何从考察利润的角度,对判定转让定价的合规性以及后续的估价调整进行探讨。

四、从利润角度判定和调整跨国公司的转让定价

《审价办法》与《估价协定》中对于销售环境测试法,均仅有原则性的说明,并未提供具体方法。《转让定价指南》中则认为,再销售价格法和成本加成法将受控交易中获得的毛利润,与可比的非受控交易中获得的毛利润(该毛利润是交易双方为独立企业情况下,发挥可比的功能而能获得的)进行比较,以此判断交易价格是否符合独立交易原则,而交易利润法是建立在比较独立企业和关联企业利润的基础上,通过获取独立企业之间发生可比交易时所获得的利润数据,进而估算出关联企业若按独立交易原则对受控交易中所使用的资源作出补偿所应达成的交易价格。以下借鉴《转让定价指南》的相关规定,对如何在估价实践中,从利润角度对转让定价进行考察作初步的探讨。

(一)从毛利率角度的审查

《估价协定》在解释性说明的第一条相关注释中提供了一个判定特殊关系未影响成交价格的例子:如证明价格足以收回全部成本加利润,该利润代表该公司在一代表期内(如按年度计)销售同等级或同种类货物所实现的总利润,则可表明该价格未受影响。倒扣价格方法虽然在相同或类似货物向无特殊关系方的转售价格的基础上还存在其他诸多的扣减项目,但最为关键的还是确定货物在进口

国内销售的通常的利润和一般费用。而且,与其他扣减项目一般采用的是该进口交易实际发生数据不同,通常的利润和一般费用,则来自于同等级或同种类货物的销售过程产生的数据。其背后的含义就是在通常情况下,同等级或同种类货物在国内第一销售环节中产生的通常利润和一般费用数据应该是相同或相近的。肖·L.舍曼和辛里奇·哥拉肖夫也认为:"当遇到有关系双方的情况时,还存在另一种适用情况。在这种情况里的调拨价格已不能作为成交价格的依据。这里鉴于子公司的购货价格已被人们认为是扭曲的,因而这一价格与转售价格的差额也被推定为是扭曲的,在这类情况下,正常的毛收入只能从其他公司的业务经历中推算出来。"[①]计算价格方法与倒扣价格方法相类似,在获得生产成本数据的基础上,关键也是确认出口国生产者制造的,向进口国出口销售的同等级或同种类货物的通常利润和一般费用。测试价格法规定用倒扣价格方法、计算价格方法得到相同或类似货物的完税价格,来判定特殊关系是否影响成交价格也是以此为基础,只不过是需要进一步计算出完税价格后进行判定而已。因此将跨国公司间关联交易与可比的无关联方交易的利润和一般费用进行比较验证,从而判定特殊关系是否影响成交价格是有相关依据的。对于毛利率的审查也可以认为是对测试价格法某种程度上的放宽使用。

与直接验证价格的情况相比,比较利润和一般费用对货物所要求的可比性程度也就相应降低,只要是特定产业或者产业部门生产的一组或者一系列货物中的货物,也就是同等级或者同种类货物就可以满足要求。在估价实践中,由于企业的规模、产品自身的特点和定位、销售策略上的差异,以及外部市场的影响,可比货物的价格与被验证货物的价格通常是不同的,也就导致利润和一般费用常常

---

① 肖·L.舍曼,辛里奇·哥拉肖夫.海关估价——《关税及贸易总协定海关估价守则》评注[M].白树强,李文阳,译.北京:中国社会科学出版社,1993:266.

存在金额差别。因此对于利润和一般费用的比较验证,通常就转变成为对毛利率比较验证。但是获取同等级或者同种类货物毛利率数据比较困难,能够在公开渠道获得的一般是上市公司的毛利率。解决这个问题的方法是将比较可比交易的毛利率,变为比较可比公司的毛利率。虽然海关是以每笔具体交易为基础对货物进行审核,考察的是关联企业间交易的每批货物进口申报价格,是否偏离正常交易价格。但是每批进出口货物的交易实际是为完成公司总体功能和取得相应利润服务的,从长期和整体的角度来审视,则各批进口货物的毛利率应与公司较长时间段内总体的毛利率趋同。当然,可比公司的选择的标准,也应该选择经营与被验证货物同等级或者同种类货物的公司。如果是混业经营的公司,拆分到事业部门或产品线的层次所获得的毛利率数据将会更为准确。以下是一个关于毛利率审查的案例。

案例 4-4:

一、基本情况

(一)交易各方情况

进口商:A 中国公司,系境外 A 集团公司在中国设立的子公司,为 A 品牌电动机中国区总经销商;

出口商:A 贸易公司,系 A 集团公司设在出口国的独立子公司;

卖方 A 贸易公司与买方 A 中国公司均为 A 集团公司的子公司。根据《审价办法》第十六条,买卖双方存在特殊关系。

(二)进口交易情况分析

1. 进口基本情况

A 中国公司进口的产品有 M 型和 N 型两种型号电动机。A 中国公司进口 M 型、N 型电动机的销售模式,是采取由 A 中国公司以总经销名义进口,再售予分销商。A 中国公司通过内部订单系统向 A 贸易公司订货。订单的发送为每季度一次,明确订购的产品和数量。交货条件为 CIF 中国港口,订货价格相对固定。

2.企业定价策略

M 型、N 型电动机均采用的销售定价策略为"零售递减"模式,具体如下:

(1)根据市场调查和竞争情况,A 中国公司将预测终端用户为该品牌电动机愿意支付的可能的价格,即终端价格;

(2)在终端价格基础上,扣除分销商毛利润即为批发价格,这也是分销商就该品牌电动机应向总经销商支付的价格;

(3)在该批发价格基础上,扣除总经销商毛利润(即 A 中国公司的毛利润),相关费用以及关税和其他国内税收。这是总经销商为进口电动机支付给供应商的价格,即进口价格。

二、海关价格审查

由于进口商与出口商之间存在特殊关系,而且进口商与海关均不能提供或找到符合《审价办法》第十七条规定的测试价格。鉴于企业采取定价策略——"零售递减模式",与海关的倒扣价格方法类似,因此通过审核毛利润来判断企业进口电动机价格的合理性。海关将电动机行业中商业水平相同的经销商的一般毛利润率数据与 A 中国公司的毛利润率水平相对照。以此判断 A 贸易公司与 A 中国公司之间电动机交易价格是否合理,他们之间的特殊关系是否影响成交价格。

转让定价涉及的相当部分货物具有独特性,而且被验证转让定价的货物中半成品或零部件占相当的比例,同时考虑到只有很少企业进行的是单一种类产品的销售,那么寻找同等级或者同种类货物可比交易或可比公司的毛利率就更为困难。《转让定价指南》指出:

在市场经济条件下,不同的经营活动,执行类似的功能所获补偿趋于相同[①]。从公司层面来考察,如果公司所发挥的功能以及负担的风险相同,其获得的毛利率将会相同。因此寻找与可比对象从事相同或类似功能业务的公司的来考察其毛利率,并将其与被验证交易的毛利率做比较验证,应该是可以接受的。将可比公司的选择范围从经营同等级或者同种类货物公司扩展到履行相同或类似功能的公司,那么可获得的毛利率数据就相对比较容易。《估价协定》第五条规定使用倒扣价格估价方法时其扣减项应包括:"与在进口国销售同级别或者同种类货物有关的通常支付,或议定支付的佣金,或通常作为利润和一般费用的附加额",这实际就包含了两种情况:一种是佣金被扣除的情况,一般适用的是进口商充当的是佣金代理商的角色;另一种是利润和一般费用被扣除的情况,通常适用的是进口商先购买进口货物之后,再在国内转售的情况。很明显由于进口商承担的职能和风险的不同,在类似的商业环境下,佣金与利润和一般费用的数额通常是不同的。也就意味着进口商角色不同,承担的功能不同,那么所应扣除的金额是不同的。此外,《估价协定》中规定对于商业水平的考察,也是带有功能分析的影子。《审价办法》也有同样的规定。由此可见,《估价协定》和《审价办法》也是认同考虑企业承担的功能,采用在功能分析方法基础上验证企业毛利率是符合《估价协定》和《审价办法》相关规定和原则精神的。以下是一个通过功能分析,审查企业转让定价政策中所确定的毛利率是否合理的案例。

案例 4-5:

海关发现 A 公司申报进口某品牌家用取暖器的价格,仅为国内

---

① 经济合作与发展组织.跨国企业与税务机关转让定价指南(2010)[M].国家税务总局国际税务司,译.北京:中国税务出版社,2015:29.

市场销售价格的 1/3。海关针对 A 公司开展核查,情况如下:

一、进口交易各方基本情况

家用取暖器的卖方为 E 国 A 亚洲公司,买方为国内 A 公司。A 公司为 A 亚洲公司的全资子公司,根据《审价办法》第十六条的规定,买卖双方存在特殊关系。

二、定价模式

根据 A 公司提供的资料,A 亚洲公司向 A 公司销售取暖器所采用的定价方法为再销售价格法。即,以 A 公司向国内各经销商销售家用取暖器价格为基础,扣除再销售利润及国内发生的税收和费用,确定 A 亚洲公司向 A 公司销售的价格。其中,再销售利润是为确保 A 公司获得涵盖其分销职能所对应的合理利润。

三、海关认定意见

海关通过对 A 公司功能分析发现,其承担相对单一的功能,即为分销和与分销相关的一些业务,如:收集市场信息、提供售后服务等。但 A 公司的销售毛利率达到 50% 左右。由于海关及 A 公司均无法获得家用取暖器行业分销的利润数据,因此将可比范围扩展到家用电器行业。由于家用电器市场从品牌角逐到渠道比拼,竞争非常激烈,分销利润普遍较低。经调研,相应年度国内家用电器产品分销企业平均毛利率仅为 12%(数据来源于相关上市公司账务报告),而 A 公司的家用取暖器分销毛利率大幅高于家用电器产品行业中承担分销功能企业的水平。

由于 A 公司销售毛利率大幅偏高且未能作出合理解释的事实,海关认定 A 公司进口家用取暖器成交价格受到买卖双方特殊关系影响,决定对该批货物予以估价补税。海关通过对 A 公司承担功能和风险的分析,并考虑其产品类别和商业水平,选取可比企业的毛利率水作为调整 A 公司销售毛利率的基础,据此进行估价。

以上案例从进口企业毛利率水平与其承担功能不相匹配,并大幅高于境内同行业水平的事实入手，认定关联企业之间制定的转让定价不合理，并最终通过调整分销环节的毛利率，对进口的家用取暖器实施估价。

(二)其他判定方法探讨——交易利润法的借鉴

由于大多数跨国公司的各关联企业之间的内部交易，是以知识和技术密集型产品为主要特点的，各关联公司间的贸易常常是复杂的货物、知识产权和服务的交易集合体，也就是对多种有形和无形资产进行组合交易和定价，这样的交易组合常常很难找到合适的可比对象。《转让定价指南》考虑到这种情况，提出：当传统交易方法（指可比非受控价格法、再销售价格法和成本加成法）不能单独可靠地适用，或者在特殊情况下根本不能适用时，可使用其他接近独立公平交易所产生利润的方法，这些方法就是交易利润法。《转让定价指南》提供了两种交易利润法，即利润分割法和交易净利润法。此外，IRC482 节提供了第三种交易利润法，即可比利润法。跨国公司在制定转让定价政策时也常常使用交易利润法，根据 2010 年安永全球转让定价调查的结果，各关联公司在制定转让定价政策时，对于有形货物采用交易利润法（包括交易净利润法、可比利润法以及利润分割法）占 26%，对于无形货物占到 30%[①]。我国税务部门在进行预约定价安排时，也倾向于采用交易利润法（特别是交易净利润法）。根据《中国预约定价安排年度报告（2011 年）》，中国在2005—2011 年这七年间共签署五十三个单边 APA（Advance Pricing Agreement，即预约定价安排）和二十个双边 APA，其中交

---

① Ernst & Young. 2010 Globe transfer pricing survey[EB/OL]. (2011-1-17)[2017-3-6]. http://www. ey. com/Publication/vwLUAssets/Global_transfer_pricing_survey_-_2010/ $ FILE/2010-Globaltransferpricingsurvey_17Jan. pdf

易净利润法是最常用的方法，使用五十二次，占全部方法的 67%[①]，主要采用的利润率指标是营业利润率（二十八次）和成本加成率（二十四次）。《转让定价指南》中主张转让定价的合规性判断和后续调整必须遵循独立交易原则。如前文所述，《审价办法》没有明文提出独立交易原则，但其判定特殊关系是否影响成交价格的相关条文，和客观、公平、统一的估价原则，却体现出其与《转让定价指南》审查转让定价的出发点和遵循的基本原则是一致的。交易利润法在《审价办法》中并没有类似的对应方法，但 WCO 海关估价委员会咨询性意见 12.1 中述及，在灵活使用上述方法（即《估价协定》中第一条至第六条规定的方法），仍不能确定完税价格，作为最后手段，完税价格可以用其他合理方法加以确定，只要这些方法是第七条第二款所列方法之外的。因此引入交易利润法与《审价办法》及《估价协定》的基本原则和相关规定并不冲突。

交易利润法常常验证的是营业利润或净利润，这比基于毛利润方法有更为广泛的适用范围。一般来说，价格容易受到产品差异的影响，毛利润容易受到功能差异的影响，但营业利润或净利润受到这些差异的影响相对比较小。就营业利润而言，营业利润是从毛利润中扣除期间费用（包括销售费用、管理费用和财务费用等）的结果，企业之间功能的差异一般是通过期间费用反映出来的，那么通过扣除期间费用，就可以有效消除这些差异，所以采用营业利润的比较验证对可比企业的功能相似程度的要求则大大降低，净利润也大致相同（净利润是在营业利润基础上进一步扣除了营业外收入、营业外支出以及所得税费用等）。营业利润或净利润验证的理论基础是资本市场均衡：在公平竞争的情况下，企业的资本收益率和投资者期望的利润率从长期来看是均衡的。也就是说，企业能够存

---

① 有的预约定价安排涉及两种或两种以上的关联交易，所使用的转让定价方法也可能涉及两种或两种以上。

续,相对于承担的风险必须达到投资者期望的利润率。适用交易利润法对商品和企业要求的可比程度更低,也就更容易寻找到可比交易的数据。以营业利润或净利润作为比较判断的也存在不足之处,营业利润或净利润会受某些因素的影响(比如:经营管理水平等),而这些因素对毛利润只有很小的影响或没有影响;有些影响价格和毛利润的因素,同样也会影响到营业利润或净利润(比如市场竞争地位、替代产品的威胁等)。《转让定价指南》明确指出:当所对比的企业特征的差别,对所使用的净利润有实质影响时,不宜在未对这些差别进行调整就应用交易净利润法。当然,对于使用营业利润或净利润指标进行判定时,对产品及行业的可比性要求进一步降低,实际运用的可能性更高。但也应注意到产品及行业的可比性越高,比较判定的结果也越可靠。此外,一些情况下企业对可能影响净利润的会计处理方式也有差别,在进行可比性分析时也应加以考虑。交易利润法更侧重于对营业利润或净利润的比较验证,由于影响毛利润与净利润或营业利润的因素不同,适用范围也有所不同,因此应根据实际情况灵活选择。在借鉴应用交易利润法时,还应注意利润分割法和交易净利润法等不同方法的优缺点和适用性。例如:利润分割法中利润分配基于关联企业之间的功能划分,由于考虑了关联企业之间具体甚至独特的事实和情形,因而具有一定的灵活性,应用于一体化程度比较高的关联企业之间交易的审查比较合适。但运用利润分割法要求跨国公司内部保持会计方法的一致性。以下是一个借鉴运用利润分割法的案例。

案例 4-6:

一、基本情况

(一)交易各方情况

进口商:X 中国公司,系 X 有限公司在中国设立的子公司;

出口商:X 香港公司,系 X 有限公司设在香港的子公司;

由于进口商 X 中国公司和出口商 X 香港公司均系 A 国 X 有限公司的全资子公司。根据《审价办法》可以认定进口商与出口商存在特殊关系。

（二）进口交易流程分析

1. X 中国公司根据市场及库存需求，将购货订单发往 X 香港公司，X 香港公司再向 X 有限公司订货；

2. X 有限公司收到订单后，进行生产并将货物直接发往 X 中国公司；发票则由 X 有限公司向 X 香港公司开具；X 香港公司另行开具商业发票给 X 中国公司；

3. X 中国公司在收到货物后，在 120 天账期内，按照 X 香港公司开具的发票金额支付货款。

（三）转让定价策略

根据 X 中国公司提供资料显示，X 有限公司采用利润分割法制定内部转移价格，具体做法是：按 X 中国公司在中国大陆市场的销售价格，计算相应的销售利润，X 有限公司与 X 中国公司按照 45：55 的比例，分割上述销售利润。

二、各企业功能分析

按照 X 有限公司与 X 中国公司的职能划分，X 中国公司承担销售及售后服务职能，而 X 有限公司拥有产品的品牌并承担生产和研发职能。就商业角度而言，作为相关商标和生产核心技术的拥有者，以及生产制造者，X 有限公司所作出的有形资产和无形资产贡献不应少于 X 中国公司。但其实行的 45：55 的利润分割比例，明显与双方所承担的职能和所作的贡献不符。

整个进口贸易流程中，X 香港公司给予 X 中国公司长达 120 天的付款账期，并承担了相应的财务费用。由于单证全部通过 X 香港公司中转，该公司还承担了单证分拨的职能。因此，X 香港公司应就其承担的功能获得相应利润。在实际贸易中，X 香港公司在向

X中国公司转售货物时,并未附加任何利润。

三、海关估价

根据交易的实际情况,海关采用合理方法进行估价。具体估价方法如下:按照X有限公司与X中国公司在整个交易过程中所作贡献的实际比例,重新进行利润分割。经海关与企业磋商,将X有限公司与X中国公司利润分割比例调整为65:35,即将X有限公司销售给X香港公司的价格上调20%,并根据X香港公司的功能,适当地在其转售货物的价格中加入部分利润,即将X香港公司向X中国公司的销售价格在X有限公司售价基础上再调增3%。海关据此客观量化数据对进口商申报价格进行调整,实施估价。

五、关于转让定价调整的注意点

经过审查和判断发现转让价格不符合独立交易原则,则需要进一步对转让价格进行调整。虽然可以认为转让价格的调整只是判定过程的自然延续,但是在确定完税价格时,还需要注意以下几方面的问题:

(一)估价方法的选择。《估价协定》中第一条第二款c项中明确规定:"第二款(b)项所列测试价格应在进口商自行提出后使用,且仅用于比较的目的。不得根据第二款(b)项的规定确定替代价格"。因此在进行调整时,应依照《审价办法》规定的相同货物成交价格估价方法、类似货物成交价格估价方法、倒扣价格估价方法、计算价格估价方法以及合理方法的顺序,依次审查确定货物的完税价格。相同及类似货物成交价格,能够提供最为可靠的公平交易信息,优先采用是合理和必然的。由于方法本身的特点,倒扣价格估价方法更适用于进口商将货物在国内进行直接销售或只经简单加工后销售。计算价格估价方法则更适用于国外的生产商只是从事制造活动而没有其他复杂活动,这种情况下成本和回报均比较容易确定和计算。《审价办法》中还规定,在进口商请求下,可以颠倒倒扣价格估价方法和计算价格估价方法的适用次序。

《转让定价指南》认为没有一种方法是适合于任何情况的,每一种方法都要考虑其适用性,同时也对各方法的适用范围给予比较详细的论述。再销售价格法适用于企业主要从事营销活动;关联方之间销售半成品且签署了合作协议,则更适合使用成本加成法。使用交易利润法的时候,由于利润受更多因素的影响,各种方法的适用性受到的限制更多。比如:利润分割法明显的优点,就是同时考虑关联企业双方的获利情况,而且在有价值的无形资产多所获利润作出重大贡献的情况下更适用[①],但需要较多的企业内部数据,而且往往面临复杂的会计处理问题。对于可比利润法来说,理论上只要获得相关产业的利润水平,就能以其作为正常交易利润水平来进一步获得正常交易价格,但如果关联企业交易的产品涉及对利润获得至关重要的无形资产,那么使用可比利润法时需要进一步的调整。交易净利润法就如前面讨论的,由于影响净利润与影响毛利润因素不同,在实际应用中应对照个案的具体情况,确定该方法能否适用。此外,由于独立交易原则要求被比较验证跨国公司转让定价的交易条件,和独立公司交易条件,在经济方法相关的特征必须充分可比。《转让定价指南》列出了五方面决定可比的因素:财产和劳务的特征、功能分析、合同条款、经济情形以及经营策略等,这些因素即使在可比交易之间一般都会存在或大或小的差异,依据采用调整方法的不同,这些因素影响的大小也是不同的,这在选择方法的时候有所考虑。由于这些方法各具特点,难以一个标准分出优劣,美国IRC482节明确提出应遵循最优法原则,即必须依照实际情况,选取

---

① 刘永伟.转让定价法律问题研究[M].北京:北京大学出版社,2004:67.

最可靠的衡量方法,来确定一项受控交易的独立交易价格。考虑到转让定价的复杂性,能够适用的方法通常属于合理方法范围,海关在估价实践中根据个案具体情况选择最适合的方法一般不会与《审价办法》有冲突。

(二)完税价格的确定。绝大部分进口货物的关税和进口环节税是以价格为基础进行计征的,而且不同货物的税率也存在差异,对于海关而言更关注的是以每笔交易中,每种货物为单元的完税价格的确定。运用利润法进行转让定价判定的优点之一,就是可以避免逐笔交易或逐项商品审核交易价格,只要找到可比企业的利润水平加以比较即可,其着眼点是企业的层面。但是以利润为基础的方法通常不会考虑交易层面的价格,也就是使用利润进行判别之后,需要进一步调整时,无法直接得到一个符合独立交易原则的价格。因此以利润为基础的转让定价方法来确定海关所需要单笔交易中货物定价,在技术和操作上需要运用通用会计原则和客观可量化标准,对成本和利润进行分摊及配比,即要按照企业会计准则和会计制度所确定的权责发生制、历史成本、配比等会计原则和方法,将成本和利润在进口货物中进行分摊及配比,进而确定完税价格。

(三)合理值域的确定。《审价办法》中明确规定不能选取可供选择的价格中较高的价格,也就是从低原则。但在使用利润法的时候,应注意由于在现实的经济生活中,企业的利润受到外部环境(如:经济景气度和商业周期)和内部因素(如:经营战略的选择、重要管理人员的变动甚至重大谈判的成败等)等多要素的影响,即使产品、功能、规模及风险完全相同的企业,其利润率可能也不相同,更何况完全相同的企业通常是不存在的。因此为了有效消除这些差异,使用验证对象公司和可比公司多年平均的利润数据是一种方法,更可靠的还应运用多家可比公司的利润数据,这样得到往往是一组参考数据。在实践中通常采用的是四分位数间距法(即,多个所得结果中位于 25％点至 75％的点所构成的区间。如果所采用数据可靠性及可比性都比较高也可以用到全区位法）来确定正常交易利润水平范围。如果被验证企业的数值落在区间之外，则必须调整到区间内的某一点上，而选择怎样的点，既对海关税收多少起决定性的影响作用，同时也将极大的左右纳税人的税赋额度。WCO 海关估价委员会评论 15.1 中指出："通常的佣金或一般性费用的总额可能组成一定范围的总额，该总额会由于被估货物的商品等级或种类而不同，该范围不应过大或过小，以便具有可接受性。另外，鉴于这个数量范围是一个'通常情况下'的数量，因此应明显，易于区分。当然，也存在其他方法，比如采用一个占绝对优势的数量值（如果存在这个值的话）或者是采用一个经简单或加权平均的数量值"。因此根据案件具体情况，通过经济分析及功能分析，选择调整点是符合《审价办法》以及《估价协定》精神的。此外，按每年分别调整，还是按多年平均数值调整，对调整金额也会产生一定的影响，也应予以注意。

上述内容，实际上是对《审价办法》的扩大解释。应该认识到，跨国公司操纵转让定价，逃避海关税收属于一种税收规避行为。税收规避产生于私法意思自治与税法形式理性的矛盾。实质课税源自德国的经济观察法，它由税收负担公平原则所导出，是解决税收规避的一种法律方法。同时，为了保障纳税人对税法秩序的信赖，维持税法的安定性和可预测性，税收法定主义应优先于实质课税主义而适用[①]。《估价协定》对于特殊关系影响成交价格的判定及调整相关规定却比较简略，《审价办法》也存在同样的问题。因此有必要制定严谨的转让定价海关税收法规，对各判定和调整方法作出详细可行的指南，具备纳税人和海关双方理解及适用的确定性，以及能

---

① 刘剑文,熊伟.税法理论基础[M].北京:北京大学出版社,2004:153-163.

够适应各种复杂情况的可操作性,既便于海关对转让定价进行有效管理,又利于企业守法自律,并保证海关估价法规的安定性和可预测性。

第六节 | 运用销售环境测试法时借鉴 OECD 转让定价相关规定的再探讨——审查要点及相关案例分析

运用《审价办法》第十八条的规定,通过审查与货物销售有关的情况是否符合一般商业惯例,以判定跨国公司转让定价的合规性,是海关估价实践的重要课题。2010 年 WCO 海关估价技术委员会发布了评论 23.1。虽然评论 23.1 指出,在《WTO 估价协定》中确定进口货物成交价格的方法与《转让定价指南》中的方法存在实质和显著的差别(the substantial and significant differences);但评论 23.1 认为:“进口商提交的转让定价研究可能是很好的信息来源,如果它包含了关于围绕销售环境的相关信息。……因此,转让定价研究的应用作为销售环境审查基础的可能性,应当逐案考虑。作为结论,进口商提供的任何相关信息和文件,都可用于销售环境的审查。转让定价研究可以作为此类信息的来源之一。”WCO 于 2015 年 6 月发布了《WCO 海关估价与转让定价指南》。《WCO 海关估价与转让定价指南》认为评论 23.1 的审议通过是重要的进展,并指出转让定价报告中,通常都包含税务机关对企业开展功能分析的信息,这些内容对海关审核企业销售环境提供了信息支持。如上节所述,在《审价办法》的法律框架内借鉴《转让定价指南》的转让定价方法和可比性分析,将有助于海关在估价实践中处理转让定价相关问题。由于所征收税种及其税基的不同,税务部门通常关心的是企业一段时间内关联交易总价或通过交易总体获得利润的多寡。《转让定价指南》主要从税务部门角度考虑,侧重以企业的整体经营状况为考察对象,以企业某一段时间内的关联交易总体情况为审查重点,关注关联交易是否对国内税税基产生影响。跨国公司针对税务部门管理要求,而制定的转让定价策略或准备的转让定价研究,主要力图说明其关联交易整体上是符合独立交易原则,一般很少涉及具体说明每一批次、每一种类货物成交价格的合规性。海关使用的主要计税标准为从价税,即以货物的价格为基础,确定应缴纳的税款。完税价格是海关税收的计税价格,构成海关税收征管体系的税基。在从价税管理体系下,税收的数额取决于价格和税率两项指标。进口货物的完税价格由海关以该货物的成交价格为基础审查确定,不同货物可能由于所对应的税号不同而适用的税率也有差异。海关通常是以报关单为单元,对每批次进口货物的完税价格进行审核,考察某一批次、某一种类进口货物的成交价格,是否受到交易双方特殊关系的影响。而且根据《审价办法》,成交价格的前提是买卖双方之间必须存在销售行为,完税价格是由海关以该货物的成交价格为基础审查确定。

运用《审价办法》第十八条时,一方面可以借鉴《转让定价指南》所提供的可比性分析(特别是功能分析)以及转让定价方法,对与货物销售有关的情况进行审查;另一方面,在审查过程中还要进一步判断跨国公司转让定价政策,是否符合海关估价对成交价格的要求。以下对这两方面问题进行初步探讨。

一、借鉴《转让定价指南》中可比性分析以及转让定价方法进行的审查

相当部分跨国公司会就某一较长时间段内的关联交易,制定整体的转让定价策略,确定关联交易价格时也多采用《转让定价指南》

所推荐的方法。因此,根据跨国公司制定及实施转让定价的特点,借鉴《转让定价指南》中可比性分析以及相关转让定价方法,从跨国公司供应链整体角度对相关企业所承担的功能和所使用的资源进行分析审查是必要的。通过考察进口企业在跨国公司整体供应链上所处的位置、所承担的职能和分担的风险、所使用的资源等多方面与进口货物销售直接相关的因素,并在此基础上判断转让定价是否合规。分析和审查应主要围绕以下三方面进行:判定关联企业间交易相关的利润分配是否与企业承担的功能和使用的资源相匹配;是否根据其经营特点和承担功能采用了恰当的转让定价方法;采取的转让定价策略是否具有商业上的合理性。

(一)关于关联企业间交易的利润分配是否与企业承担的功能和风险相匹配的审查

如前所述,由于跨国公司内部交易的产品多为加工程度高、知识和技术密集型的产品,此类产品往往差异性大,海关很难找到不受特殊关系影响的"测试价格"。因此,根据转让定价所涉及货物的特点,通过审查与进口货物销售相关的利润数据,并与独立企业间可比交易的利润水平相比较,是判定及调整跨国公司转让定价的重要途径。在海关估价中,主要侧重于从销售的商业水平角度,考察其在销售链条中所处的环节,从交易所处的商业销售环节入手,推断其交易价格的合理性。例如,《审价办法》第十七条和第二十一条均提出应考虑交易的商业水平,商业水平是指买卖双方在销售环节中的位置,一般可理解为国内通常所称的一级批发、二级批发、零售商或最终消费者等不同的商业销售环节①。但交易双方在整个商业销售环节中所处的位置,并不能全面反映出双方承担的功能和应获得的收益,及其对进口货物价格产生的影响。《转让定价指南》则是

---

① 海关总署关税征管司.审价办法及释义[M].北京:中国海关出版社,2006:122.

以企业为单元,通过分析其承担的商业功能,从而判断其交易价格或获得利润的合理性。《转让定价指南》中指出:"在两个独立企业之间的交易中,交易报酬通常会反映出每个企业执行的功能(并考虑使用的资产和承担的风险)"。[①] 独立企业之间进行的交易,卖方获得的利润应与所从事的有助于从交易中实现收益的活动相匹配,这就是功能分析的理论基础。企业进行不同的经营活动,承担不同的功能,所获得的利润水平也相应存在差异。功能分析通过考察交易参与方从事产生收益的相关经济活动,并由此确定相关方应获得的利润。这种建立在功能分析基础之上的比较,实际上就是分析并比较独立企业与关联企业所进行的经济方面主要活动和承担的责任,并在此基础上进行利润水平的比较。《转让定价指南》还进一步指出:"在市场经济条件下,不同的经营活动,执行类似的功能所获补偿趋于相同"。[②] 在公开竞争市场条件下,独立的企业具有独立的经济利益和经济责任,出于保护自己的利益和竞争的需要,每个企业都会尽可能按照公平的价格进行交易,以获得与所承担功能相匹配的利润。在市场经济条件下,承担相同功能的企业所获得的利润,理论上应当是相近的。跨国公司为获得整体利益的最大化,通过设立承担不同功能的关联企业,将其供应链延伸到世界各地。在符合独立交易原则的情况下,各关联企业间制定转让定价的策略也应使利润分配与企业承担功能相匹配。在跨国公司供应链体系中,一个企业承担的功能越多、承受的风险越大,应获得的利润水平也应该越高,反之则越低。例如:如果某个企业在跨国公司的产业链中只按订单从事加工制造,不承担经营决策、产品研发、销售等功

---

① 经济合作与发展组织.跨国企业与税务机关转让定价指南(2010)[M].国家税务总局国际税务司,译.北京:中国税务出版社,2015:13.

② 经济合作与发展组织.跨国企业与税务机关转让定价指南(2010)[M].国家税务总局国际税务司,译.北京:中国税务出版社,2015:29.

能,其承担的功能较简单、风险也较低,那么该企业所分配到的利润水平也应该比较低。而如果一个企业同时承担产品研发、制造和销售的职能,其承受的风险也要大得多,所应获得的利润也应较高。企业承担的功能通常主要有:研发设计、采购、制造装配、销售以及存储运输等,相应所承担的风险主要有:研发设计风险、采购风险、制造装配风险、销售风险等。在对关联企业间交易的收益或利润进行考察时,必须对双方承担的职能和风险、在供应链中所处的位置进行分析,将其作为寻找可比交易数据的基础,并进而判断企业所担负的功能与其所获得的利润是否匹配,以此确定关联企业间的转让定价是否合规。以下是一个相关案例。

案例 4-7:

一、基本情况

国内 A 贸易公司从 E 国 A 公司进口化工产品,并销售给国内的客户。A 公司是 A 贸易公司的母公司。根据《审价办法》第十六条的规定,A 公司与 A 贸易公司之间存在特殊关系。

二、转让定价的审查

A 贸易公司无法提供可以证明其价格未受特殊关系影响的测试价格,海关决定通过销售环境测试的方法,对其进口商品使用的转让定价合规性进行审查。

A 贸易公司向 A 公司采购的商品,是按照 A 公司制定的转让定价政策确定交易价格的。A 公司的转让定价政策文件显示,该公司确定转让价格时采用的是再销售价格法。即,A 公司根据 A 贸易公司对国内客户的销售价格,使用再销售价格法确定进口价格,进口价格＝国内销售价格×(1－再销售利润率)－国内费用和税收。根据 A 公司所委托咨询公司进行的化工行业分析并考虑 A 贸易公司履行的功能,由于 A 贸易公司在销售货物的同时,还要承担国内的营销推广以及技术支持等职能,因此其应当获得 30％毛利率的回报。

但海关发现,A贸易公司在实际操作中并未承担营销推广以及技术支持等职能。A贸易公司提供材料解释称,由于A贸易公司成立的时间不长,成立初期各方面费用支出较大且公司相关人力资源不足。因此,A公司决定由A公司来承担本应由A贸易公司承担的这部分职能。

海关认为,A贸易公司获得的30%再销售利润率,是考虑到其承担营销推广以及技术支持等职能的。而实际上,该部分职能是由A公司承担并支出了相应费用。由此,进口货物价格受到特殊关系影响,应重新估价。海关采用合理方法,并参照该集团转让定价方法重新估定货物的进口完税价格。

在进行功能分析时,还应注意如果相关方使用了高价值的无形资产(如品牌、专利或专有技术),则其有可能获得更高的收益。有效的功能分析——通过对交易参与方的相关功能以及风险的审查——对于选择合适的可比非受控交易以及适当的调整方法都是很重要的。海关可以在合理方法的框架下选择恰当的方法,通过分析企业在交易中所承担的功能和风险,将其在关联交易中获得的利润与可比独立交易的利润进行比较判断,以确认特殊关系是否影响成交价格。

(二)关于关联公司交易是否采用了适当转让定价方法的审查

由于《审价办法》第十八条关于销售环境测试的规定比较宽泛,同时《审价办法》中对合理方法没有给出具体方法,只规定了应遵循的基本原则(即要求根据估价原则,在合理灵活性的基础上,依据客观、可量化的数据资料审查确定进口货物完税价格)。这些规定都为在海关估价的法律框架下,借鉴《转让定价指南》所提供的各种转让定价方法提供了足够的空间。就《转让定价指南》各转让定价方法的适用性而言,可比非受控价格法更注重产品可比性,产品之间细小差异也可能会对价格产生较大的影响;如果购买方仅承担直接再销售业务或仅对商品进行简单加工后进行销售,可以考虑用再销售价格法;如果销售方承担较为单纯的生产功能且不拥有重要的无形资产,采用成本加成法则较为合适;利润分割法则更适用于关联企业间整合程度比较高,而且交易双方均拥有与生产经营有关的重要无形资产的情况;交易净利润法由于采用的利润率指标受交易间的功能、风险以及会计处理差异的影响较小,因此适用的范围更广。但应注意的是,在采用交易净利润法时,如果涉及生产型企业,采用的成本加成率指标较为合适;如果涉及销售型企业,则采用销售利润率指标更为合适。正如《转让定价指南》所指出的:"转让定价方法的选择,旨在根据案例的实际情况选择最适当的方法"。① 因此,有必要深入了解转让定价各调整方法相关的经济、财务或会计上的基本原理,在实际运用中适用的条件和限制、影响方法可靠性的主要因素,以及存在的优点和不足,在估价实践中才能根据个案特点选择合适的转让定价方法。如果所选择的方法不恰当,那么得到的独立交易价格就有可能不可靠。以下是一个关于如何恰当选择估价方法的案例。

案例 4-8:

一、贸易基本情况

A 公司是由 E 国 D 公司在中国投资设立的独资公司,从 D 公司进口添加剂,并在国内销售。根据《审价办法》第十六条的规定,A 公司与 D 公司之间存在特殊关系。

D 公司在 E 国国内采购添加剂核心原料,加工后销售给 A 公

---

① 经济合作与发展组织.跨国企业与税务机关转让定价指南(2010)[M].国家税务总局国际税务司,译.北京:中国税务出版社,2015:24.

司。A 公司向海关申报进口添加剂的价格为 FOB USD3.60/千克。A 公司说明,该转让价格是由 D 公司决策制定的,并向海关出具了由某咨询公司为 D 公司制定的《D 公司转让定价政策报告》(以下简称《政策报告》)。

二、转让定价分析

根据《政策报告》,D 公司采取的转让定价方法是在贝里比率基础上运用成本加成法(即,运用贝里比率确定加成利润率),并确定 D 公司目标贝里比率为 1.2。

用贝里比率及成本加成法,确定转让价格步骤见表 4-4:

表 4-4　添加剂半成品价格分析表

	项目	公式	金额(USD/千克)	比率
(1)	添加剂成本		3.00	
(2)	D 公司营业费用		0.50	
(3)	核定的贝里比率	——		1.2
(4)	毛利	(4)=(2)×(3)	0.60	
(5)	确定的销售价格	(5)=(1)+(4)	3.60	

因此,成交价格确定为 FOB USD3.60/千克。

海关认为:鉴于 D 公司的功能和交易类型(即,既承担销售添加剂职能,也承担一定的生产职能),由于其承担了部分制造职能,因此不适用贝里比率。D 公司使用成本加成法还是可以接受的,但需要重新考虑 D 公司所处行业及所承担的职能以确定其应获得的毛利率。根据行业惯例及财务数据,D 公司销售添加剂时,在总成本上附加 20% 的利润是合理的,以此为基础进行估价。

贝里比率属于交易利润法的一种(也可以认为是成本加成法的

变形),通常设定为毛利润与营业费用之比。贝里比率只考虑由于营业费用而获取利润的情况,它假设公司获取的利润都与营业费用有关且成正比关系。即,贝里比率体现了公司承担功能的价值回报,并假设实现这些功能的支出体现在营业费用中。因此,贝里比率的适用取决于交易是否存在这样的情况:企业中营业费用和毛利润水平是同步变化的。在商业上,通常当分销商能够从它经营收入中得到对所承担功能的补偿时,营业费用和毛利润会同步增减,贝里比率在衡量分销商通过分销活动获取的利润时非常有用。但如果将贝里比率运用到同时还具有部分制造职能的分销商身上,将是不合适的,因为贝里比率不会体现因制造职能所获得的额外回报。因而运用贝里比率时,应该把考察对象局限在只承担日常分销功能且不具有额外的装配和制造功能的企业。

在借鉴《转让定价指南》转让定价方法时,各国也持不同立场。美国海关根据《估价协定》第一条第二款注释中所列范例,认为在进行销售环境测试时,只允许运用"成本加成"(或计算价格)法①。而根据加拿大海关备忘录 D13-4-5 号②,加拿大海关在估价时,会接受按《转让定价指南》中所列的方法所计得的实付或应付价格,除非其

---

① 美国海关行政裁定第 545800 号:"即使 Tundra 公司(进口商)的日常开支和所赚利润是处在相关行业常规一般费用及利润范围之内,但这不能证明,Standard 公司与 Tundra 公司(与 Tundra 公司存在关联关系的出口商)之间的定价在某种意义上与该行业中的正常定价惯例相符⋯⋯此外,其辩护律师所提供的证据也不足以证实,进口商品的价格足以弥补相当于该公司在有代表性的某段时间内所赚取总利润的成本加利润之和。辩护律师提供了 Tundra 公司在向其客户销售商品时所承担费用的有关信息。但是,这些成本信息并未显示,Standard 公司的要价足以弥补其所有成本,并赚取了与其在有代表性的某段时间内的总利润相等的利润。换言之,应当考虑的是 Standard 公司生产进口毛线衫的成本,而不是 Tundra 公司(进口商)在美国转售该毛线衫的成本。由于没有证据显示 Standard 公司生产该进口毛线衫花费了多少成本,我们不能确定,通过其与 Tundra 公司的定价惯例,Standard 公司能否弥补其所有成本,并赚取与其在有代表性的某段时间内的总利润相等的利润"。

② Canada Border Services Agency. Memorandum D13-4-5[EB/OL]. (2015-9-17) [2017-3-6]. www.cbsa-asfc.gc.ca/publications/dm-md/d13/d13-4-5-eng.html.

获得与具体进口更直接相关的资料。

(三)关于跨国公司转让定价策略是否具有商业上合理性的审查

在实际交易中,虽然独立企业间不一定会把获得的利润作为进行交易的先决条件,但持续获得的利润是企业永续经营的必要条件之一。在正常的经济情形下,企业发挥了一定的功能、承担了一定的风险并使用了一定的资源,则其应获得相应的收益或利润。跨国公司可能会声称由于外部激烈的竞争环境,或由于采用某些特定的经营策略(如市场渗透策略等)而导致出现亏损。外部不利的经济环境、内部管理问题或企业所采取的经营策略,以及其他一些商业因素确实有可能导致企业出现亏损,但独立企业不会容忍亏损持续而不对原有的生产经营方式进行任何改变。对于独立企业而言,持续较长时间的亏损必然会导致企业停止经营或转变原有的业务方式。出于对其整体利益、长期发展战略等方面的考虑,跨国公司却有可能会让亏损的关联企业维持原有的业务,甚至扩大经营规模。因此,在关联企业亏损的情形下,应该考虑在相同的外部经济环境或内部经营条件下,独立企业是否还能够接受关联交易的条件而持续进行交易。《转让定价指南》也指出:"然而,如果在交易的时点,这一预期的结果不具有说服力,抑或是经营策略并不成功但仍继续得以采用,以至于超出了独立企业所能接受的程度,那么该经营策略是否符合独立交易原则这一点就值得怀疑"。[①] 例如,如果跨国公司在采用市场渗透策略时,需要探究两方面的问题:一是审查确定在关联交易中由哪一方承担该策略的经济风险。如果制造商向关联批发商出售货物的价格偏低,则制造商所得利润较低甚至亏损;如果批发商以较低的价格向市场销售,或者由其承担了更多的促销

---

① 经济合作与发展组织.跨国企业与税务机关转让定价指南(2010)[M].国家税务总局国际税务司,译.北京:中国税务出版社,2015:17.

费用,则批发商所得利润较低甚至亏损,如属前者,其经济风险应由制造商承担;如属后者,其经济风险应由批发商承担;二是判断承担经济风险的关联方是否合适。正常商业条件下,承担风险的一方应该是经营策略如果成功时可获取经济收益的一方,即风险应与收益相匹配。实际贸易中,出现由于跨国公司的转让定价安排,使得某一关联企业销售产品的内部交易价格低于生产该产品的成本,或前一环节交易价格高于后一环节交易价格情形(即价格倒挂情形),可能的原因主要有以下三个方面:一是根据经营方面的要求,出于整体利益的考虑而保障整个生产和销售链条中某些环节的利润,将亏损放在其余一些环节;二是由于市场出现异常的波动,跨国公司内部缺乏有效的管理和监控,未能根据实际情况对既定的转让定价政策进行及时调整;三是企业在具体确定内部转让价格时,未能严格按照原来确定的符合独立交易原则的转让定价政策。如果属于这些原因,则需要对转让定价进行调整,以使其符合独立交易原则。以下是一个相关的案例。

案例 4-9:

一、相关企业及贸易流程

整个贸易流程涉及三家企业,分别是 E 国 A 公司、香港 A 公司及中国 A 公司:

E 国 A 公司:位于 E 国的 A 公司,是化工产品生产企业。

香港 A 公司:E 国 A 公司投资设立,位于香港的子公司。

中国 A 公司:E 国 A 公司投资设立,位于中国的子公司。

中国 A 公司综合国内销售和库存情况基础上向香港 A 公司发送采购订单。香港 A 公司负责收集整个亚洲地区 E 国 A 公司子公司的订单,统一向 E 国 A 公司下订单进行采购,之后再将货物销售给中国 A 公司,由中国 A 公司进口后在国内进行销售。根据《审价办法》第十六条有关规定,E 国 A 公司、香港 A 公司与中国 A 公司存在特殊关系。

二、转让定价政策的审查和分析

海关对中国 A 公司开展价格核查,要求该公司对进口产品的定价方法进行说明。中国 A 公司提供的转让定价政策文件表明,E 国 A 公司确定销售给子公司的转让价格通常使用成本加成法,即销售价格中包含了生产成本、相关费用和利润;而且成本加成法不只适用于关联公司,对非关联公司定价也是以此为基础进行确定。经过比对发现,E 国 A 公司对关联企业和非关联企业销售同种类货物时,其毛利率基本一致,处于合理范围。因此,E 国 A 公司所使用的成本加成法符合独立交易原则。但香港 A 公司销售给中国 A 公司的价格则选用再销售价格法,即以国内市场销售价格为基础,扣除利润和货物进口后产生的税收和费用,并经汇率换算后确定为销售给中国 A 公司的价格。

海关通过核查,发现部分进口产品存在价格倒挂的情况,即 E 国 A 公司销售给香港 A 公司的价格高于香港 A 公司销售给中国 A 公司的相同货物的价格,比如:某型号的化工品,E 国 A 公司销售给香港 A 公司的价格为 10USD/千克,香港 A 公司销售给中国 A 公司的价格为 9USD/千克。

三、海关估价

正是由于在相关交易过程中同时存在成本加成法和再销售价格法,并由此产生了价格倒挂的问题。根据中国 A 公司提供的相关资料显示,按照 E 国 A 公司制定的经营策略,部分产品通过中国 A 公司向国内销售,另有部分产品由香港 A 公司直接向国内无关联的客户销售。香港 A 公司对非关联公司销售时,根据其从 E 国 A 公司采购价格的基础上加成一定比例确定销售价格。虽然香港 A 公司销售给国内非关联公司的化工品,与销售给中国 A 公司的化工品并不相同,但均属于同类货物,其定价方式是可以参考的。海关决定将香港 A 公司卖给非关联公司时采用的加价比例为依据,运用这一比例计算出香港 A 公司将应销售给中国 A 公司的商品出售给非关联公司时可能的价格,最后通过比较该价格和中国 A 公司的实际进口价格来判断其进口价格是否受到特殊关系影响。通过选取该公司进口量较大的五项产品进行价格比较,结果均显示,以香港 A 公司卖给非关联公司时采用的定价方法计算出的价格均明显高于中国 A 公司的实际进口价格,价格差异达 20％以上。据此,海关认定,中国 A 公司进口货物的价格受到特殊关系影响,应予以重新估价。

因此,海关根据中国 A 公司提供的转移定价政策和相关数据,参照香港 A 公司向非关联公司销售时的成本加成利润率,采用成本加成法重新估定中国 A 公司进口货物的价格。

二、对转让定价是否符合规定海关估价规定的审查

根据关税征管所涉及征税对象、计税基础的特点,以及《审价办法》对完税价格的规定,在判定跨国公司转让定价是否符合海关估价意义上的成交价格时,还应结合成交价格定义、所应符合的四项条件以及调整因素等诸方面要素,重点对以下三个方面进行审查:一是审查关联企业间交易是否符合销售、成交价格的条件。通过对相关合同和实际贸易情况的审查,判断货物的所有权和风险是否转移给了买方,买方并为此支付了对价。如果买方在关联交易中实际仅承担代理的功能,即使关联买方所获得的佣金与其承担功能相匹配,但其交易价格不符合海关估价中的成交价格定义,海关应以关联买方向国内无关联方的销售价格为基础,审查确定完税价格或使用其他估价方法确定完税价格。此外,还要判断交易价格是否符合成交价格的四项条件;二是审查相关的各价格调整项目是否依据

《审价办法》规定计入完税价格。按照独立交易原则确定的交易价格，一般构成海关估价意义上的实付、应付价格。作为关税税基的完税价格，除实付、应付价格以外还包括相关调整因素。伴随着关联企业间货物的进口交易，可能还存在与进口货物有关的其他贸易安排，如与货物相关的特许权交易、与货物生产和销售有关的协助、对于货物包装的约定等。买方对这些交易支出进行会计处理时，一些情况下并不计入进口货物成本，而是计入费用栏目，对毛利润不会产生影响。但根据《审价办法》的相关规定，这些项目费用却有可能构成进口货物完税价格的一部分。因此还应注意与进口货物有关的其他贸易安排，确定其是否存在调整项目；三是在审核确定关联企业转让定价政策合规基础上，还应关注每种货物每批次的定价是否符合海关估价的相关规定。虽然海关估价法规和《转让定价指南》在审核关联交易所遵循的基本原则是一致的，即要求交易应符合独立交易原则，但税务部门审查的重点是以某一个时间段内的多批次、多种类货物关联交易总价或关联交易产生的利润，在某些情况下甚至允许将某个时间段内交易总利润，进行加和以抵消调整，使之达到在关联方之间独立交易利润分配的效果。而海关更关注的是以某个时间点上的每批每种进口货物的成交价格，要求作为计税基础的每一种类、每一批次进口货物的交易价格应是符合海关估价要求的成交价格。关联交易的货物交易总价或利润总额，符合税务部门要求并不等同于每批每种进口货物成交价格也是符合海关估价的要求。跨国公司从企业整体角度制定符合独立交易原则的转让定价政策，但具体到某些批次、某种货物所制定的转让价格，却有可能偏离独立交易原则。特别在对内部交易的利润进行审查时，有必要进一步分别考察每种货物的利润。以下这一案例中反映了这样一种从整体角度转让定价符合独立交易原则，但部分进口货物的价格却不符合海关估价要求的情况。

案例 4-10：

A 中国公司是 E 国 A 集团公司控股的子公司，根据《审价办法》第十六条规定，A 中国公司与 A 集团公司存在特殊关系。A 中国公司向 A 集团公司购买塑料 A、塑料 B 和塑料 C 三种产品，进口后在国内进行销售。海关发现 A 中国公司部分进口产品的价格偏低，决定对该公司展开价格核查。

根据 A 中国公司提供的资料显示，A 集团公司公司以《转让定价指南》中的交易净利润法为基础，制定集团内部的交易价格，以 5%～6% 为目标净利润，并以此确定各项商品的交易价格，该定价方法符合独立交易原则。A 中国公司提供的审计报告和财务报表显示，报告期内 A 中国公司的净利润为 5%，达到净利润目标。

但根据 A 中国公司提供的相关的财务数据，进口的塑料 A 和塑料 B 的净利润明显高于目标利润水平，其中塑料 A 在国内转售而获得的净利润为 12%，塑料 B 净利润为 10%。而 A 中国公司因在当年由于经营方面原因，主要是由于部分进口的塑料 C 因保存不当而无法正常销售，造成该产品大幅亏损，净利润为 —9%。因此，虽然 A 中国公司在总体利润上是 5% 的合理目标区域，但是由于公司经营情况的变化，部分商品亏损，部分商品利润偏高，其中塑料 A 和塑料 B 的利润明显偏高，而利润偏高的直接原因就是塑料 A 和塑料 B 的进口价格定价偏低。

A 集团公司的这种转移定价策略造成了总体利润在目标区域，但是细化到每个品种商品后变成利润有高有低，甚至负利润的情况。从单项商品上看，出现了塑料 A 和塑料 B 两项商品定价偏低，低于市场价格，因此进口货物的成交价格受到特殊关系影响。海关最终确定使用合理方法实施估价：以目标净利润确定塑料 A 和塑料 B 的完税价格。

三、对特殊贸易方式项下转让定价的审查

除货物销售之外,关联公司之间还有可能以租赁、修理、委托加工等特殊贸易方式进行交易。在国际贸易中,设备租赁也是跨国公司操纵转让定价以获取利益的常用手段之一,例如:租赁费用一般都计入财务费用,最终可能会影响企业所得税;跨国公司在向合资企业出租设备时,可以通过收取远高于公开的市场价格的租金以侵占合资方的利益;同样,跨国公司也可以通过签订较低租金的租赁合同,以逃避关税。《审价办法》第三十一条规定,以租金方式对外支付的租赁货物,在租赁期间以海关审查确定的租金作为完税价格。该规定赋予了海关审查租金实际金额的权利。在出租方和承租方存在特殊关系的情况下,海关审核租金时应依据租赁的特点,结合审查租赁期、租赁标的物价值、租赁物残值(如果存在)等要素,评估每期租金合理性(通过评估租金与利息、回报率等因素的比例),确定租金是否合理。估价实践中,可以根据一般情况下影响租金的主要因素(如:出租物价值、折旧、租期以及平均收益等),采用资产的折旧加上可比租赁情形下的费用和利润数据,作为正常使用费,据此进行判断以及必要的调整。审查的原则是确保每期租金或租金总额,与租赁标的物的使用价值相匹配。如果有证据表明,租金不合理的,或者存在其他影响租赁交易公平性的因素,海关将不接受企业的申报金额,并根据客观量化数据另行确定完税价格。以下是一个低报设备租金逃避海关税收的案例。

案例 4-11:

A(中国)有限公司(以下简称 A 公司)是外商独资企业,采取经营性租赁方式,租赁进口机器设备用于企业生产经营活动。该套设备的出租方为香港 B 公司(以下简称 B 公司),该公司注册在香港。

A 公司与 B 公司的投资方系同一公司,双方存在特殊关系。

A 公司与 B 公司签订的租赁合同约定:机器设备的年租金为 315,000 美金,合同有效期为一年,如双方未有异议,在合同到期前一个月再次签订续租协议。该机器设备资产原值 4,500,000 美金,企业称合同所约定的租金数额是按照使用年限 15 年折旧＋5％投资回报率来计算。

经审查,海关认为公司签订的租赁合同所使用的租金计算公式(使用年限 15 年折旧＋5％投资回报率)不合理,原因有二:一是进口机器设备的投资回报率低于租赁该类设备的投资回报率;二是该类设备使用年限通常为 10 年,而租金计算公式中折旧年限设定为 15 年。海关认为 A 公司与 B 公司系同一投资商,其租金的确定受到特殊关系的影响。经与企业磋商,最后确定租金完税价格以"租金＝设备原值预计年折旧额(折旧年限 10 年)×(1＋该类机械设备的投资回报率)"公式来重新计算租金,并以此为基础确定完税价格。

此外,《审价办法》第二十八条规定,运往境外修理的机械器具、运输工具或者其他货物,出境时已向海关报明,并且在海关规定的期限内复运进境的,应当以境外修理费和料件费为基础审查确定完税价格;《审价办法》第二十九条规定,运往境外加工的货物,出境时已向海关报明,并且在海关规定期限内复运进境的,应当以境外加工费和料件费以及该货物复运进境的运输,及其相关费用、保险费为基础审查确定完税价格。因此,在修理或委托加工的情形下,修理费和料件费、境外加工费和料件费分别是确定完税价格的基础。如果交易双方存在关联关系,则也有可能采取低报修理费和料件费、境外加工费和料件费的方式,以逃避海关税收,这是需要关注的。

第七节　关于无形资产转让定价的探讨

　　无形资产在商品的生产、营销等过程中,日益起到举足轻重的作用,是经济增长和价值创造的主要驱动因素之一。跨国公司为了增强自身的竞争优势,越来越重视对各种无形资产的投入。无形资产在跨国企业关联交易中也居于重要地位,由于无形资产具有独占性和专有性等特点,常常成为跨国公司操纵转让定价的对象。从《转让定价指南》、IRC482 节相关的规定以及国外的估价实践经验来看,大都使用交易利润法对涉及无形资产的转让定价进行调整。虽然海关的监管对象是有形货物,但符合条件的无形资产也属于海关税收征管的对象,例如:与进口货物有关并构成货物进口销售条件的特许权使用费,以及在境外进行的为生产进口货物所需的工程设计、技术研发、工艺及制图等相关费用等。而且由于跨国公司内部交易对象既包括零部件、原材料、半成品、成品等有形货物,也包含专利、商标、技术、管理、咨询等无形资产,有形货物和无形资产的交易经常是相互联系、相互影响的。因此,在一些情况下海关也需要对无形资产转让定价的合规性进行审查。

一、海关估价所面临的无形资产转让定价问题

　　跨国公司直接投资的垄断优势理论、内部化理论以及国际生产折中理论等,都认为跨国公司拥有的无形资产优势是其对外直接投资的重要因素。对无形资产的垄断是许多跨国公司获得竞争优势的要素之一,但由于外部市场的不完全,许多情况下其定价存在困难。而且部分无形资产自身的特点决定了,其在进行外部交易时存在着泄密的危险,特别是专有技术类的无形资产。以内部交易取代

外部市场,将无形资产配置和使用控制在公司内部,才能减少技术外溢的可能性,保持其垄断优势。无形资产的显著特点之一就是常常仅限于关联企业之间的内部交易,缺乏可比的财产或交易进行比较。以契约投资的方式与东道国合伙人共同建立合资企业,有可能导致技术秘密迅速扩散,当合资所取得的收益不足以弥补企业为防范其技术外溢所花费的成本时,跨国公司宁愿选择具有较高控制程度的治理结构,也就是独资。跨国公司在中国投资的实践也充分说明了这一点。加入世界贸易组织以后,我国逐步放宽了外商投资的领域,及地域、技术转让、外资比例和外汇平衡等多方面的限制,大大增加了跨国公司投资选择的自由度。跨国公司独资化的倾向更为明显,外商独资正成为跨国公司进入中国的主流方式。许多学者的研究也表明我国外商直接投资的股权安排,经历了由合资为主向独资为主的转变过程[1][2]。对于合资或合作企业,跨国公司更倾向于高价向其销售货物,通过转让定价剥夺国内合资或合作方的利润,跨国公司也常常以提高无形资产的转让价格,或收取高额特许权费,或许可费的形式,来获取更大的收益,这种情况通常不会导致海关税收的流失。在独资情形下,跨国公司能更自如地操纵转让定价,无形资产具有的独占性、专有性、排他性等特点,使得其缺乏可比的参照标准来确定独立交易价格。而且无形资产的性质决定其在多数情况下是作为要素参与生产过程,而不是作为最终的产品进行出售,也就更可能被跨国企业作为操纵转让定价的工具,以逃避海关税收。

---

① 毛蕴诗,袁静.跨国公司对华直接投资策略:趋势与特点[J].管理世界,2005,9:48-58.

② 许陈生,夏洪胜.试论在华跨国公司进入模式的独资倾向及我国的对策[J].国际贸易问题,2005,3:111-113

二、《审价办法》提供估价方法在解决无形资产转让定价方面存在的不足

无形资产的特点决定了其转让定价的调整，与有形货物有所不同。《审价办法》所列明的相同或类似货物成交价格估价方法，是以销售到相同进口国相同或类似货物的成交价格进行估价的。《审价办法》第五十一条对相同和类似货物有明确的定义：相同货物是指与进口货物在同一国家或者地区生产的，在物理性质、质量和信誉等所有方面都相同的货物；类似货物是指与进口货物在同一国家或者地区生产的，虽然不是在所有方面都相同，但是却具有相似的特征，相似的组成材料，相同的功能，并且在商业中可以互换的货物。从定义可以看出，《审价办法》对相同或类似货物的规定是针对有形货物的，对于无形资产并不适用。涉及商标、专利和专有技术等在内的无形资产，通常作为生产要素使用，不会再次授权和交易，因此无形资产在国内再次转售的情况极少出现，倒扣价格估价方法可适用的情形也相应有限。计算价格方法是以发生在生产国的生产成本加上同等级或同种类货物的利润和费用作为基础的价格。贸易性无形资产通常通过研发活动产生，也就是说研发支出可能形成贸易性无形资产，但并不是所有的研发支出都必然构成无形资产，企业的研发未必就能开发出有市场价值的产品；营销性无形资产的价值则取决于多种因素，同样并不是所有的市场开发支出（比如：广告和营销支出）都可以形成营销性无形资产。无形资产的特点之一，就是价格往往不是由投入成本决定的，而能获得的预期收益才是决定其价格的最重要因素，无形资产可能带来远高于成本的收益，但同时其收益具有较强的不确定性，而且在生产经营过程中会产生增值或减值，其增值或减值的速度通常比有形资产更快。正如《转让定价指南》所言："无形资产的独立交易价格需按照可比性的要求同

时考虑交易双方。……从受让方的角度,则应当考虑可比独立企业是否愿意支付这样的交易价格。这取决于该无形资产对其经营的价值和作用"。[①] "无形资产的实际公允市场价格,通常并不能通过无形资产的开发和维护成本来评估"。[②] 正是由于无形资产的特殊性,计算价格估价方法也不太适用处理无形资产价格问题。从《转让定价指南》和美国 IRC482 节的相关规定以及国外的估价实践经验来看,大都使用交易利润法等方法对涉及无形资产的转让定价进行调整。而《审价办法》恰恰缺少这方面的规定。借鉴《转让定价指南》以及美国 IRC482 节的相关规定对海关处理无形资产转让定价问题将有很大的帮助。

三、《转让定价指南》处理无形资产转让定价的方法及对海关估价的借鉴

与倒扣价格估价方法和计算价格估价方法存在类似的情况,再销售价格法和成本加成法也不适用于处理无形资产转让定价问题。可比非受控价格法和交易利润法是处理无形资产转让定价常用的方法。可比非受控价格法可以适用于所有类型的关联交易,所获得的结果将会是最直接和可靠的。使用可比非受控价格法时,确定无形资产是否可比,应考虑被交易的无形资产本身的可比性(即价值和作用方面的相同或类似性),以及交易环境的可比性(即该类无形资产的发展阶段和交易的合同条件),需要重点考虑的可比性特征包括交易的形式、资产类型、保护的期限和程度,以及使用资产的预

① 经济合作与发展组织.跨国企业与税务机关转让定价指南(2010)[M].国家税务总局国际税务司,译.北京:中国税务出版社,2015:133.
② 经济合作与发展组织.跨国企业与税务机关转让定价指南(2010)[M].国家税务总局国际税务司,译.北京:中国税务出版社,2015:136.

期收益。在考虑可比性时,除了要考虑无形资产的价值和作用,也同时也要考虑到无形资产的前景与性质,例如:一项拥有专有技术的生产流程可能很有经济价值,但是如果有可能存在另一种简单的工艺能绕过该流程并获得类似的结果,则这种专有技术在交易中就不可能获得与有突破性意义的技术相同水平的价款。在对无形资产进行可比性分析时,有两个方面是需要重点考虑的:其一可比的无形资产应有相同或类似的获利能力;其二可比的无形资产可以使用于相同或类似产品的制造流程中,或运用于相似市场中的相同或类似产品。

可比非受控价格法主要适用于相同或类似,或者至少对存在的差异可以进行量化调整的无形资产存在无关联企业间的交易。无形资产具有多样性的特征,Bichel 将生产性的无形资产分为四种:第一种和第二种为较为普遍使用,所有者有可能将其出售给非关联方。而第三种为所有者自身正在使用的技术,第四种为独特的、具有很高收益潜力的技术,这两种无形资产一般不会在非关联企业之间交易,尤其是第四种技术[①]。就无形资产自身来说,大多数无形资产具有高度差异性的特征,甚至有些企业为自身发展目标会形成独有的无形资产(特别是一些营销方面无形资产)。无形资产的交易模式差异性也很大,跨国公司为了自身利益的最大化,常常需要将关键性无形资产置于其有效控制之下以获得更多的收益,这也就意味着某些类型无形资产交易的形式是不可能发生在独立企业之间的。《转让定价指南》也指出在涉及价值极高的无形资产时,可能难以找到可比交易。由于寻找可比的无形资产以及交易在许多情况下是困难的,也使得传统交易方法许多情形下无法适用。因此,需要求助于功能分析确认无形资产在生产、销售过程中的作用、价值

---

①　BICHEL J. White paper analysis:ballroom dancing with an intangible[J]. Tax Notes,1988,37(11):1098-1099.

及性质,并进一步对使用无形资产所应获得的补偿进行确定。例如,使用利润分割法时,在功能分析的基础上确定无形资产在相关交易中的贡献,并通过可获得的可靠的外部市场数据(包括发挥类似功能的独立企业间利润分割比例或收益水平)来评估其价值,以此为依据进行利润分割。IRC482节还提供了可比利润法来确定无形资产转让定价,主要是以从事与关联企业相类似经营活动的无关联企业的利润水平,作为关联方利润水平的参考值。因此该方法对无形资产可比性要求不高,但要求企业所处的市场环境应具有可比性。此外,由于可比利润法提供了多个可选择的利润水平指标,应根据企业、无形资产的构成及特点加以选择(实践中,利润水平指标常常使用资本回报率或财务比率),例如对于同样是销售型企业,采用销售利润率指标相对比较合适。以下是一个从利润角度审查无形资产转让定价的案例。

案例 4-12:

一、基本情况

E 国 A 集团是从事电子消费品设计和销售的大型跨国企业。A 公司是 A 集团在中国投资设立的子公司,主要负责中国区域 A 品牌电子消费品的进口和销售。A 集团在全球采取统一的采购和物流模式,由 A 集团直接从合约制造商处订货,然后再销售至全球各个国家的子公司。A 集团还拥有电子产品相关的设计技术和商标权。A 集团在向制造商订货的同时,会将电子消费品的设计资料免费提供给制造商,制造商再将附有商标的制成品销售给 A 集团,销售价格为材料成本加上加工费用。A 集团按照制造商发票金额将货物销售给 A 公司。A 公司属于 A 集团在中国的全资子公司,按照《审价办法》第十六条规定,买卖双方存在特殊关系。

二、转让定价审核

由于该品牌电子消费品为 A 公司独家进口,没有相同或类似货物价格供比较。海关对 A 公司进行销售环境审查,重点审核其定价政策是否符合独立交易原则。A 公司提供的转让定价政策文件显示,该公司进口货物的价格是等同于 A 集团从制造商购买电子产品的价格,其价格只包含制造商的材料成本和加工费用。A 集团将产品设计免费提供给制造商,A 集团也不对所使用的商标另行收费。A 集团未将设计和商标等费用计入销售给 A 公司的价格,其定价政策存在明显不合理之处,不符合独立交易原则。

三、海关估价

海关经行业调研并与 A 公司进行了充分的信息沟通后确定,与 A 品牌类似的电子消费品企业,其设计和商标价值的占电子消费品价格的比例一般在 15% 左右;此外 A 集团负责协调产品生产和分销,也应获得一定的利润。因此,根据《审价办法》有关规定,海关采用合理方法,在原申报价格基础上加上三部分的费用:技术设计费和商标使用费两部分,分别为制造商出厂价的 10% 和 5%,管理费用按行业平均水平确定为制造商出厂价的 2%。即,按制造商出厂价上调 17% 为基础,确定完税价格。

在使用毛利润作为判断及调整指标时,所参考的是履行可比功能相关企业非受控交易的毛利润数值。但如果在生产或销售环节使用到无形资产,则直接使用源自可比非受控交易而又未经调整的毛利润是不合适的。因为,在这种情况下直接参照非受控交易中的毛利润,有可能低估了生产商或经销商在关联交易中应获得的毛利润。如果制造商在生产过程中使用了与产品相关的无形资产,那么其通常应获得较高的成本加成率。同样,如果经销商在再销售过程中投入了无形资产,其在再售过程中获得毛利润,应该高于仅进行简单再销售的非受控交易的毛利润(即使除使用无形资产以外,所承担的功能都相同),除非可比非受控交易涉及同一家经销商,或者涉及拥有同样价值的无形资产的经销商。对于一次性支付使用费方式转让无形资产公平交易价格,还可以考虑采用收益现值法进行估算①。

四、无形资产转让定价的判定和调整的注意点

(一)贸易性无形资产与营销性无形资产上处理的不同

《转让定价指南》指出商业性无形资产,包括用于生产商品或提供服务的专利、专有技术、设计和模型,也包括转让给客户或用于商业运作,本身就是商业资产的无形资产。其中又将有助于产品或劳务商业性开发利用的商标或商业名称、客户名单、分销渠道,以及在产品推广中具有重要价值的独特的名称、标志和图片称为营销性无形资产。而把营销性无形资产之外的商业性无形资产称为贸易性无形资产。营销性无形资产一般是通过营销、推广活动产生的。贸易性无形资产则通常由高风险和高投入的研发活动产生的。《审价办法》中关于特许权费和许可费以及协助的相关条文,对构成关税税基的无形资产进行了的界定。《审价办法》用列举法规定了专利权和专有技术、商标权、著作权、分销权或者销售权等四种特许权使用费计入完税价格的判定标准。《审价办法》所列举的四种特许权使用费中,专利权和专有技术、著作权以及协助中的工程、开发、工艺、设计工作,以及计划和规划应属于贸易性无形资产,而商标权和分销权或者销售权则属于营销性无形资产。一般而言,贸易性无形资产常常与生产过程有关,而营销性无形资产则常常用于促进商品或服务的销售。因此,对于贸易性无形资产可比性分析应重点考虑最终产品中归属于无形资产的价值,而营销性无形资产可比性分析应该结合消费者的可接受程度、市场份额等因素来考虑无形资产可

---

① 冯秀娟.跨国转让无形资产正常交易价格的确定[J].涉外税务,2004,3:35-38.

能给货物带来的增值。

（二）协助中涉及无形资产的不同处理

《审价办法》还规定买方提供的协助中，如果生产进口货物所必需的，在进口国以外的其他地方所从事的工程、开发、工艺、设计工作以及计划和规划的价值，也应计入完税价格。如果在进口国以外其他地方产生的进口货物必需的，构成协助的无形资产，是由进口商关联公司提供的，那么也会涉及无形资产转让问题。《审价办法》规定，协助涉及的货物如果是由买方自行生产，或者从有特殊关系的第三方获得的，其价值应以生产成本为基础计算。因此涉及协助的关联企业间的无形资产转让定价，将依照成本计算，这是与其他无形资产转让定价的不同之处。

（三）关于事后回查、定期调整问题

现实的经济情况是复杂多变的，对于无形资产而言，受市场竞争以及新技术发展的影响更大，因此其实际价值与预期价值常常会产生较大的出入，而且随时间和外部环境的变化其价值也可能产生较大的变动。如果不采取一定的事后调整措施，就有可能使无形资产的价格偏离税务机关最初核定的价格。对无形资产转让定价进行定期事后回查，使无形资产转让价格尽可能接近公平交易价格是非常必要的。IRC482节就规定，一般情况下，如果无形资产的转让定价时间超过一年，就应当在每个纳税年度根据所有相关因素以及环境变化来考虑是否对转让定价进行调整。

第五章 >>>

协助、公式定价以及运保费——若干重要估价问题

　　随着生产分工的范围和规模不断扩大,当前全球分工体系已经从产业间分工,经由产业内分工发展到产品内分工[1][2]。如果从生产链条来看,在产品内分工方式下,一系列分处不同国家和地区的企业分担各个生产环节和工序,共同完成某个特定产品的研发设计、生产制造和品牌销售的全过程[3]。在全球专业分工不断发展的背景下,协助成为海关估价中经常遇到的问题。随着我国经济发展、工业化与城市化进程的加快,对大宗能矿类产品和农产品的需求增长迅速。受自然资源和环境的约束,国内供应已无法满足需求,许多大宗商品的进口规模不断扩大并成为海关重要的税源商品。在大宗商品的国际贸易中,由于涉及交易金额通常比较大,为规避风险,买卖双方在交易中经常采取公式定价的方式,来确定货物的最终结算价格。而且部分大宗商品的定价公式是与金融衍生品(如期货)的价格或指数直接挂钩的,更增加了审查确定公式定价货物完税价格的难度,因此审查确定公式定价货物的完税价格,成为海关估价中的重要课题之一。此外,根据《审价办法》的规定,进

---

　　① ARNDT S W,Globalization and the Open Economy[J]. North American Journal of Economics and Finance,1997,8(1):71-79.

　　② 卢峰.产品内分工[J].经济学(季刊),2004,4(1):55-82.

　　③ 杨立强.全球制造网络动态演进中的中国制造业:角色转换与价值链跃迁「M].北京:对外经济贸易大学出版社,2011:2.

口货物的完税价格包括货物的运输及其相关费用和保险费。运输及其相关费用的构成复杂、名目繁多,确定哪些项目的费用应计入完税价格也是海关估价中重要问题。本章就协助、公式定价和运输及其相关费用等三个重要的估价问题展开论述。

第一节　协助——专业分工产生的估价问题

对于海关估价而言,协助就是指为了进口货物的生产和出口销售到进口国,买方以免费或低于成本的方式向卖方直接或间接提供的物品或服务[①]。在经济全球化的大背景下,企业的专业化分工程度不断提高,从以产品为边界逐渐转变为以供应链上的各环节为边界。这就意味着有可能多家企业按照自己的专业分工,在开发设计、零部件生产、成品组装以及销售等环节介入某个产品的生产。当前国际贸易中,买方以免费或低于成本的方式向卖方直接或间接提供形式不一的协助,以促成交易货物的生产和销售的情形已很常见,协助也就随之成为海关估价面临的重要问题。由于协助的实务性强、估价难度较大,WCO 估价技术委员会陆续颁布了多个关于协助的案例研究(包括案例研究 1.1、案例研究 5.1、案例研究 5.2、案例研究 8.1 和案例研究 8.2 等),以案例的形式指导如何对协助开展估价。美国是贸易和技术强国,美国企业以各种方式向国外出口商提供协助的情况非常普遍。为此,美国海关对于协助的征税问题,颁布较为详细的操作规定及判定标准,并在实践中积累了大量的经验。以下将结合WCO 估价技术委员会相关案例研究和美国海关与协助相关的行政裁定,对协助所涉及的估价问题进行探讨。

---

① 海关总署政法司、关税司,财政部关税司,国务院法制办财金司.《中华人民共和国进出口关税条例》释义[M].北京:中国民主法制出版社,2004:85.

一、关于协助应税的相关规定

《估价协定》第八条规定："在根据第一条的规定确定完税价格时,应在进口货物的实付或应付价格中,加入应在进口货物的实付或应付价格中加入:……(b)与进口货物的生产和销售供出口的、由买方以免费或降低使用成本的方式,直接或间接供应的酌情按比例分摊的下列货物和服务的价值,只要该价值未包括在实付或应付的价格中:(1)进口货物包含的材料、部件、零件和类似货物;(2)在生产进口货物过程中使用的工具、冲模、铸模和类似货物;(3)在生产进口货物过程中消耗的材料;(4)生产进口货物所必需的,在进口国以外的其他地方所从事的工程、开发、工艺、设计工作以及计划和规划"。与《估价协定》相对应,我国《审价办法》第十一条中规定协助费用应计入完税价格,并相应将应税协助分为四种类型,分别为:1.进口货物包含的材料、部件、零件和类似货物;2.在生产进口货物过程中使用的工具、模具和类似货物;3.在生产进口货物过程中消耗的材料;4.在境外进行的为生产进口货物所需的工程设计、技术研发、工艺及制图等相关服务。在以上四种类型的协助中,前三种类型的协助涉及的是有形货物,第四种类型则是无形技术或服务。协助的价值应计入完税价格,可以从两个角度进行理解:一是买方所提供协助涉及的有形货物无论是从国外购买的,还是从国内购买后出口,如果之后未经加工以一般贸易方式进口的,均需要估价征税。在协助情形下,虽然不是以买方所提供货物原有的形态进口,而是以所生产货物的形态进口,但无论买方协助所提供货物在卖方所生产的货物中是否还能保留原有的形态(第一种类型协助所涉及的货物还有可能保留原有的形态——如构成了进口货物的零部件,第二种、第三种和第四种类型协助涉及的货物,在进口货物中一般不会保留原有的形态),协助的价值都已经转移到所生产货物之上,构成货物生产或销售成本的一部分;二是如果买方提供的协助参与了进口货物的生产和销售,其价值构成了进口货物生产或销售成本的一部分,买方提供协助时未收取相应的费用(即买方以免费或者以低于成本的方式提供),按商业惯例卖方不会将这部分协助价值计入成本,也就不会成为交易价格的一部分。可以认为,买方提供的协助类似于一种间接支付,即将协助的价值冲抵买方应支付进口货物的一部分实付、应付价格。由于协助的价值实际上构成进口货物(即卖方所生产销售的货物)成本的一部分,根据《审价办法》的相关规定,这部分协助的价值应计入进口货物的完税价格。

协助涉及的估价问题主要有三个方面:(1)由于买方可能以多种不同的形式介入进口货物的生产或销售过程,需要判断买方进行哪些活动或提供给卖方哪些货物构成应税协助;(2)需要判断买方提供的协助属于哪一种类型,这不仅与协助是否应税相关,而且还可能涉及协助价值的分摊问题;(3)有些情况下与协助有关的货物不是一次性生产或进口销售的,协助的价值也可能不会全部消耗在进口货物生产或销售过程中,此时就需要对协助价值进行分摊。协助价值的分摊过程有时还会涉及复杂的会计处理问题,需要根据客观量化的标准以及公认的会计原则进行分摊。

二、关于应税协助范围的确定

在实际贸易中,买方可能以不同的形式,对进口货物的生产提供了帮助,但这些帮助不一定都会构成应税的协助。计入完税价格的协助应满足四个条件:一是协助应与进口货物的生产和出口销售有关;二是必须符合《审价办法》中具体列明的项目;三是协助的价值未包括在进口货物的实付、应付价格中;四是协助的价值由客观量化的数据为依据。其中第三和第四个条件通过审查与进口货物相关的单证能比较容易作出判断。以下主要对第一和第二个条件进行探讨。

第一种类型的协助是指构成或组成进口货物的材料。第三种类型的协助则通常是指虽然不构成进口货物的成分，但却是货物生产过程中消耗的，或在生产过程中转化为其他材料构成进口货物。这两种类型协助判定一般比较简单。在估价实践中应注意的是：买方如果提供的材料或零部件多于生产进口货物所需的部分，或者由于意外损坏、丢失等原因，并未装配在进口货物上的材料是不属于协助的。进口货物的正常生产过程中可能会有部分买方提供的材料或零部件成为边角料、废料或残余物，或者虽然没有装配在进口货物上，但是材料或零部件是在货物生产中正常消耗的，通常则应认为构成协助①②。此外，这些产生的边角料、废料或残余物不同的后续处理方式，将会影响到协助价值的确定。例如：卖方将生产过程中买方提供原料产生的残余物转卖，并将获得的部分资金返回给提供协助的买方，则这部分金额应从协助价值中扣除。如果买方提供的原料在进入生产流程之前就被发现存在质量问题，无法在生产

---

① 肖·L.舍曼，辛里奇·哥拉肖夫.海关估价——《关税及贸易总协定海关估价守则》评注[M].白树强，李文阳，译.北京：中国社会科学出版社，1993：138.

② 美国海关的行政裁定 545908 号："尽管进口货物的生产过程中产生原料或断续部件的废料或残余物（如一束纤维、一片塑料，或是集成电路、CPU、半导体）并未真正地装配在进口货物上，但是原料或部件是在货物生产中消耗的，并构成协助。因此，一旦确定原料或部件符合协助的定义，那么在众多情况中，海关将考虑以协助提供者的账册记录来确定协助的价值。关于进口货物生产过程中产生废料或残余物的信息应予考虑"。该裁定的英文原文为："Even though waste or scrap (of a material, such as a bolt of fabric or sheet of plastic, or of discrete components, such as circuits, CPU chips, or semi-conductors) which results from, or during, the production of imported merchandise is not physically incorporated in that merchandise, such material or components are consumed in the production of the merchandise and may constitute assists. Accordingly, once it is determined that material or components meet the definition of an assist, then Customs considers, among other things, the accounting records of the supplier of the assists to determine the value of the assist. Information regarding where scrap or waste results from, or during, the production of the imported merchandise is considered."

中使用,当然也不能认为其构成协助。

　　第二种类型的协助主要是指参与生产过程的工具、模具。其中,工具所包含的范围是相当大的,只要该事物工作于或被用于其他事物上就可以视为工具。但是只有直接参与进口货物的生产过程,进入生产流程的工具才能认为构成应税协助。在美国的"Texas服装公司诉美国案"(Texas Apparel Co. v. United States)中,法官在判决时认为缝纫机直接参与进口服装的生产过程,并在生产中起到关键性的作用,构成了应税协助。在生产过程中未直接参与进口货物的生产,而只是在生产中使用的辅助性设备,则不属于应税协助范围。例如:买方向卖方免费提供了一批排气扇,以供卖方安装在生产车间使用。由于该批排气扇并未直接使用在卖方的生产或销售过程,因此不属于应税协助的范围。生产工具可能会以不同方式、不同阶段参与的货物生产或销售过程。有些工具可能是在货物的生产过程结束后再参与进来的,常见的诸如成品的检测设备。对于买方向卖方提供检测生产成品的设备,如果货物自身的特点决定了检测设备提供的检测是生产或销售过程中必不可少的环节,则应认为该设备构成了应税的协助。

　　第四种类型的协助属于技术类或服务类的项目。《审价办法》规定第四类协助包括的范围为工程设计、技术研发、工艺及制图等相关服务。构成该类型的协助相对最为复杂,涉及形式也更多样。可以从两方面判定是否属于技术类应税协助:首先,要判断买方提供的技术类协助是否直接参与生产过程,例如:对于定制的非标准设备以及一些大型的机器设备,买方常常为了制作需求订单的目的,进行一些设计开发活动,以形成相关设备规格资料或数据资料,并提供给卖方。如果这些设计开发活动形成的相关成果不被卖方直接用于生产过程中,就不构成应税协助。即,设计开发起的作用是为指导生产商生产什么样的产品,而不是如何生产进口商品,则不属于应税协助的范围。但如果这些成果被卖方直接用于进口相关货物生产之中，成为相关产品生产的必要资料，则构成应税协助；其次，还应判断该项协助是否为生产所必需的，一项开发设计构成协助，通常并非取决于其成果能否用于进口货物生产，而是取决于该成果是否是进口货物生产所必需的。美国海关行政裁定543436号就认为："为了提高产品未来生产效率及质量，而聘请咨询公司所发生的成本，不是任何特定产品中生产所需的，不构成协助。因为即便没有发生上述咨询，现行生产过程也能够进行"[①]。此外，第四类协助与其他三类协助显著不同的地方在于，在进口国发生的第四类协助不构成被估货物的完税价格。以下是一个来源于世界海关组织（WCO）所编写的一个简单案例：

　　I国的进口人A从X国出口人E处，订购了10000份挂历。A希望挂历一年中的每一个月都有关于进口国的特定图案。A在当地（I国）雇用了一架直升机，并提供给从B国雇佣的一个职业摄影师使用。摄影师在I国的海岸线和内陆拍照，照片用在挂历中。进口人免费将图案的负片直接发给挂历生产者。

　　在以上这一案例中，有可能会认为摄影师来自另一个国家，而推断该协助应计入完税价格。但实际上由于照片是在进口国所拍摄的，该协助的价值不应计入完税价格。因此，判定第四类协助是否应税的关键是确定进行工程设计、技术研发、工艺及制图等相关服务所发生的地点，而与生产者的国籍无关。"在境外进行的"是指该工程设计、技术研发、工艺及制图等相关服务在境外完成设计、研发等工

---

　　① 美国海关行政裁定543436号英文原文："Costs incurred in retaining a firm of management consultants to increase and improve the rate and quality of future production of merchandise is not necessary to the production of any particular merchandise and therefore, is not a dutiable assist. The present production is proceeding and can continue without the work the consultants have undertaken."

作,而开展该项工作的主体位于何处将不影响最终结果①。

三、应税协助类型的确定

确定买方提供的应税协助属于哪一种类型是十分重要的,特别是判定协助是否属于第四种类型。由于四种类型的协助中,只有第四种类型协助应税的范围为在进口国以外的其他地方实际增加的价值。即,只有买方提供的,在境外进行的为生产进口货物所需的工程设计、技术研发、工艺及制图等相关服务的价值才计入完税价格,而其他类型协助对其产地没有这方面的要求。在四种类型的协助中,前三种类型的协助是以有形货物的形式出现,第四种类型协助是技术性或服务性的,属于无形资产类的协助。如果第四类协助的载体以文件、图纸等形式出现,确定协助的类型相对简单,但有时第四类协助的载体是以有形货物的形式出现。例如:买方向卖方提供一台样机,供卖方生产同样的机器时借鉴参考,由于该样机在生产过程中并非起着工具或模具的作用,实质上起的是设计工作的性质,所以应归入第四类协助。如果样机是在进口国内生产的,则不属于应税范围。因此,判定买方提供的协助是否是属于第四种类型,关键是看协助在生产中所起的作用,而不是协助的形态。由进口商提供的含设计工作或研发成果的载体如果是作为生产工具或模具的工艺工件,则可以认为属于第二类协助,如果载体不能直接参与生产过程,则有可能属于第四类协助。例如:国内进口商为了生产音乐光盘而提供给国外制造商的磁带,是进口货物生产中所需的设计工作或产品研发,应属于第四种类型的协助。美国海关行政裁定545256号也认为:"进口商在他的美国工厂里开发了某种软件。软件被拷贝到一组可编只读记忆芯片(EPROM)上。该组芯片

---

① 　海关总署关税征管司.审价办法及释义[M].北京:中国海关出版社,2006:89.

随后被免费提供给国外制造商,用于进口货物的生产中,例如,接收装置的传输资料。该组 EPROM 是设计工作的电子传输方式,并未构成进口货物的最终形状与类型,因此,并非工具、冲模、铸模等。根据 TAA402(h)(1)(A),该组 EPROM 不是协助,因为它们是在美国发生的工程及设计工作。其价值不应计入最终进口货物的成交价格中"。①

在实际贸易中,由于买方提供协助的形式可能是多种多样的,应根据个案所涉及行业的行业惯例、专业常识,并结合买方提供具体协助的方式、协助在生产中所起的作用,才能对协助的类型作出正确的判断。在加拿大的"冠群服装公司诉加拿大海关"案中,加拿大法院以事实为根据,辅以行业惯例、专业常识以及专家意见,对协助相关法律条文进行了较为合理的阐释,对于协助的判断很有借鉴意义。以下是该案的具体情况。

案例 5-1:

一、案情简介

原告加拿大冠群服装公司(以下简称"冠群服装")是服装进口商,又是加拿大冠群设计集团公司(以下简称"冠群设计")的母公司;冠群设计专门从事服装设计,冠群服装则委托服装制造商在国外使用冠群设计的式样生产服装,然后再将其进口到加拿大。作为

---

① 美国海关行政裁定 545256 号英文原文:"The importer develops certain software at its U. S. facility. The software is copied onto a master set of erasable programmable read-only memory chips (EPROMS). The EPROMS are then supplied free of charge to a foreign manufacturer for use in the production of the imported merchandise, i. e., Delivery Information Acquisition Devices (DIADS). The master EPROMS are electronic means of transferring design work and do not confer final shape and form to the imported merchandise and, therefore, are not similar to tools, dies or molds. The master EPROMS are not assists within the meaning of section 402(h)(1)(A) of the TAA because they represent engineering and design work undertaken in the United States. Their value is not included in the transaction value of the final imported merchandise. "

服装生产的一个前期环节,原告要向外国的服装制造商免费提供在加拿大制作的每一尺码的服装放样纸型。本案争议的焦点问题是:本案涉及的服装放样纸型是否如被告海关所裁定,构成应税协助,即在确定进口服装的完税价格时,这些服装放样纸型的价值是否必须计入进口服装的成交价格。

二、具体事实、原被告观点及法院的判决

作为服装生产的一个前期环节,冠群服装要向服装制造商免费提供在加拿大制作的每一尺码的服装放样纸型。服装放样纸型的制作流程如下:首先,服装设计师构思某款服装的设计创意;然后,该创意被转至冠群设计,由其在软纸上作出服装的图样,接着再用硬纸制作出该款服装的样板;该款服装样板一旦获得认可,其图样即送至专事服装图样放样的转包商加拿大百度科技工业有限公司(以下简称"百度公司");百度公司根据图样绘制出"服装尺寸样板",即在一大张软纸上画出的某件特定尺码服装的裁片图样,每种尺码的服装都对应一大张软纸,而不同尺码的服装尺寸样板汇集起来,即构成本案件所涉的服装放样纸型。服装制造商接到服装尺寸样板后,即着手裁切样片并将其绘制到硬纸上,以此缝制出各种尺码的服装对等货样,然后送至冠群服装审核;货样一经核准,制造商即制作"唛架纸"(Marker)。所谓"唛架纸",就是在一卷软纸上将某款特定服装不同尺码的各个裁片图样以最为紧凑的方式进行铺排和勾画,以便最为经济地耗用制作服装所需的布料。冠群服装认为:放样纸型只是买方提供给制造商的技术性规范,说明买方想要购置何种式样的服装,服装的设计和服装的生产是两个截然不同的概念,只有当生产商得到唛架纸并开始裁切布料时,才可称得上开始生产;即使认定放样纸型与进口服装的生产两者之间存在某种关联,那么放样纸型应当属于设计、计划的范畴。海关则认为:放样纸型的实际用途如同一种铸模,其最终的效能就是对进口服装起定型或者确定尺码的作用，它应属于制品，其所提供的功能与冲模、铸模或者工具相类似，而且放样纸型与硬纸裁片无法区分，两者的使用目的都是为了制作进口服装，因此放样纸型所具有的功能与冲模或铸模相类似。海关还援引 WCO 估价技术委员会发布的案例研究8.1①，认为由于该案例研究是一种带有释义性质的辅助文献，其研究对象直接涉及放样纸型等各种纸型样板，因而可以为本案所参

---

① WCO 估价技术委员会的案例研究 8.1："1. ICO 向在进口国的零售商销售新款男装。所有服装从海外供货商 XCO 处进口，制造商 XCO 使用由 LCO 代表 ICO 向其免费提供的纸样制造服装。位于第三国的 LCO 专门从事新款男装的设计。根据第十五条第四款的规定，ICO，XCO 以及 LCO 之间没有特殊关系。2. ICO 与 LCO 之间有一许可协议，其中 ICO 有权：'在进口国销售与 LCO 设计有关的服装的独家许可权，有权使用经 LCO 改进的且结合其设计的纸样。'3. 该许可协议还规定 LCO 应该向任何 ICO 指定的人提供设计和纸样。ICO 指示 LCO 向 XCO 提供制造服装所必需的各种尺寸的纸样（含设计）复制品。4. ICO 以每件服装 200 个货币单位的价格向 XCO 支付。鉴于规定的许可权，ICO 以其该服装总销售价的 10% 作为许可费支付给 LCO。在进口时，所有的服装已经以 400 个货币单位的单价售给了零售商。因此，在进口时可以知道为每件服装将向 LCO 支付 40 个货币单位的许可费。5. 进口商向进口国海关提交一项以成交价格为基础的价格申报，一并提供所有关于与 LCO 的许可协议和因许可协议里授予权力而作出支付的材料。6. 第一条（a）至（d）的所有条款都满足，完税价格就可按成交价格方法确定。7. 依据第一条，每件服装的实付或应付价格应是 200 个货币单位，因为这是买方为每件服装向卖方或为卖方利益已付的支付总额。8. 为了确定每件服 40 个货币单位的额外支付是否构成进口服装完税价格的一部分，是否应由海关来决定其确切的性质。如果事实表明作为许可费的该项支付与第八条第一款（b）项（一项"协助"）相关，则适用第八条第一款（b）项。否则，海关应审查该项支付是否满足第八条第一款（c）项规定的条件。9. 纸样的功能与模具或铸模相似。买方通过许可人 LCO 免费提供纸样，这些纸样被用在进口货物的出口销售生产中。因此，根据第八条第一款（b）Ⅱ，这些纸样构成一项协助，它们的价格，包括设计成本应该加入到进口货物的实付或应付价格中。10. "对第八条第一款（b）项之Ⅱ的解释性说明"包括确定一项目价格的两种方法。第一种，如果进口方按固定成本向与其没有关系的卖方要求这要素，那该要素的价格即为成本。第二种，如果该要素是由进口方或与其相关的人生产，则该要素的价格即为生产该要素的成本。在这案例里，ICO 与 LCO 没有关系；因此，该纸样的价格应是 ICO 从 LCO 获到纸样的成本。ICO 通过与 LCO 的许可协议获得该纸样。因为该许可，ICO 必须向 LCO 支付其服装总销售价的 10%。因此，ICO 获取纸样的成本是每件服装总销售价（400 个货币单位）的 10%。11. 假定依照第八条第一款（b），40 个货币单位的额外支付应该包括到进口服装的完税价格中，那么就没有必要再考虑其是否应该依据第八条第一款（c）加入到实付或应付价格中去的可能了"。

照。法院认为,放样纸型系用于与进口货物的生产和出口销售相关的用途,因此该放样纸型属于协助的范畴。但基于"设计"以及"计划"定义涵盖的范围,以及相关专家和专业文献对放样在服装制造业中作用的证言,法院认为放样是设计程序的一个环节,尽管其发生在设计的收尾阶段,因其系在加拿大境内完成,因此不对其计征关税。[法院的判决书是这样论述的:"放样是设计程序的一个环节,尽管其发生在设计的收尾阶段。按照英文版韦氏大词典所下定义,'设计'是指'对将要制作或建造的艺术品、建筑物或机器的形状和结构而作出的草案、规划或计划。'此外,'计划'一词还可定义成'用以完成一事项而有明确表达且有特别详述的方法、构思或策划'。法庭认为:这些定义能够涵盖放样在服装制作过程中所呈现的实质性特征。法庭还注意到证人的相关证言,即在实现计算机化之前,放样通常由一家公司内部的设计部门来完成。法庭认为:尽管事实上现在放样工作已可外派给他人来做,并且放样工作在本案中已经实现计算机化,但这并不妨碍将其认定为属于'设计'的范畴。此外,证人阿伯拉莫维奇先生(百度公司的所有人之一)也证实:未经原告同意,放样师决不会擅自变更某种放样的规范。法庭还注意到:证人希姆巴利斯塔先生(冠群服装董事长)和阿伯拉莫维奇先生在作证时都认为放样在服装制造业中属于设计而非生产的范畴。此外,《加拿大服装制造商杂志》中有关设计工作室计算机化的文章也认为放样属于设计的范畴。法庭注意到:海关法中的'协助'是指'在进口货物的生产过程中专用的','工具、冲模、铸模和其他货品',尽管被告代理律师辩称放样纸型显然应属于该项的范畴,但其并未论证缘何得出这种结论。由于放样纸型与上述条款中所列举的三种货品并不'相同',也并未直接用于进口服装的生产过程之中,因此法庭无法确认放样纸型是否应被该条款所涵盖。法庭认为:本案所涉放样纸型实际上对服装原料起定型作用,目的在于生产原告所进口的服装,但它与用于生产进口服装所用面料之间的关联则与服装的实际生产没有关系"。]

如果买方为提供协助,进行了与进口货物相关的多种类型的协助工作。例如:买方在国内进行模具的设计工作,并将设计资料交由国外企业生产模具,之后免费提供给制造商,生产买方所购买的货物。根据 WCO 估价委员会评论 18.1,如果买方进行的工程、开发和设计工作工程等的价值包括在工具、冲模或模具的价值之内,不管是否在进口国内设计制作,均应计入完税价格之内。也就是判定协助所属的类型应以买方最终所提供货物或服务在进口货物生产或销售过程中所起的作用为标准。以下为与协助有关的一个案例。

案例 5-2:

一、基本情况

(一)交易各方情况

新型灌装饮料生产流水线(以下简称流水线)的交易主要涉及 I 公司、E 公司、AA 公司及 A 公司。

I 公司:国内灌装饮料生产商,向 E 公司购买一条流水线;

E 公司:位于 E 国的流水线制造商;

AA 公司:位于 G 国的设计公司,受 I 公司委托,负责流水线的设计工作(包括用于生产流水线的部分零部件的模具设计);

A 公司:位于 E 国的制造公司,根据 AA 公司的模具设计资料,负责生产模具,用于生产流水线的部分零部件。

(二)交易涉及的商业合同

I 公司要求 E 公司按照 AA 公司的设计要求生产一条流水线,为此 I 公司分别与相关公司签订了设计及制造合同,相关合同如下:

与 E 公司签订设备生产合同,其中规定:E 公司根据 I 公司所

提供的 AA 公司关于生产线设计资料以及 A 公司提供的模具,负责整条流水线的生产、组装及交货工作;

与 AA 公司签订设计合同,其中规定:AA 公司为 I 公司设计流水线,负责该流水线的全部设计(包括设计用于生产流水线的部分零部件的模具),并保证整线运行达标。此项费用由 I 公司支付,所有设计内容的产权归 I 公司;

与 A 公司签订生产合同,其中规定:A 公司根据 AA 公司提供的模具设计图以及相关说明,负责生产符合要求的模具,并提供给 E 公司。此项费用由 I 公司支付。

二、海关估价分析

申报进口的流水线已包含了 E 公司销售给 I 公司的生产成本和利润,但由于 I 公司除申报价格外,还为该流水线的研发、设计以及模具生产支付了费用。根据《审价办法》第十一条第(1)款第(2)项"与进口货物的生产和向中华人民共和国境内销售有关的,由买方以免费或者以低于成本的方式提供,并可以按适当比例分摊的下列货物或服务的价值应当计入完税价格"的规定。因此,I 公司为流水线的研发、设计以及模具生产所支付的费用应计入完税价格。

在案例 5-2 中,I 公司所提供的协助可分为两类,支付给 AA 公司设计费用(其中应扣除用于生产流水线部分零部件的模具设计费用)属于第四种类型协助,而支付给 A 公司的费用以及向 AA 公司支付的用于生产流水线部分零部件的模具设计费用,则属于第二种类型协助。

四、协助相关的会计处理问题

由于协助既与其获得的途径,又与进口货物的生产及销售过程密切相关,协助的价值确定也应基于包括协助提供者以及进口货物生产者的会计账册记录在内的客观量化数据。

（一）协助价值的计算

协助的价值即为买方获得有形货物或无形资产的成本。《估价协定》的解释性说明对协助价值做了如下的规定："关于要素的价值，如进口商以一特定成本自与其无特殊关系的卖方获得该要素，则该要素的价值即为该成本。如该要素由进口商生产或由与其有特殊关系的人生产，则该价值为生产该要素的成本。如该要素以往被进口商使用过，则无论是由进口商获得的还是由其生产的，为获得该要素的价值，需将最初获得，或生产该要素的成本向下调整以反映其曾被使用的事实"。《审价办法》也相应地依据买方所提供协助的获得途径，对确定计入完税价格的协助价值作出如下规定：由买方从与其无特殊关系的第三方购买的，应当计入的价值为购入价格；由买方自行生产或者从有特殊关系的第三方获得的，应当计入的价值为生产成本；由买方租赁获得的，应当计入的价值为买方承担的租赁成本；生产进口货物过程中使用的工具、模具和类似货物的价值，应当包括其工程设计、技术研发、工艺及制图等费用。《审价办法》还指出：如果货物在被提供给卖方前已经被买方使用过，应当计入的价值为，根据国内公认的会计原则对其进行折旧后的价值。

根据《审价办法》的规定，如果协助由买方向无特殊关系的第三方购买，则计入完税价格的价值为协助的购入价格，但《审价办法》并未对购入价格所包含的项目给予明确的界定。买方在获得并向卖方交付协助相关货物时，还可能有其他费用发生。买方在获得及交付协助相关货物过程中，最经常会涉及的是运输费用。在实际贸易过程中，由于合同所约定运输条款的不同，协助的购入价格可能包含运输费用（如：买卖双方以 CIF 条款成交），也可能只包含一部分运输费用（如：买卖双方以 FOB 条款成交，此时协助的购入价格包含至起运港的运输费用），也可能不包含运输费用（如：买卖双方以 EXW 条款成交）。而且即使买卖双方以 CIF 条款成交，如果指运地不是进口货物的卖方所在地，而是提供协助的买方所在地，买方还要把协助相关的货物运往卖方，此段运输通常也要产生费用。买方在向卖方提供协助时，如果未收取相应的费用，卖方在销售进口货物时正常情况下也不会将协助的价值加入交易价格。从这一角度来看，协助的价值实质就是本应计入货物生产成本而未计入的那部分价值，因此协助提供过程中产生的相关运输费用，也应当计入完税价格。美国海关在行政裁定中也指出，协助的价值等于自身成本加上将其运至生产地所发生的运输成本[①]。按照美国海关的观点，将协助运至生产地所发生的运输费用，均认为购成应税协助的价值，似乎有扩大《审价办法》中"购入价格"的范围之嫌。但如果仅按照协助采购合同的规定，以合同确定的价格为准，而不考虑相关的运输费用，又可能给企业提供一定的避税空间。有些货物在采购过程中还会涉及佣金的问题。买方如果所提供协助相关的货物采购自第三方，在这采购过程中，买方又向其代理支付了一笔佣金，则该佣金是否构成应税的协助价值一部分，《审价办法》没有明确的规定。美国海关行政裁定 544423 号认为：为获得不同的货物/协助而支付给所谓买方代理的佣金，是获得装配在进口货物上的材料、原件及零件而产生的成本的一部分。因此，进口商为获得货物而支付

---

　　① 　美国海关行政裁定 544238 号："本案中协助的价值等于自身成本加上将其运至生产地所发生的运输成本。如果预期产量中仅有部分出口至美国，那么分摊的方法应基于由进口商提交的关于该货物的文件资料。"其英文原文为："The value of the assist in this case is equal to the cost of its acquisition，plus the transportation costs incurred in transporting the assist to the place of production. If the anticipated production is only partially for exportation to the United States，then the method of apportionment depends upon the documentation that is submitted by the importer with respect to the merchandise. "

的款项被认定为协助成本的一部分①。美国海关行政裁定 545266 号也持相同立场②。在获得协助的过程中所付出的成本不仅仅包括货款、运费以及相关的佣金,有时还包括诸如:检验、仓储和包装等费用。根据美国海关行政裁定 544323 号:对随后运至卖方用于货物生产中的物品进行仓储、包装等活动而发生的成本,可以被视为协助,或作为协助价值的一部分③。此外,美国海关估价法规还规定,如果买方对所提供的协助进行后续的维修和改造,这部分维修和改造费用也应计入完税价格。美国海关认定应税协助费用的思路和做法值得借鉴。

(二)协助价值的分摊

第二种和第四种类型的协助均可能涉及连续性生产问题,因此属于这两类协助的估价过程中常常会遇到协助价值的分摊问题。《估价协定》第八条注释中认为协助价值的分摊可采取多种灵活的处理方法,该价值可分摊到第一批装运货物中,也可以分摊至直至第一批装运货物发运时已生产的单位数量中,还可以将价值分摊到已签订买卖合同的全部交易数量中。在估价实践中,采用何种分摊方式取决于个案具体情况。分摊遵循应两个方面的基本原则:一是

---

① 美国海关行政裁定 544423 号英文原文:"Commissions paid to an alleged buying agent for obtaining various piece goods/assists are part of the costs of acquiring the materials, components, and parts incorporated in the imported merchandise. Therefore, the payments made by the importer for acquiring piece goods are considered part of the costs of the assist."

② 美国海关行政裁定 545266 号:"由进口货物的买方为获得协助而支付给代理人的佣金是获得协助的成本,应加入实付或应付价格。"其英文原文为:"Commissions paid by a buyer of imported merchandise to an agent for acquiring assists are part of the cost of acquisition of the assist and are to be added to the price actually paid or payable."

③ 美国海关行政裁定 544323 号英文原文:"Therefore, costs incurred for activities such as warehousing and packing items which are subsequently sent to the seller for use in production for the merchandise are either to be considered as assists or as a part of the value of an assist."

要体现海关审价客观、公平、统一的基本原则;二是要依据公认的会计准则(主要是成本分摊原则)。在此基础上,根据实际情况灵活选择适当的分摊方法。以下是一个关于分摊的案例。

案例 5-3:

一、基本情况

(一)交易各方情况

A 公司:E 国某机床制造企业在中国设立的子公司,负责机床装配和销售;

零件制造商:A 公司机床零配件的供应商,位于亚洲和欧洲的多个国家;

第三方模具生产商:A 公司机床零配件模具的供应商。

(二)进口情况

A 公司生产机床用零配件相当部分依靠进口。该公司近年开发了数款新型机床,此类新型机床使用到部分专用零件,需要向零件制造商特别定制。如需要特别定制某种型号的专用零件,零件制造商必须启用新的模具。启用新模具存在成本高,风险大的问题。根据双方交易的惯例,零件制造商会要求机床生产企业免费提供生产机床零配件的模具。为此,A 公司向第三方模具生产商定制模具,并将模具直接运至零件制造商供其免费使用,该公司将购买的模具计入其固定资产,折旧期为 5 年。由于这些模具是 A 公司免费提供的,因此零件制造商向其出售零件的价格并未包含模具费用。

二、估价分析

A 公司为进口机床零件,向零件制造商提供了生产进口机床零件时使用的模具,满足《审价办法》相关条款对应税协助的定义:(一)A 公司提供的模具在生产进口过程中使用,与进口货物生产相关;(二)模具是免费提供的;(三)模具费用未包含在进口价格内,且纳税义务人 A 公司能够提供客观量化数据。因此,A 公司所支付的购买和租赁模具的费用,属于应税的协助,该模具费应计入进口机床零件的完税价格。A公司应税的模具费用应为其购买模具的费用而产生的费用,同时还应包括模具运抵零件制造商的运费和保险费,具体费用根据A公司财务数据中实际发生额为准。

三、分摊方法

在确定上述模具费用应计入完税价格后,海关与A公司就如何分摊开展了进一步磋商,最终达成一致,采取以下方案对模具费用实施征税:

根据该公司的提议和海关的审核,决定采用直线折旧法。将模具成本平均分摊在五年内进口的相关零件中,主要原因是:(一)用于零部件生产的模具使用时间较长,而机床零部件在不同年份适用的进口关税税率可能会有所不同;(二)由于该公司正启动零部件国产化项目,可能在近三年内将模具进口至中国用于生产零部件,而此项计划可能在模具完全折旧前完成。该分摊的方法贯彻了客观、公平及统一的原则,对进口机床零部件的完税价格进行了评估,并参考了A公司提供的客观量化数据资料,是合理的方法。

案例5-3的难点不在于判断模具费用是否应税,而是如何能将此费用根据实际情况合理分摊计入进口机床零配件的完税价格。一般的操作方式都是将协助费用一次性计入某批进口商品,或将费用分摊至所有涉及的进口货物中。但考虑到A公司免费提供给零件制造商的模具,所生产的总零件数不能确定,而模具涉及的进口零件关税每年均有可能发生变化,根据公认会计原则,采取直线折旧法,将购买模具的费用平均分摊至五年的进口零件中。《估价协定》中虽然允许协助的价值可分摊到第一批装运货物中,但如果买方提供协助涉及多个不同税号项下进口货物的生产,第一批装运货物归入税率较低的税号,则将协助的价值分摊到第一批装运货物中明显不符合应遵循的基本原则。美国海关行政裁定542519号也体现了相同的立场:协助的价值必须依照公认会计准则进行合理分摊。当首批进口的是免税商品时,协助的价值不可以被全部分摊在该批进口货物中①。

由于第四种类型的协助所具有的特殊性,对其应注意两个方面的分摊问题:(1)发生在进口国的第四种类型协助是不计入完税价格的。在全球化的背景下,由分散在多个国家的技术开发部门共同完成一项设计开发工作并不鲜见。这就需要根据公认的会计原则,计算出在进口国以外国家发生的设计开发工作的增值部分,这部分的协助价值才是应税的。当然,这是建立在进口商能够提供客观量化的数据对每个国家发生的设计开发工作价值进行拆分基础上的;(2)由于第四类协助在使用过程中一般不会发生损耗。比如,开发设计工作一旦完成,理论上就可以反复使用。因此在计算应税协助的价值时,就应该考虑以适当的方式进行分摊。在 WCO 估价委员会案例研究 1.1 中,进口商委托在第三国的设计商,进行有关建造生产气罐工厂的计划、规划和制图,该计划、规划和制图不仅提供给建造生产气罐工厂的出口商,而且也用于在进口国的另一家公司为进口商建造的其他三家生产气罐的工厂。案例研究 1.1 认为该项协助应计入完税价格的金额为计划、规划和制图费用的四分之一。因此,如果根据第四类协助制造出来的多个产品仅有部分出口至进口国(或该协助在多个国家中使用),那么该协助的价值应依据公认的会计原则分摊到进口货物中去。在分摊过程中应注意处理标准的一致性,一旦采用某种会计处理方法就不得随意更改。

---

① 美国海关行政裁定 542519 号英文原文为:"The value of an assist must be apportioned reasonably in accordance with generally accepted accounting principles. The value of an assist may not be apportioned entirely to the first entry of merchandise where the entry is duty free."

(三)会计处理对协助类型判断的影响

对协助价值的会计处理方式也是判别协助类型的参考依据之一。按成本会计原则,货物的价格由货物的成本、费用和利润构成。生产成本由直接材料、直接人工和制造费用三部分组成。其中,直接材料是指在生产过程中的劳动对象,通过加工使之成为半成品或成品,它们的使用价值随之变成了另一种使用价值;制造费用则是指生产过程中使用的厂房、机器、车辆及设备等设施,及机物料和辅料,它们的耗用一部分是通过折旧方式计入成本,另一部分是通过维修、定额费用、机物料耗用和辅料耗用等方式计入成本。一般而言,第一种类型协助对应货物的直接材料;第二种和第三种类型的协助则对应货物生产过程中使用的机器设备和制造中使用的辅料等;第四种类型协助则通常会计入管理费用。因此根据会计处理的方式可以帮助判别协助的性质。将实际会计处理情况与协助的性质,及其在生产过程中实际起的作用相结合,将有助于判断协助的类型、是否应税以及应计入完税价格的协助价值。

(四)关于协助涉及的技术研发费用的探讨

《估价协定》第八条中将第四种类型协助界定为工程、开发、工艺、设计工作,以及计划和规划(《估价协定》中英文原文为:engineering, development, artwork, design work, and plans and sketches)。WCO估价委员会决定5.1明确指出:"《估价协定》各缔约方认为《估价协定》第八条第一款(b)项下对术语'development'(英文版),'travaux d'etudes'(法文版)和'creacion y perfeccionamiento'(西班牙文版)的理解不包括'research'(英文版),'recherche'(法文版)和'investigacion'(西班牙文版)的内容"。即认为买方提供研究的价值不属于应税协助的范围。正如肖·L.舍曼等人所言,在商业实践中,很难而且也很少在某项产品的基础研究及应用研究,与该项产品的试生产及最后开发之间划分界限[①]。但对于研究与开发费用不同的会计处理方式,可以给我们提供解决问题的思路。根据《国际会计准则第38号——无形资产》中有关研究与开发费用的规定:为评价内部产生的无形资产是否满足确认条件,企业应将资产的形成过程分为研究阶段和开发阶段;研究(或内部项目的研究阶段)的支出应在其发生时确认为费用;当且仅当企业可证明符合六项条件的情况下,开发(或内部项目的开发阶段)产生的无形资产应予确认。我国《企业会计准则第6号—无形资产》中的第七条、第八条、第九条也有类似规定:企业内部研究开发项目的支出,应当区分研究阶段支出与开发阶段支出,企业内部研究开发项目在研究阶段的支出,应当于发生时计入当期损益;企业内部研究开发项目在开发阶段的支出,同时满足一定条件的,才能确认为无形资产。因此,我国对研发费用的会计处理,采纳的也是有条件资本化方法。这是一种比较折中、公允的做法,它既有效地避免了全部费用化和全部资本化的缺陷,又在一定程度上遵循了客观性原则和配比原则。当然,具体的实施过程中,用以衡量资本化的"条件"判定上带有很强的主观性。从成本会计的角度,只有资本化的设计开发费才能逐步摊销入商品的成本中去。《审价办法》将第四种类型的协助定义为工程设计、技术研发、工艺及制图等相关服务。无论从《估价协定》和 WCO 估价委员会决定 5.1 的相关论述,还是从国内企业会计准则的角度,协助范围的技术研发费用,应是指只包含开发费用或可以进行资本化研发费用。

五、与协助相关的几类费用

有些买方向卖方支付一定的费用,供买方购买生产进口货物所

---

① 肖·L.舍曼,辛里奇·哥拉肖夫.海关估价——《关税及贸易总协定海关估价守则》评注[M].白树强,李文阳,译.北京:中国社会科学出版社,1993:139.

使用的工具,或与进口货物生产有关的设计开发,则这些费用既有可能构成应税协助,也可能构成实付、应付价格的一部分。

(一)工具或模具费的认定

在实际贸易中,还存在的一类情况,就是买方没有以免费的方式向卖方提供工具或模具,但却向卖方提供一笔制造或购置工具或模具的资金,由卖方自行制造或采购所需要的工具或模具。那么判断买方提供的工具费是否属于协助,主要取决于卖方利用工具费采购的工具归属。如果工具所有权仍归于买方(即由买方拥有卖方所购买工具或模具的所有权,在会计处理上买方将工具计入本公司固定资产),则该费用可归入协助。买方提供的协助,无论是有形货物还是无形资产,其所有权本质而言仍属于买方。但如果所采购的工具或模具所有权没有归于买方,则该工具或模具费应作为进口货物实付或应付价格的一部分,计入完税价格。在美国的"克莱斯勒公司诉美国案"(Chrysler Corp. v. United States)中,法院认为由于克莱斯勒公司没有实际上向制造商提供与生产发动机有关的工具,因此不符合法条中对有关协助的规定,对进口商向制造商支付的工具费不属于协助,这部分费用应认定为实付或应付价格的一部分,而计入完税价格。

(二)设计开发费用的认定

在估价实践中还可能遇到的一类情况是,买方被要求向进口货物的卖方支付设计开发费用。许多大型的跨国公司在国内设立组装工厂,常常采取的经营模式为:从国外母公司或关联公司采购零配件,经过组装后生产出成品。基于集团整体规划和经营需要,母公司或负责开发设计的子公司,先期承担了所有的设计开发费用,用于成品及相关零部件的设计开发等支出,而母公司再按照各子公司的销售份额或其他指标进行设计开发费用的摊派。在此情况下,设计开发费应以实付或应付价格计入完税价格。但是如果进口商自身出资委托第三方或派出本公司人员,在境外进行与进口商品有关的设计开发活动,则设计费用应属于协助范围。

(三)软件费用的认定

预装在进口计算机上的操作系统,如果是由买方免费提供给卖方的,尽管它是一种无形资产,根据《审价办法》的相关规定,只要其在计算机进口时已安装,此类软件也属于《审价办法》第十一条第二款第二项规定的进口货物包含的材料、部件、零件和类似货物,其价值也应计入货物的完税价格。除操作系统外,电脑在进口时如果还预装了其他软件,如果是买方免费提供给卖方的,也应作为应税协助计入完税价格。

六、协助与特许权使用费的竞合

第四种类型的协助中,涉及生产进口货物所需的工程设计、技术研发、工艺及制图等相关服务,常常也会与特许权使用费(主要是专利和专有技术使用费)范围有所重叠,就有可能出现法条竞合的情况。以下是一个相关的案例。

案例 5-4:

一、基本情况

I 公司与 E 国 E 公司签署关于专有技术的《许可协议》,协议规定:E 公司许可 I 公司,利用 E 公司专有技术制造、销售加工设备;I 公司需要按国内销售总额计提 5% 作为技术许可费支付给许可方 E 公司。I 公司从国外进口部分零部件,进口后与国内采购的零部件经过组装后再进行销售。

二、关于技术许可费的认定

由于进口货物是向第三方零部件制造商(非专有技术授权方)

购得,而且没有证据表明技术许可费的支付构成货物进口销售的条件。因此,表面上看,技术许可费不符合计入完税价格的条件。

但海关在核查时发现:该企业生产的各型号加工设备均含有一个进口控制部件,是一个相当于电脑控制平台的关键部件。该部件技术含量高。I公司与该部件的制造商签订了技术保密协议。协议规定,I公司的制造商需就该部件的专有技术进行保密,未经I公司允许,不得向其他公司销售有关产品。根据I公司提供的材料,生产该部件的专有技术属于《许可协议》中的所授权技术的范围,由E公司提供给I公司,再由I公司免费提供给制造商。

由于所进口的控制部件是利用专有技术生产的,且该专有技术由I公司向控制部件制造商免费提供,与控制部件的生产有关,根据《审价办法》第十一条,相关的专有技术已构成应税协助。由于该专有技术属于《许可协议》中的技术许可范围,其价值主要通过I公司支付的技术许可费体现,因此海关认定相应技术许可费应计入完税价格。

案例5-4中,"控制器"的生产技术及相关技术资料,由买方免费向第三方提供,并委托第三方代工生产,构成了属于技术类型的协助,该部分价值应计入完税价格。在确定完税价格时,如果已确定为应税的协助则不需再判断是否为特许权费。例如:在WCO估价技术委员会的案例研究8.1的案例中,进口商从制造商处进口服装,进口商与位于第三国的服装设计商达成一项许可协议,协议主要包含两方面的内容:(1)在进口国销售与设计商设计有关的服装的独家许可权;(2)有权使用经设计商设计的纸样。进口商按服装总销售价的一定百分比向设计商支付许可费。设计商根据进口商的指示将设计纸样免费提供制造服装。WCO估价技术委员会认为:该设计纸样被用在进口货物的出口销售生产中,构成一项协助,因此纸样价格包括设计成本,应该加入到进口货物的实付或应付价格中。也就没有必要再考虑其是否应该特许权使用费加入到实付或应付价格。WCO估价委员会的案例研究8.2还提供了另一个相似的案例。

第二节　公式定价——大宗商品定价模式衍生的估价问题

根据国家质检局2003年发布的《大宗商品电子交易规范》中的定义,大宗商品(Bulk Stock)一般是指可进入流通领域,但非零售环节,具有商品属性用于工农业生产与消费使用的,大批量买卖的物质商品。在金融市场,大宗商品通常是指同质化、可交易、被广泛作为工业基础原材料的商品,如原油、农产品、金属矿石、煤炭和有色金属等。大宗商品主要包含三个类别,即能源类商品、基础原材料和农副产品。随着我国经济的发展,原材料的需求量日益增加,大宗商品的进口量也逐年增长。国际贸易和国际分工的发展,导致不同商品的市场类型发生巨大变化,而且随着金融资本的国际流动,决定价格形成的参与者结构,也发生了相应的变化,商品的定价机制也随之产生了重大变革。在许多大宗商品的国际贸易中,由于涉及的交易量及交易金额通常比较大,为了规避价格变化、汇率波动等不确定因素带来的风险,买卖双方对进口货物价格的定价方式也突破单一的现货交易模式而日趋多样化。其中相当部分大宗商品在国际贸易中采取公式定价的方式来确定货物的最终结算价格。

一、大宗商品公式定价的模式

所谓的公式定价,就是指销售货物所签订的合同中,买卖双方未以具体明确的数值约定货物价格,而是以约定的定价公式来确定货物结算价格的定价方式(按照定价公式确定的结算价格是指买方为购买该货物支付的价款总额)。公式定价通常在合同中只规定一个暂定价格,然后依据一个约定的公式或方法,在合同签订之后的某个时间点上或时间段内根据相关因素确定结算价格。定价公式一般根据商品的国际贸易特点、贸易惯例制定,所选择的确定结算价格的相关要素也多种多样。

(一)几类常见大宗商品的公式定价模式

1.农产品

国际贸易中采用公式定价的农产品主要有:大豆、小麦、玉米、原糖以及咖啡等。其中大豆市场化程度最高,交易大多采用公式定价,只有少数交易以固定价格(Fixed Price/ Flat Price),即一口价定价。大豆定价公式通常是由"贴水"和CBOT(美国芝加哥期货交易所)某月期货价格两个部分组成。交易双方采用公式定价确定交易价格时,双方先协商确定"贴水",然后买卖双方中的一方(通常是买方,或者由买方指示卖方)在合同规定的期限内买入相应月份的期货合约价格以确定CBOT某月期货价格。

2.油品

常见采用公式定价的油品主要有原油、燃料油以及液化石油气等,其定价公式一般由基准价格和"贴水"两部分构成。其中,"贴水"由谈判时买卖双方商谈确定,基准价格是由买卖双方选定权威的第三方公布的报价确定。原油的价格一般以世界各主要产油区的基准油为基准价格,以"贴水"来平衡油质、运输距离等因素影响。结算价格则由定价公式和选价期共同确定。相同产地不同品质油种可能与不同基准油的价格联动;不同企业进口相同油种也可能采取不同的基准油作价。全球原油贸易中主要有三大基准油价:(1)纽约期货交易所美国西得克萨斯中间基原油(WEST TEXAS INTERMEDIUM,即WTI)期货合约价格,在美国生产或销往美国的原油,在计价时一般以 WTI 作为基准油价,该原油期货合约具有良好的流动性及很高的价格透明度;(2)伦敦国际石油交易所(IPE)布伦特(Brent)原油期货合约价格,西北欧、地中海、非洲以及也门等国家和地区原油交易通常以此为计价基准;(3)阿联酋的高硫"迪拜(Dubai)"原油价格,中东各大产油国生产的或从中东销售往亚洲的原油常以其作为基准油价。亚太地区的燃料油交易通常以新加坡普氏报价为基础,计算签约期所规定的某一时段内平均价,作为基准价,买卖双方再根据运费、油品品质以及供需等多种因素商定"到岸贴水"。而液化石油气贸易则常常以沙特合同价格或 ARGUS 公布的远东指数等作为基准价格进行计价,有时还会同时参考多个市场报价。

3. 化工品

常见采用公式定价的化工品主要有苯乙烯、精对苯二甲酸、乙二醇以及炔烃和烯烃类商品等。国际大宗化工商品的定价公式主要有三种形式。最常见的计算方式是平均价格方法,即以某公开权威的参考价格(如 ICIS,普氏价格等)为基础,以合同选定的期限内平均价格,加减合同商定系数计算出成交价格;也有以上游产品(或下游产品)的价格为基础,加生产成本(或减生产成本)并考虑其他费用,确定结算价格;还有以其他相关联商品价格为参照,加减一定系数计算结算价格。

4. 矿产品

矿产品的公式定价以铁矿砂和铜精矿为代表。铁矿砂价格原来主要以长期协议合同形式确定,巴西和澳大利亚的铁矿砂生产商为保证其矿砂的长期、稳定销售,每年就其80%以上铁矿砂产量,与欧洲、亚洲的大钢铁公司进行谈判,在上一矿石年度(每年4月1日到次年的3月31日)FOB矿价的基础上,确定本矿石年度矿价涨跌幅度,进而确定本年度的 FOB 矿价(即铁矿砂年度协议价格)。其他产地的铁矿砂年度协议价参照巴西、澳大利亚矿涨、跌幅度,并根据矿砂品质、市场需求情况,调整自己的年度协议矿价。但近年来,淡水河谷、力拓以及必和必拓三大铁矿石巨头提出以指数定价、季度定价来取代长期协议定价模式,其定价模式更具有灵活性。公式定价的铜精矿价格决定于铜含量、国际铜价以及加工费等因素,其定价公式一般为:铜精矿中铜含量×选价期 LME(伦敦金属交易所)铜价×回收率－加工费。铜精矿中还常含有金、银等贵金属元素和有害元素,在计价过程中,常需加上金、银价及扣除有害元素超标罚款[比较典型的金银伴生铜精矿定价公式为:铜精矿价格＝(铜价格＋银价格＋金价格)－(铜粗炼加工费＋铜精炼加工费＋金精炼费＋银精炼加工费)－杂质超标罚款;其中铜价格＝铜品位×计价系数×LME 铜价,银价格＝银品位×计价系数×LME 银价,金价格＝金品位×计价系数×LME 金价,计价系数根据元素含量不同而不同]。铜精矿加工费(TC/RC,粗炼费/精炼费)作为进口铜精矿定价公式中的扣减项目,其价格的高低对铜精矿进口价格高低有重大影响。该费用并不代表实际发生的加工费用,而是取决于铜精矿的供求关系。矿山与冶炼企业之间维持着铜精矿供求的动态平衡:当铜精矿供应量少而导致冶炼业务需求不足时,加工费会下降;如果矿山产量增加,则加工费会上涨。当然,由于选取基准价的差异,定价公式也可能有不同的变形。

(二)公式定价的三种模式

常见大宗商品的公式定价主要有长期协议定价、现货定价以及期货定价等三种模式。其中长期协议定价,是交易双方为了保证货物供需稳定并锁定相对固定的成交价格,而签订一个长期的合同,这是大宗商品最基本和最初级的交易模式。在此模式下,交易双方会签订一个较长时间段的大合同,在大合同中根据相关要素或商定的基准价格,确定商品价格计算公式或方法,在合同约定的时间段内根据这种公式或方法确定结算价格,其最终结算价格波动一般较现货价格小。长期协议项下涉及较长时间段内多批次连续进口货物,有时每批货物进口时只能确定一个暂定价格(即,结算价格未能确定前,买卖双方为开立信用证、进口申报等目的而对货物暂时确定的价格),待结算价格确定后将暂定价格与结算价格的差价部分于下批货物价格中进行冲抵,进行滚动核算。

由于长期协议无法对市场形势作出及时的反应,有可能使得长期协议所确定的价格与现货价格相差较大,从而对买卖双方中的一方不利。因此,如果某一商品现货交易市场规模足够大,而且现货价格的影响力更大,交易双方就会倾向于采用现货定价方式。同时为规避现货市场价格波动比较大而产生经营风险,交易双方会选择一定时间段内的公开权威的参考价格的平均值作为定价基准,或进一步在平均价格基础上加减约定的一个系数,部分化工品交易就采用这种定价方式。

大宗商品一般交易数量大、涉及金额高,而且一些品种大宗商品存在价格波动比较大、生产周期比较长、订货与交货时间跨度较长等特点。与期货市场相比,现货市场在价格形成方面,存在价格信号容易失真、信息不完全、信息滞后等方面的缺陷,价格波动成为交易参与方难以避免的风险。许多大宗商品有着非常适合期货交易的特征:价格波动比较大、用途广泛、交易量大、容易储存和运输、能满足期货市场交易过程中交割的基本要求、规格等级易于划分、质量标准和包装标准易于统一、容易制定标准化的和约。而成熟的期货市场在其发展过程和实践中,形成了较为完善的市场运行机制、先进的交易规则和交易方式,以及较为健全的市场管理体系,影响商品价格的供求因素能够被迅速和综合地反映到期货市场内。期货价格包含了市场参与各方对未来供求信息变化趋势的判断,能够在更加客观、充分地反映真实的市场供求状况和价格走势,具有很强的价格发现功能。许多学者对期货市场的价格发现功能进行了实证检验,研究结果显示:期货品种的期货价格与现货价格之间存在协整关系,期货价格对交割日的现货价格具有预测作用,具备价格发现的功能。因此,期货市场产生的价格,能够很高程度上反映各交易参与方对大宗商品的价格预期,以及真实的市场供求关系。当期货市场的价格发现功能得到发挥时,其形成的价格能够较为准确地反映未来的供求和价格变化趋势,对市场可以起到预期和先导的作用。因此,对于具有成熟完善期货市场的大宗商品,其产业链中各参与方,如生产商、消费商、交易商等,都倾向于利用期货市场的套期保值功能,来规避大宗商品价格波动而带来的生产经营风险。因此,期货市场具有价格发现和套期保值的基本功能。即,如果某种商品存在对应的期货市场,由于一方面期货价格能反映全体市场参与者的信息,更加能够体现整个市场的供需格局,市场参与方更可能倾向于接受其价格,由此成了商品的定价基准;另一方面以期货价格为定价基准,现货交易者可以采取套期保值等方式来规避价格波动风险,获取相对稳定的利润。

在实际贸易中,有些商品的公式定价同时具有两种定价模式的特点,例如,铜精矿的定价公式:铜精矿中铜含量×选价期 LME 铜价×回收率-加工费。其中与 LME 铜价相关的前半部分为期货定价模式;而后半部分——即加工费部分,则为长期协议定价模式,由加工企业和矿石生产企业议定一个较长一段时间内的价格。再如,某些化工产品的定价公式由两部分构成,一部分为买卖双方谈判议定相对固定的数值;另一部分则由选定期限内的市场公开报价确定,这种定价模式就兼具长期协议定价和现货定价的特点。

(三)期货定价模式及原理简介——以大豆为例

确定公式定价商品完税价格过程中所遇到的疑难问题,相当一部分是来源于其较为特殊的贸易惯例和定价模式。相比较而言,期货定价的模式最为复杂,涉及的估价问题也较多。大豆的公式定价是一种比较典型的期货定价模式。以下通过对大豆的贸易惯例、定价模式和操作流程的介绍,可以大致反映出期货定价模式的一般特点。

1. 大豆期货交易基本情况

在大豆国际贸易中,为了规避价格波动引起的风险,交易双方大多采用公式定价,通过期货套期保值方式,来规避风险并应用点价交易方式来确定价格。大豆由于本身具有的储运方便、质量均一、易于检验和流通量大等特点,适合开展期货交易。成立于19世纪的美国芝加哥期货交易所[Chicago Board of Trade,以下简称CBOT;2007年7月12日,该交易所已经与芝加哥商品交易所(Chicago Mercantile Exchange)合并成为全球最大的衍生品交易所,即芝加哥商品交易所集团(CME Group Inc.);该所以大豆、玉米、小麦等农产品期货品种为主。]是目前世界最大的期货市场,大豆是CBOT的主要交易品种之一,CBOT大豆报价单位是美分/蒲式耳,交易单位每手5000蒲式耳,1蒲式耳等于27.215公斤。

2. 大豆定价公式介绍

大豆进口合同中通常采用的定价公式为:

CNF价格＝贴水＋CBOT某月期货价格

"贴水"由基差、运费以及供应商利润三个部分构成,即贴水＝基差＋运费＋供应商利润。运费主要取决于海运线路以及当时的运费市场行情。当前我国进口的大豆主要有三条海运线路:(1)美国产地经密西西比河运至墨西哥湾港口,再经过巴拿马运河海运至中国,简称美湾航线;(2)美国产地经铁路运至美国西海岸港口,再海运至中国,称为西海岸航线,由于内陆铁路运费高,总运费略高;(3)巴西、阿根廷产地经巴拿马运河海运至中国。由于运输线路不同,如果装船时间相同,到达时间就有可能相差近1个月。其中,国外卖方获取的利润包含在"贴水"中,类似贸易条件下一般相差不大。基差则由订立合同时的现货市场价格、期货合约价格所决定，即基差＝订立合同时的现货市场价格－订立合同时期货市场上某月份期货合约价格

例如：A公司（买方）和B公司（供应商）3月12日签订7月交货的大豆合同，则：

基差＝3月12日现货市场价格－3月12日期货市场显示的7月期货合约价格

合同签订后，买卖双方中的一方或者双方可以通过"点价"方式确定CBOT某月期价。为掌握定价的主动权，有效规避价格波动带来的交易风险，目前大豆进口商绝大多数采用买方点价方式确定CBOT某月期价。合同执行过程中，国内进口商一般根据大豆CBOT期货市场的价格走势在规定的期限内确定买入相应月份的期货合约价格（即为点价）。许多情况下，买方的点价通过卖方进行，买方在开市前或开市中将点价的指令通知卖方，如果买方的点价指令生效，则买卖双方一般都还需要进行确认。进口商点价的价格即为选定的期货价，加上"贴水"并经数量折算后，形成购买现货的价格。点价的次数一般不限，可以一次，也可以多次。为了分散风险，买方通常会进行多次点价，但最终购买期货合约的总数量要相当于合同数量。如果买方认为点价期内期货合约价格过高，并预测之后会下跌，也会同卖方协商，延长点价期，这种情况称为延期转单。此时，卖方会向买方收取延期费，同时由于基差的变化，"贴水"也发生变化。例如：上例中在5月12日买卖双方将7月期货合约改为8月期货合约，则以5月12日当日期货市场上7、8月份期货合约差价，加上原来基差作为新的基差，运费、利润不变，构成新的"贴水"。

国外卖方可以利用套期保值方式，规避由于大豆现货市场价格波动产生的风险。套期保值的基本操作模型如下：第一步，向农场

主收购大豆,同时在期货市场卖出相应期货保值,该过程完成后手中持有大豆现货多头(买进)和相应期货空头(卖出);第二步,计算自己的成本和利润,确定向买方的"贴水"报价,并与买方签订出口合同,买方接受"贴水"报价,并在和同约定的期限内购买相应数量的期货(即买方点价);第三步,买方将期货多单转单给卖方,卖方借以平掉手中的期货空头,同时买方从卖方手中购买相应数量的大豆现货。该过程完成后卖方手中的大豆现货多头和期货空头同时平仓,同时通过期货的套期,保证了现货的贸易利润。而国内买方可以通过在期货市场上的点价操作,尽可能买到最低期货合约,以降低成本。通过这种方式达到既锁定了卖方的利润,又使买方规避了在交货期间价格行情可能存在变动过大的风险,对交易双方都是有利的。大豆定价公式相当程度上平衡了买卖双方的利益和风险,并能有效规避市场价格波动产生的风险,这也是在大豆国际贸易中这一定价公式得到广泛使用的原因。

国内大豆加工企业为了保证货源供应准时,在采购进口大豆过程中,首先要制定计划,明确需要货物的大致时间。如果采用公式定价,一般而言相应的期货交割合约也确定了。国内买方根据这个时间向各供应商咨询装船时相应期货合约的"贴水"。买方应于规定时间内,作价购买约定月份期货合约,确定CBOT某月期价。大豆买卖合同签订后,国外卖方拥有CBOT市场大豆期货的空头,并为买方提供大豆的现货,国内买方则需要买入CBOT市场大豆期货的多单,并转给卖方从而使其能在期货市场平仓。订立合同时,由于尚未完成作价,实际价格也无法确定。买卖双方为了保证合同履行,一般以订立合同时CBOT收盘价,加减一定的价格为暂定价格,在点价完毕后再确定结算价格。

大宗原料、初级产品的价格受市场供求情况变化、汇率变动等等因素的影响比较大,交易双方以公式定价方式确定交易价格,就是为了规避这些不确定因素的影响,保证相对稳定的利润。虽然受商品特点、贸易惯例以及可利用的避险工具等多种因素制约和影响,不同的商品有着不同的定价公式,但合理、公平且被广为采纳使用定价公式的共同特点,就是能最大限度化解市场价格波动风险、平衡买卖双方的利益。

二、公式定价的相关规定

海关估价应遵循商业惯例及客观实际确定进口货物的完税价格,因此海关估价应最大限度地尊重贸易实际。公式定价是大宗商品国际贸易中较为普遍的一种定价方式,WCO估价技术委员会评论4.1[①]也认为,在订有价格复议条款的合同中,进口货物的成交价

[①]　WCO估价委员会评论4.1(价格复审条款):"(1)在商业实践中,有些合同可能包含价格复审条款。有复议条款合同中的价格只是暂定的,最终的应付价格是根据合同规定的某些因素确定的。(2)这种情况会以各种不同的方式发生。第一种情况是,货物在发出订单后在某一特定时间交付(如定制的工厂和固定资产设备);合同规定,最后价格依据双方约定的公式确定,该公式考虑了某些因素的增减额,如生产货物时间跨度内发生的劳动力成本、原料成本、管理费用以及其他投入等。(3)第二种情况是,所订数量的货物在一段时间内制造、交付。合同的要求与前述第2段所述类型相同,尽管每一价格是根据原始合同规定的同一公式推导出来的,但第一个单位的最后价格与最后一个单位的最后价格却有所不同。(4)另一种情况,货物为暂时订价,然后,再按销售合同的规定,在货物交付时按查验或分析的情况确定最后价格(例如,菜油的酸度标准,矿砂的含量或羊毛的净含量)。(5)本《协定》第一条规定,进口货物的成交价格以货物的实付或应付价格为基础。在对该条的解释性说明(INTERPRETATIVE NOTES)中指出,实付或应付价格应是买方为进口货物向卖方已支付或将支付的总额。因此,在订有价格复议条款的合同中,进口货物的成交价格应以按合同规定的最后的实付或应付总价为基础。由于进口货物的实际应付价格可以依据合同规定的数据资料为基础确定,本评论所述类型的价格复审条款不应构成使被估价货物的价值无法确定的条件或因素[见本《协定》第一条第1款(b)项]。(6)实践中,如果在估价时价格复审条款已发生,实付或应付价格可以确定,则不存在估价难题。如果价格复审条款与某些变量有关,而这些变量在货物进口后一段时间才能起到作用,情况就不同了。(7)考虑到本《协定》建议被估货物的完税价格应尽可能以成交价格为基础,并且第十三条规定了推迟最后确定完税价格的可能性,因此即便在货物进口时不可能确定应付价格,价格复审条款本身不应妨碍根据本《协定》第一条进行估价"。

格应以合同规定的最后实付或应付总价为基础。为适应国际贸易中存在的以定价公式约定货物价格的贸易实际,规范对公式定价进口货物的海关完税价格审定工作,海关总署于 2006 年颁布实施了第十一号公告,之后在 2015 年又颁布了第十五号公告,对第十一号公告进行修订。第十五号公告中明确对于符合条件(即应同时符合以下四项条件:在货物运抵中华人民共和国境内前,买卖双方已书面约定定价公式;结算价格取决于买卖双方均无法控制的客观条件和因素;自货物申报进口之日起六个月内,能够根据定价公式确定结算价格;结算价格符合《审价办法》中成交价格的有关规定)的公式定价进口货物,海关应以买卖双方约定的定价公式所确定的结算价格,为基础审定完税价格,同时要求进口企业应当在规定期限内向进口地直属海关履行合同备案手续。海关总署第十五号公告还对公式定价货物进口的前期备案、进口申报和后期核销进行规范。

三、公式定价进口货物完税价格的审查确定

由于公式定价的货物在签约时,买卖双方并未以具体明确的数值确定货物交易价格,而只是约定了定价公式,之后再根据定价公式来确定货物的结算价格。因此,审查确定公式定价货物完税价格的着眼点,与采用其他定价方式的货物是有所不同的。在估价实践中,重点应从定价公式是否符合成交价格条件、相关合同条款是否对结算价格产生影响,以及特殊关系是否影响定价公式等三个方面对公式定价进口货物开展审查,从而确定其完税价格。

(一)定价公式是否符合成交价格的判定

公式定价货物的特殊性在于其成交价格取决于买卖合同所约定的公式或方法。在判定定价公式是否符合成交价格条件时,主要考虑其是否受到使成交价格无法确定的条件或因素的影响。虽然

WCO 估价技术委员会评论 4.1 认为:"既然进口货物的实际应付价格可以依据合同的数据确定,因此本评论所述类型的价格复审条款,不应构成使被估价货物的价值无法确定的条件或因素"。即,采用公式定价不能认为成交价格受到无法确定的条件或因素的影响。但定价的公式或者价格确定的方式本身,仍应满足"没有受到使成交价格无法确定的条件或因素的影响"这一条件。在估价实践中,首先应判断定价公式确定或计算出的结算价格,是否取决于某一个或几个买卖双方均无法控制的因素或其他客观标准。影响结算价格的客观条件和因素通常应为公开信息,且可为一般商业和会计原则证实其合理性,同时交易各方均无法对这些标准或因素施以重大影响。例如:对于公式定价化工产品,买卖双方常常在合同中只选定未来某一时间段内的一个或若干个"基准价格",然后依据一定的计算方式,如平均价加减一定系数等,确定结算价格。一般采用的基准价格是 ICIS、普氏化工价格等公认、公开的国际市场行情价格。如果买卖双方采用的基准价格是受到买卖双方中的某一方控制的,则可以认为成交价格受到无法确定的条件或因素的影响。美国海关行政裁定第 545618 号也认为:"海关允许按公式确定的价格来确定完税价格,只要最终的销售价格以将来某一事实为基础确定,但这一事实的发生不能是卖方或买方可控制的。如果将来的事实是基于卖方或买方可控制的因素,则该公式在估价时不被接受。在本案中,进口货物最终的实际价格通过磋商达成,而该议价过程可能持续到货物进口到美国以后。价格磋商考虑了折扣、返利或其他价格调整因素。双方控制着价格是否作调整或调整的程度。这样的控制使达成价格的方式不属可以接受的价格公式,因此成交价格法不能用来确定进口货物完税价格"。① 其次，还应判定在确定结算价格过程中，买卖双方所采取具体确定结算价格的操作过程，是否使得成交价格受到无法确定的条件或因素的影响。以下是一个相关的案例。

案例 5-5：

国内 X 公司与卖方美国 A 公司于 2001 年 7 月 15 日签订 XA01 号合同，约定大豆的进口价格为：贴水＋2001 年 9 月期 CBOT 期货大豆价格。X 公司在国外开立有期货账户并从事期货合约买卖，X 公司在 2001 年 2 月份起就陆续买入 2001 年 9 月期的期货合约多单。2001 年 2 月至 8 月期间，9 月期的期货合约价格呈连续上涨走势，X 公司买入多单价格在 700 美分/蒲式耳至 1000 美分/蒲式耳不等。

X 公司根据合同约定先后将期货账户中 20 手价格为 700 美分/蒲式耳的多单、110 手价格为 850 美分/蒲式耳和 20 手价格为 1000 美分/蒲式耳的多单转给了 A 公司，并要求 A 公司按照转单期货合约的买入价格确定结算价格。对于卖方 A 公司而言，用 X 公司转的多单平掉其持有的空单，同时为 X 公司提供大豆现货以完成交易，其利润已通过约定的基差锁定。

---

① 美国海关行政裁定第 545618 号英文原文为："Customs has the authority to appraise merchandise pursuant to a formula using transaction value so long as a final sales price can be determined at a later time on the basis of some future event or occurrence over which neither the seller nor the buyer has any control. Where the future event is subject to the control of the seller or buyer，however，the formula is unacceptable under the transaction value. In this case，the actual final price for the imported merchandise is arrived at through negotiations that may continue after the merchandise is imported into the United States. These negotiations take into account any discounts，rebates or other sales price adjustments. The parties exercise control over whether and to what degree the price is adjusted. This control eliminates consideration of the pricing methodology as an acceptable formula，and transaction value is not appropriate in appraising the merchandise."

买方 X 公司能够以较低的结算价格进口大豆,是建立在向卖方 A 公司以较低价格转单大豆期货多单基础之上的。根据 CBOT 市场 9 月期的期货合约价格走势,如果 X 公司在签约后不以上述方式转单给 A 公司,而是在 CBOT 市场点价买入多单的话,此时买入价格不会低于 900 美分/蒲式耳。因此,X 公司如果不以低于同期期货市场价格向 A 公司转单提供大豆期货多单,A 公司与 X 公司关于该批货物的结算价格不可能明显偏低。根据上述交易情况可以判定,这种以转单定价方式进口的大豆结算价格受到了无法确定的条件或者因素的影响,海关应对该批货物实施估价。

如前文所述,大豆的定价公式通常为:CNF 价格 = 贴水 + CBOT 某月期货价格。其中,买方一般在合同规定的期限内,确定买入相应月份的期货合约多单,再将这些期货合约多单转给卖方,就构成了定价公式中的"CBOT 某月期货价格"部分。对卖方而言,不管买方转单价格高低,只要转单数量与卖方握有的期货空单足够对冲,其利润就能通过约定的贴水锁定。在案例 5-5 中,由于 X 公司以转单定价的方式,通过选择性地将本公司期货套期保值账户上的低价大豆多单合约转让给 A 公司来操纵结算价格,使得该批进口大豆的成交价格受到无法确定的条件或者因素的影响,所以由此产生的结算价格不能作为完税价格的基础。

(二)相关合同条款是否对定价公式影响的判定

在货物交易合同中,除价格条款外,其他相关条款可能也会对交易价格产生影响。由于公式定价合同签订时,货物交易价格未以具体的数值进行确定,相关合同条款就有可能以更为间接、隐蔽的方式对结算价格产生影响。在审查公式定价合同及相关贸易流程时应注意审核各条款及相关交易行为,与进口货物的结算价格确定是否存在关联,判定这些条款和交易行为对结算价格是否产生影响,是否应计入成交价格或应从成交价格中扣除。以下是一个比较典型的案例。

案例 5-6：

一、交易基本情况

2007 年 6 月,国内 A 公司和美国 B 公司签订合同,A 公司向 B 公司购买一批美国产大豆,其货物定价公式如下：

CNF 价格＝到岸贴水＋CBOT 的 2007 年 7 月期大豆期货价格

合同约定,由买方将预期期货购买价格实时告知卖方,由卖方代为进行期货合约交易,买方点价后成交的价格作为结算价格的计价基础。合同还规定,在履约期间买方有权将其期货合约转卖一次,转卖时卖方收取 0.10 美分/蒲式耳的手续费,转卖期货合约的收益折算入双方结算价格中。

A 公司和 B 公司进行交易的实际定价操作是：6 月 20 日前 A 公司先通过卖方在期货市场上进行了 6 次交易,买卖了共 100 张的期货合约,共获得收益 15 万美元;6 月 20 日后又进行了 10 次交易,再购买 200 张期货合约用于对冲卖方期货合约,最终结算价格由所有合约(即 300 张合约)的买卖价格扣除手续费后加权平均确定。

二、海关估价

如前所述,在通过 CBOT 期货点价方式定价的模式中,一般操作是卖方在签订合同前就已经在期货市场卖出数量与成交货物相等的相应期货合约,然后由买方通过点价在期货市场上买回数量相等的期货合约,两者进行对冲,从而达到既锁定了卖方的利润,又使买方规避了在交货期间价格行情变动过大的风险。而买方点价用于对冲的期货合约的加权平均价格,就是计算该货物结算价格的基础。

因此,买卖双方按照买卖的所有合约的加权平均价格,计算确定最终结算价格的方法,实质上是将 6 月 20 日前买方通过卖方在期货市场上买卖100张大豆期货合约的收益,冲抵了后来的货物交易货款中。在实际点价交易过程中,A公司购买与卖方对冲的6月20日以后的200张期货合约,才是确定进口货物价格的行为。6月20日前通过卖方买卖100张大豆期货的操作,由于无法与卖方的空单对冲,与实际进口货物的定价无关。因此,海关审查确定,与该批进口货物交易价格相关的点价操作,对应的是6月20日后的200张期货合约,应以其加权平均价格为基础,并按定价公式确定完税价格。

根据大豆公式定价的基本原理,决定结算价格的是由买方转给卖方,卖方能在期货市场平仓的合约多单价格。案例5-6中,在买方点价的过程中包含了两个独立的操作:一是买方通过卖方的买卖大豆期货;二是套期保值。在这两个操作中,套期保值与确定此次交易的大豆价格密切相关。而进行转卖的期货合约由于无法与卖方的卖空对冲,买方通过卖方炒卖大豆期货的行为,与确定此次交易的大豆的价格无关,其炒卖行为所获得的收益与货物的定价应分开,不应在价款中扣抵。

如果从货物出口销售的角度看,海关对公式定价的货物以结算价格作为完税价格的基础,其根本的原因是公式定价的贸易方式符合出口销售的条件。根据《审价办法》,销售应同时具备两个条件,即货物的所有权和风险由卖方转移给买方,买方为此向卖方支付价款的行为。在涉及公式定价的贸易过程中,销售的两个条件均成立,只是具体的交易金额需要延期确定。反观案例5-6中,买卖双方的合同对定价公式和点价方式等条款,与大豆的公式定价惯例大致相同,只是买卖双方在合同中订立了"买方有权将期货转卖一次"的特殊条款。买方转卖期货合约时,买卖的仅仅是期货合约,而且转卖期货合约是以对冲平仓了结期货合约,也并未发生期货货物所有权的转移。因此期货转卖是与货物出口销售无关的行为,期货转卖的收益也与买方为购买货物而支付的对价,实际上也是无关联的,应与成交价格相区分。从表面看根据合同约定买方支付的价款是买方为获得该货物而支付的对价,但实际上买方巧妙地将卖方实际应付给买方的炒卖期货利润在货款中进行抵扣。因此,应结合具体的合同条款,以及相应的贸易操作,分析甄别各条款与操作是否与出口销售相关,才能准确把握进口货物的实付和应付价格。

大宗商品的贸易,特别是长期性质的交易,买卖双方的安排会很复杂,可能会签订一些特别条款,这些特别条款也有可能对完税价格的确定产生影响。由于买卖双方出于长期合作的战略考虑,并为平衡买卖双方的利益,往往会出现"回溯调整"等问题,例如:在行情变动剧烈下跌时,供货商给予进口商对上一单或上月交易的补偿,并体现在下一单交易或下月交易价格当中,从而受到使下一单进口货物成交价格受到影响。此外,供货商为了提高销量,在一些长期合同中规定采购量达到一定值时,执行对应的优惠价格,如提供一定的数量折扣。这些规定在海关估价过程中都应引起关注。

(三)定价公式是否受特殊关系影响的判定

对于存在特殊关系企业间采用公式定价方式进行的交易,由于结算价格在签约时甚至进口申报时还未确定,运用测试价格判定特殊关系是否影响成交价格存在一定难度。一些跨国企业在给国内的关联企业供应大宗商品时,为规避海关税收,有可能通过制定的特别定价公式控制货物的成交价格。如:某跨国企业向国内子公司提供乙二醇,其合同规定:以"上一个月 ICIS 公布的乙二醇 CFR CHINA 行情下限价格,再乘以 0.7 的系数"确定乙二醇进口价格。由于 ICIS 公布的市场行情不仅是国际市场交易商进行价格谈判的重要参考,也是该类商品国际市场成交价格的重要反映,其市场行情的下限价格通常也反映的是市场上最低成交价格,申报价格在行情下限价格的基础上再给予 30% 的折扣是不合理的。很明显该定价公式违反了公平交易原则,违背贸易惯例,可以认为双方的特殊关系影响定价公式的制定,从而对成交价格产生了实质性影响。特殊关系可能影响到定价公式的各个要素,需要进行认真审查。以下为另一个公式定价受特殊关系影响的案例。

案例 5-7:

一、基本情况

2000 年 Y 公司在 E 国与 E 公司合资成立 X 公司,在当地投资开采铜矿。Y 公司占有卖方 X 公司 60% 的股份,根据《审价办法》第十六条"有下列情形之一的,应当认为买卖双方存在特殊关系:……(六)一方直接或间接地拥有、控制或者持有对方 5% 以上(含 5%)公开发行的有表决权的股票或者股份的……"的规定,海关认定双方存在特殊关系。

Y 公司向 X 公司购买并进口铜矿砂,其定价公式如下:

铜矿砂的价格＝铜矿砂中铜含量×选价期 LME 铜价－加工费

二、确定特殊关系影响了加工费

调阅同期 X 公司同国内其他无特殊关系进口企业签订的铜矿砂贸易合同,海关发现其中所扣减加工费,主要依照同期国际市场加工费基准价进行签订,较 X 公司与 Y 公司贸易合同签订的加工费低约 100 美元/吨。海关认定买卖双方的特殊关系已影响货物的成交价格。

从双方贸易的销售环境来看,买卖双方签订的加工费用(加工费用在定价公式中属于扣减项)越高对卖方越不利。针对以上事实,海关对 Y 公司提出价格质疑,但该公司无法对卖方同无特殊关系方签订合同中所扣减加工费,低于本合同情况作出合理解释。海关认为,Y 公司向 X 公司购买铜矿砂所商定的定价公式中加工费用明显高于其向国内其他无关系企业出口相同货物的加工费用,而且无法就买卖双方所确定的加工费用明显高于与无特殊关系企业所确定的加工费用,及当时行业一般水平提供合理解释,买卖双方特殊关系影响到了成交价格。因此,海关对其申报价格不予接受,决定另行确定需要扣减的加工费。

因此,应重点对定价公式的合理性进行考察,包括定价公式构成是否符合行业惯例,公式加减折扣幅度范围是否合理,公式所确定的价格是否仅由客观标准决定等因素。

对于公式定价的货物,根据具体的定价公式,以及相关合同条款,从合同签订到结算价格最终确定的这段时间内,多种因素都有可能对结算价格产生影响。判定公式定价进口货物的结算价格是符合成交价格条件,则应从行业惯例、贸易流程、买卖双方的定价公式的原理、相关交易合同的实质等多方面着手,对公式定价中价格形成机制进行全面考察。

四、公式定价货物的税收证管问题

由于公式定价的特点在于其结算价格的确定时间往往滞后于合同签订时间,并取决于合同签订后未来某个时间或时间段的相关因素。这就导致在某些情形下,货物在进口申报时其结算价格还无法确定。公式定价货物的这一特点,客观要求需要考虑海关估价基本原则与实际操作的可行性、便利性相平衡的问题,以达到估价的高效、便捷。海关总署 2015 年第十五号公告要求以结算价格为基础,审定完税价格的货物,必须自货物申报进口之日起六个月内能够根据定价公式确定结算价格,特殊情况可延长至九个月。这主要就是出于税收证管操作方面的考虑。对于一些生产型企业,对原料供应的稳定性要求较高,与境外供货商达成了长期交易协议。同时为了规避价格风险,每批进口货物又是以公式定价形式确定交易价格。买卖双方由于存在大量的连续性交易,为了简化付汇手续,提高资金使用效率,不采用逐批结算,而采取滚动结算的方式。滚动结算在一定程度上类似于前次折扣在本次予以抵偿的情况。根据相关法规,海关估价仅仅针对本次货物的交易,对于过去事项而产生的折扣,是不能在当批货物的完税价格中予以扣减的。海关的税收征管法规中有关于企业可以申请对于前次税款进行退补的规定。对于采取滚动结算的货物,虽然逐批确定结算价格不存在技术上的问题,但由于结算价格的滞后性和连续性,需要对每批进口货物确定结算价格。如果要求进口商就每一次交易分别计算完税价格,并进行相应的税收征管操作,不可避免会增加海关行政执法成本及企业的成本。如果从依据商业惯例"简单和公正"的原则出发,考虑到滚动结算已经是具有一定行业普遍性的商业行为,对属于滚动结算项下的货物,每批进口货物可按其暂定价格申报征税,并待合同结束或定期进行总体调整应该是一个较好的选择。

第三节 运输及相关成本的确定——CIF 条件为完税价格基础产生的问题

随着全球经济一体化的发展,建立与国际贸易同步、高效、顺畅、安全的国际货物运输体系,成为经济贸易发展的现实要求。近年来,受国际原油价格波动等因素的影响,运输费用中燃油附加费等调整项目也随之不断发生变化;受经济贸易形势和国内外港口装卸能力的影响,滞期费、移港费等运输相关费用也时有发生。此外,各运输企业为了提高自身的市场竞争力规避风险,采取了多样化的定价策略,也造成了运费构成日趋复杂的现状。因此,与完税价格密切相关的运输及相关成本也就成为一个重要的海关估价问题。

一、关于运输及相关成本的相关规定

《估价协定》第八条第二款规定："每一成员在制定法规时，应将下列各项内容全部或部分地包括或不包括在完税价格之中，作出规定：（a）进口货物运至进口港或进口地的费用；（b）与进口货物运至进口港或进口地相关的装卸费和处理费；（c）保险费"。即，将进口货物在运输过程中所发生的运输及相关成本，是否计入完税价格的权力交由各成员国。出于不同的利益诉求以及沿袭的习惯做法，各国对运输及相关成本是否应税作出了不同的法律规定。在主要的贸易国中，美国规定完税价格中是不包含运输及相关成本的，欧盟、日本等国家，则将运输及相关成本计入完税价格。《审价办法》第五条规定："进口货物的完税价格，由海关以该货物的成交价格为基础审查确定，并且应当包括货物运抵中华人民共和国境内输入地点起卸前的运输及其相关费用、保险费。"即，输入地点起卸前的运输及其相关费用、保险费应计入完税价格。《审价办法》第三十五条规定："进口货物的运输及其相关费用，应当按照由买方实际支付或者应当支付的费用计算"。运费不仅仅包括单纯的运输费用（指将承运货物从一地运至另一地的运送服务所收取的费用），还包括在货物国际运输过程中产生的相关成本（即"运输的相关费用"），如：货物装卸费、货物保管费、货车篷布延期使用费、联运换装包干费等。下文将进口货物从启运地运输至境内指定地点过程中所发生与运输直接或间接相关的全部成本支出，即在物流运输环节发生的所有费用，包括运输费用以及运输过程中发生的相关费用（如：保险费、仓储费、装卸费以及保管费等），统一简称为"运输及相关成本"。

二、海洋运输及其相关费用的简介

国际运输"国际海运船舶"的营运方式可分为以下两大类，班轮运输(定期船运输)和租船运输(不定期船运输)。

班轮运输(Liner Transport),又称定期船运输,是指船舶在特定航线上和固定港口之间,按事先公布的船期表(Sailing Schedule)进行有规律的、反复的航行,以从事货物运输业务并按事先公布的费率收取运费等的一种运输方式[①]。班轮公司一般负责包括装货、卸货和理舱在内的作业和费用。最早的班轮运输是杂货班轮运输。杂货班轮运输的货物以杂货为主,还可以运输一些散货、重大件等特殊货物。随着集装箱运输的发展,班轮运输中出现了以集装箱为运输单元的集装箱班轮运输方式。由于集装箱运输具有运送速度快、装卸方便、机械化程度高、作业效率高、便于开展联运等优点,到20世纪90年代后期,集装箱班轮运输已逐渐取代了传统的杂货班轮运输。在集装箱班轮运输中,由于运输条款通常为CY/CY(堆场/堆场),所以在这种情况下班轮公司负担堆场至船边,和船边至堆场搬运作业的费用,承运人在装货港集装箱堆场接受货物,并在卸货港集装箱堆场交付货物。班轮运输最基本的特征就是具有"四固定"的特点,即:固定航线、固定港口、固定船期和相对固定的费率。班轮运费包括基本运费和附加运费两部分。基本运费是整个运费的主要构成部分,一般根据基本运价和计费吨计算得出。基本运价按航线上基本港之间的运价给出,是计算班轮运费的基础。附加费则是根据货物种类不同或不同的服务内容,视不同情况而加收的运费,有些按每一计费吨加收,也有些按基本运费的一定比例计收。附加运费主要有以下这些项目:燃油附加费(BUNKER ADJUSTMENT FACTOR,由于燃油价格上涨,船公司为补偿燃油费用的增加而加收的附加费,有些承运人在燃油费附加费以外还可能增收紧急燃油附加费)、货币贬值附加费(CURRENCY ADJUSTMENT FACTOR,在货币贬值时船方为实际

---

① 姚新超.国际贸易运输与保险[M].北京:对外经济贸易大学出版社,2010:26.

收入不致减少,按基本运价的一定百分比加收的附加费)、转船附加费(TRANSHIPMENT SURCHARGE,凡运往非基本港的货物,需转船运往目的港,船方收取的附加费,其中包括转船费和二程运费)、直航附加费(DIRECT ADDITIONAL,当运往非基本港的货物达到一定的货量,船公司可安排直航该港而不转船时所加收的附加费)、超重附加费(HEAVY LIFT ADDITIONAL,当承运货物的毛重超过或达到运价本规定的数值时加收的附加费,此外还有超长附加费和超大附加费)、港口附加费(PORT ADDITIONAL OR PORT SUECHARGE,因某些港口由于设备条件差或装卸效率低或其他原因,船公司而加收的附加费)、港口拥挤附加费(PORT CONGESTION SURCHARGE,某些港口由于拥挤,船舶停泊时间增加而加收的附加费)、选港附加费(OPTIONAL SURCHARGE,货方托运时尚不能确定具体卸港,要求在预先提出的两个或两个以上港口中选择一港卸货,船方加收的附加费)、变更卸货港附加费(ALTERNATIONAL OF DESTINATION CHARGE,货主要求改变货物原来规定的港口,有关当局准许,船方又同意的情况下所加收的附加费)、绕航附加费(DEVIATION SURCHARGE,由于正常航道受阻不能通行,船舶必须绕道才能将货物运至目的港时,船方所加收的附加费)、码头操作费(TERMINAL HANDLING CHARGE,这是国际班轮公会和航线组织联合从 2002 年 1 月起向中国货主征收的附加费用,简称 THC)、底盘费(指车船直接换装时的吊装吊卸费,简称 CUC)以及文件费(船公司对每一票货物都要收取的制作文件和文件流动的费用,简称 DOC)。

　　租船运输(Tramp Shipping),又称不定期船运输,它是相对于班轮运输的另一种海运方式。与班轮运输相比,租船运输没有规定航线、港口、船期和运价,是根据国际租船市场的行情和租船人实际需要,船舶所有人出租整船或部分舱位给租船人使用,以完成特定的货物运输任务,租船人按约定的运价,或租金支付运费等商业行为[①]。租船运输通常是根据租船人的要求来安排营运的,主要适于大宗货物的运输,如原油、谷物、矿石、煤炭等。目前国际上租船方式主要有定程租船(以航次为基础的租船方式)、定期租船(以租赁期限为基础的租船方式)、包运租船(船舶所有人提供给租船人一定的运力,以约定的期限和航次完成运输合同规定的总运量,通常认为定程租船派生出来的一种方式)和光船租船(定期租船的另一种派生方式,但船东只提供光船,由租船人自行配备船员并负责船舶的经营管理和航行的各项事宜)。租船合同订明船舶出租人与船舶承租人双方的责任、义务和权利,船舶营运中有关费用的分担,取决于不同的租船方式,并在租船合同中订明。

三、关于运输及相关成本的判定

如前所述,随着国际运输业的发展,各类运输费用项目,及运输过程中发生的其他一些相关费用项目繁多。如,班轮运费由基本运费和附加费组成,而常见的附加费又有近二十种。这些运输费用之外在运输过程中可能还会伴随发生其他费用,如:保险费、仓储费、驳运费等。而国际多式联运是将多种运输方式串联起来,其中也包括装卸费、搬运费、仓储费、港口费、货物拼装费、货舱熏蒸费和理货费等一系列的费用。估价实践中面临的主要问题是,应依据什么标准判断这些种类繁多的费用是否应计入完税价格。判定这些运输及相关成本是否应计入完税价格,主要应考虑两个方面的因素:一是费用项目发生的时点;二是费用项目的性质,即该费用项目是否属于应税的运输及相关成本。

---

① 姚新超.国际贸易运输与保险[M].北京:对外经济贸易大学出版社,2010:97.

（一）关于运费项目发生的时点

根据《审价办法》第五条的规定，应将进口货物在输入地点起卸前产生的运输，及相关成本计入完税价格。"输入地点"应理解为，在承载进口货物的国际航行运输工具进入我国关境后，进口货物首次离开该运输工具的地点[①]。《审价办法》第五十一条中还将"起卸前"定义为货物起卸行为开始之前。因此，当进口货物运至进口港或进口地后，将该货物自运输工具卸下的卸货费用，以及之后产生的费用均不应计入完税价格。例如：码头装卸费（THC）是指货物从船舷到集装箱堆场间发生的费用，属于货物运抵中华人民共和国境内输入地点起卸后的运输相关费用，不应计入货物的完税价格；再如：底盘费通常是指车船直接换装时的吊装吊卸费，如果是在进口地发生的，由于属起卸后发生的费用，不应计入完税价格，但如果是在中转过程中在境外港口发生，则应计入完税价格。

（二）关于应税的费用项目性质

由于实际贸易安排以及运输过程比较复杂，在货物运输至进口地起卸前的整个过程，可能会产生多种与运输相关的费用。不能简单认为，进口货物起卸前在物流运输环节发生的所有费用，都属于应计入完税价格的运输及相关成本范围。即使某个运输及相关成本项目发生在货物进口港起卸前，还需要了解该费用所对应的服务项目及其性质，才能确定其是否应计入完税价格。虽然《估价协定》将运输及相关成本是否应税的权力交由各成员国，但 WCO 估价技术委员颁布的《咨询意见 13.1》、《评论 7.1》、《评论 21.1》等有关运输、保险成本等估价问题文件，对于判定在运输过程中发生的各项费用是否应计入完税价格具有一定的指导作用。

---

① 　海关总署关税征管司. 审价办法及释义［M］. 北京：中国海关出版社，2006：187.

WCO 估价技术委员会在咨询意见 13.1 指出:"从第八条第二款的内容来看,很明显,该款提及的费用与进口货物的运输有关(运输的成本和与运输有关的成本)。因此,(c)项所用的'保险'一词应仅指在《估价协定》第八条第二款(a)和(b)项规定的业务期间发生的货物保险成本"。由此可见,第八条第二款对于保险费所涵盖范围有一个比较明确的界定,即保险费指的是进口货物的利害关系人为分担进口货物在国际运输途中的风险,而向国际保险人支付对价的相关费用,仅限于被估货物运输到进口港,或者进口地的运输过程中,为防止货物受损或丢失而保险的费用。以下是关于保险费的案例:

案例 5-8:

I 公司向海关申报进口一批公司建设项目所需的化工原料,该批货物保险费用投保标的共两项,一是货物运输保险,范围是进口的化工原料,计算方法是按每批货物的 CFR 价加成 10% 乘以保费率;二是货物延迟保险,指的是因发生化工原料运输保险范围内的保险事故,而导致的被保险人建设延迟所造成的利润损失,为一个固定金额。该延迟险是指因运输过程中货物损失事故,导致进口公司项目建设的延迟而对公司造成的损失,包括在延迟期内应偿还的当期商业贷款的本金和利息,以及已发生且应在当期摊销的项目固定的运营维持费,均由保险公司依延迟保单予以赔偿。

由于该货物延迟险指的是因货物的运输延迟造成的建设延迟,最终导致商业利润的损失而进行的投保,货物运输的延迟只是促成最终保险标的出现,并形成保险赔付的原因,因此不能认为该保险标的与货物运输直接相关。还可以认为,由于货运延迟险赔偿的损失是指因货物延迟造成建设费用的损失,以及贷款本息的支出,因而与货物本身没有直接的关系。因此,货物延迟险不应当包括在货物的完税价格中。

　　WCO 估价技术委员会在评论 7.1 中对不同情况下产生的仓储费用的处理方式,也反映出对应税的运输及相关费用界定范围。对于货物在运输中暂时仓储而产生的仓储费用(例如:进口商按出口国工厂交货价格购买货物,在货物装上出口船舶之前在出口港发生仓储费用),评论 7.1 认为:这类费用是货物在运输期间临时发生的,应该视为是与货物运输有关的费用。因此,对这类费用应按《估价协定》第八条第二款(2)项的规定处理。而对于货物在购买后但在出口至进口国前在国外仓储而产生的仓储费用(例如:进口国的买方向出口国的卖方购买货物,货物在进口到进口国之前由买方自己库存于出口国),评论 7.1 则认为,由于所述仓储行为,是买方出于经营安排的考虑,与运输过程无关,该仓储费用不属于"运输及其相关费用"。因此,从 WCO 估价技术委员会在咨询意见 13.1 和评论 7.1 可推断,确定运输及相关成本的各个项目是否应计入完税价格,关键应是从费用支付的性质和作用入手,判定其与运输过程的相关程度,只有进口货物在运输过程中产生的必要成本,才能计入完税价格。《审价办法及释义》中也认为:运输的"相关费用"是指在被估货物输入到中国输入地点起卸前的过程中,由买方支付的与运输过程有关的费用,或者在运输过程中保持货物适运状态的处置费用。例如,货物的搬运、冷藏、动物饲养、破损货物的分拣、运输代理费、多次使用的容器的填装与清洗费等[①]。

　　各国的估价法规中,对于运输及其相关费用、保险费的界定,基本上也是遵循这一原则的。加拿大海关在关于运输及相关成本的备忘录 D13-3-3[②] 中明确,保险成本只针对货物运输过程中丢失或损坏情况所购买的保险费用。此外,备忘录中还列举了一个例子:

---

　　① 海关总署关税征管司.审价办法及释义[M].北京:中国海关出版社,2006:187.
　　② Canada Border Services Agency. Memorandum D13-3-3[EB/OL].（2013-9-25）[2017-3-6]. www. cbsa-asfc. gc. ca/publications/dm-md/d13/d13-3-3-eng. html

若承运人要求在运输过程中使用熏蒸,如用于预防虫害,则该费用也视为运输成本;若使用的目的并不是用于预防虫害,例如,在运输番茄的过程中,承运人会使用一定气体处理手段以保证番茄在运抵目的地时的色泽与口感,则该气体的使用费不被视为运输成本。备忘录中还进一步指出,并非所有看似属于运输成本的费用,最终都被定性为运输成本,除了为防止虫害而使用的熏蒸之外,使用其他气体所产生的费用不属于运输成本,而属于销售方为了帮助产品销售,增加产品价值而使用的方法,因此属于成交价格的一部分。

(三)运输及相关成本应税认定的复杂性

《估价协定》在运费及其相关成本方面只规定了原则立场,给了各国较大的自主安排空间。由于货物在国际运输途中涉及的过程较为复杂,各类费用项目繁多。对于同一费用项目,从不同的角度入手,对其性质的不同认定,则有可能得出不同的结论。例如,对于航运过程中普遍存在的滞期费,不同国家的相关估价法规有不同的规定。滞期费通常与定程租船相关。对于定程租船而言,在航程阶段很显然对船东而言是一项绝对的合同义务。运输阶段一般是在出租人自己控制的范围之内的,因此该阶段所有风险,包括时间损失的风险,也毫无疑问地落在了船东身上。然而,在船舶到达港口后情况则有所不同,它取决于承租双方相互间的合作,并且该阶段在很大程度上受承租人的影响。要想及时完成装卸,离不开承租人的配合,如指定装卸泊位、及时卸货等。如果在"free in and out"的装卸条件下(即船方不负责货物的装卸),则装卸作业处于承租人的掌控之下。为了转嫁装卸两港的时间风险,出租人通常会在租约中订入一个"滞期费条款"(Demurrage Clause),规定承租人在装货港或卸货港有一段许可装卸时间,当实际装卸时间超出许可装卸时间时,则超过的时间为滞期时间,承租人要按规定的"滞期费率"(Demurrage rate)向出租人支付"滞期费"。对滞期费是否计入完税价格。欧盟、日本等国海关对此就有不同的规定。欧盟海关主要从滞期费发生的时点上来确定其是否应计入完税价格,只要在输入地点前发生的滞期费属于应计入完税价格的项目,而货物到达之后产生的滞期费,只要它能够与实付或应付的价格相区分,将可以不再计入货物的完税价格之中。日本海关关税法基本通告中规定:进口货物基于租船合约由船舶运输的情况下,该船舶超过了该租船合约上约定的容许停泊时限时,租船者向船主支付超期停泊的贴补金应包含在运费中处理。但是,当实际的停泊期间明显超过了与船舶的大小、港湾的状况等相适应的标准容许停泊期间时,视其发生原因,若存在特别事由而使该支付金不适宜计入完税价格的情况下,则不在此限。肖·L.舍曼等人则认为,假如卸货的延迟发生在进口国的某一港口,有关的滞期费显然不是运抵进口港或进口地的运输成本,因而不得将其计入完税价格,同样如果在装货港发生的滞期费也不应计入完税价格。并认为滞期费属于后续的成本,这类费用不能认为是运输费用,也不能认定为与进口货物运输相关的装货费、卸货费以及手续费[①]。

　　因此相关立法部门有必要对应税的运输及相关费用、保险费的具体内涵和外延进行明确界定。加拿大海关关于运输及相关成本的备忘录中对"运输成本"、"装卸及处理成本"、"保险成本"等重要术语均给出明确的定义,并以举例等方式对运输成本的范围进行界定。日本海关也在关税法基本通告中对"运抵进口港所需的运费"、"保险费"、"其他与该运输相关的费用"等术语给出了定义并对各自所包含的费用进行比较详细地列举和界定。这值得我国海关借鉴。

---

　　① 肖·L.舍曼,辛里奇·哥拉肖夫.海关估价——《关税及贸易总协定海关估价守则》评注[M].白树强,李文阳,译.北京:中国社会科学出版社,1993:199.

四、运输及相关成本与贸易术语的关系

在国际贸易中,买卖双方所承担相应义务的划分,会影响到货物的成交价格。在长期的国际贸易实践中,逐渐把某些和价格密切相关的贸易条件与价格直接联系在一起,形成了若干种报价模式。每一模式都规定了买卖双方在某些贸易条件中所承担的义务,而用来说明这种义务的术语,就是国际贸易术语。国际贸易术语所表示的贸易条件,其中主要方面之一就是说明商品是否包括货物价格以外的主要从属费用,即运输费用和保险费用。

根据《审价办法》相关条文的规定,海关将截止到输入地点起卸前的实际运输,及相关成本应计入完税价格。在进口报关单上,完税价格是以 CIF 条件下的进口货物总价进行计算的,因此在估价实践中也常常将进口货物 CIF 条件下成交价格称为完税价格。但不能简单地认为进口货物的完税价格等同于国际贸易术语中 CIF 条件下的价格。以 CIF 条款主要的四种变形①中,CIF Landed 条件下买方所支付的费用实际包含了卸货费。理论上,如果有客观量化的卸货费可供使用,则这部分费用可以从完税价格中扣除。在运输及相关成本计入完税价格的情况下,确定费用是否应计入完税价格,还应结合在交易过程中使用的贸易术语,以及相应的交易合同中买卖双方的费用和责任的划分问题。相关合同中不同的贸易术语,将直接决定进口货物产生的一些运输成本,是否应计入完税价格。以

---

① 1.CIF Liner Term(CIF 班轮条件):这一变形是指卸货费按班轮做法办理,即买方不负担卸货费;2.CIF Landed(CIF 卸至码头):这一变形是指由卖方承担卸货费,包括可能涉及的驳船费在内;3.CIF Ex Tackle(CIF 吊钩下交接):这一变形是指卖方负责将货物从船舱吊起一直卸到吊钩所及之处(码头上或驳船上)的费用,船舶不能靠岸时,驳船费用由买方负担;4.CIF Ex Ship's Hold(CIF 舱底交接):按此条件成交,货到目的港在船上办理交接后,由买方自行启舱,并负担货物由舱底卸至码头的费用。

下为一个相关案例。

案例 5-9：

国内 A 公司与 E 国 E 公司签订了一份净水器年度采购合同，合约规定卖方每月定期通过海运发送一定数量的净水器给买方，买方定期付款，价格条款为：FOB E 国主港。海关在对该公司实施审查的过程中，发现 A 公司在向海关申报进口该合同项下的某批货物时，将价格条款申报为 CFR。对此，A 公司解释称：由于卖方原因导致了发货延迟，为了避免承担合同中关于延期交付条款的责任，卖方主动采用空运方式发货，并承担了由此发生的空运运费。

由于成交价格是以商业交易价格为基础，而商业交易又是以对双方均有约束力的买卖合同为基础。双方买卖合同约定的价格条款是 FOB，同时买卖双方并没有修改过该条款。实际贸易中的这种运输方式（将海运改为空运）和运输费用承担者（由买方改为卖方）的更改，并不能改变合同中以 FOB 定价的贸易事实。

对于卖方无法按照合同约定的时间，将货物运交至 A 公司，而改用其他运输方式并自行承担相关运费的情况，在没有变更合同价格条款的情况下，由于合同签订的 FOB 条款中并未包含运输成本，根据《审价办法》相关规定应将该货物的运输成本应计入完税价格。

在上述案例中，卖方主动承担的空运费用，也可以视为一种卖方对买方的补偿，该补偿是建立在原 FOB 的价格条款之上的。因此在确定完税价格的过程中，无论是买方或者卖方支付了运费，并不影响将运费计入完税价格的估价结论。

五、运输及相关成本的二次结算问题

运输行业的专业化发展使得运输费用的结算形式发生了很大变化，许多有持续运输需求的进出口企业会采用与运输企业签订大合同的形式来降低运输成本,其支付形式也多种多样,有采用分批支付、定期进行结算调整方式,也有采用一段时间统一支付的方式。而船运公司为保持在一定时期内基本运费费率的稳定,对企业收取基本运费,同时船运公司还可能收取各种额外附加费（Surcharges），用于弥补损失,并正确反映出各条航线运输货物的航运成本,如:燃油附加费就是由于燃油价格上涨,使船舶的燃油费用支出超过原核定的运输成本中的燃油费用,船运公司在不调整基本运价的前提下,为补偿燃油费用的增加而加收的附加费;在已经征收燃油附加费的情况下,如果燃油价格又突然上涨,船运公司还会在正常收取燃油附加费外增收紧急燃油附加费。许多情况下,企业单次运输仅支付基本运费,而附加费是依据相关协议定期统一结算支付。这就需要建立后续申报机制。

后　记 >>>

　　价格是国际贸易中最为复杂,也是最难以把握的要素之一。一方面,国际贸易涉及货物种类繁多,而且随着科技进步和社会发展,进入国际贸易范围的货物品种日益增加,货物价格随各种影响因素的变化处于不断波动之中;另一方面,企业出于取得竞争优势、规避风险的需要,针对所交易货物的特点以及市场环境的变化,发展出多样化的交易和定价模式。

　　海关是以成交价格为基础审查确定完税价格的。成交价格是指在卖方向买方出口销售货物时,买方向卖方所支付的,并按有关规定调整后的价款,因此海关估价与国际贸易中进出口双方之间所签订的买卖合同以及相关的交易安排紧密相关。同时,货物及相应资金跨境流动的情况、销售过程中货物所涵盖的价值、交易参与方的商业关系以及货物交易模式和定价惯例均是影响海关估价的重要因素。在当前国际分工的背景下,不同零部件或工序在不同国家进行分工生产,从而形成跨国供应链的情况越来越普遍。因此,必要时还要将货物进口销售置于其所处的供应链环节进行考察。在海关估价实践中,应在对进口货物的交易安排和贸易流程整体把握的情况下,分析判别并撷取对海关估价有意义的要素,与估价法规的要件进行对照审查。也即,将分析提取的关键事实涵摄到估价法规的相关构成要件中,才能最终准确确定进口货物的完税价格。在实务操作中,海关估价还需要运用合同法、国际贸易、会计等多方面知识,因而具有较强的技术性和专业性。

在作为世界上最主要的贸易大国和制造大国的中国,海关在估价实践中需要解决由国际贸易演进而衍生的大量估价疑难问题,同时也积累了丰富的经验。特别在加入 WTO 以后,中国海关在执行《WTO 估价协定》、开展理论探索和实务研究等方面做了大量的工作,取得了丰硕的成果。感谢海关估价领域的前辈和同事们,本书如果有些许价值,那也都是站在你们的肩膀上获得的。

我要将本书献给我的父母,感谢父母对我一如既往的关爱和教诲。还要特别感谢我的妻子,她所给予的鼓励和支持,是本书得以完成的动力。

最后,衷心感谢厦门大学出版社邓臻编辑和其他同志为本书出版所做的大量工作。

李骏

2017 年 8 月